西政文库·青年篇

被遗忘权的法教义学钩沉

张建文　等著

图书在版编目(CIP)数据

被遗忘权的法教义学钩沉 / 张建文等著. — 北京：商务印书馆，2020
（西政文库）
ISBN 978-7-100-18409-0

Ⅰ.①被… Ⅱ.①张… Ⅲ.①隐私权－法律保护－研究－中国 Ⅳ.①D923.04

中国版本图书馆CIP数据核字（2020）第071779号

权利保留，侵权必究。

本书系张建文教授主持的司法部国家法治与法学理论研究项目"新生权利的理论与实践问题研究"（项目编号：16SFB2001）和教育部人文社会科学重点研究基地重大项目"新兴权利的基本问题研究"（项目编号：16JJD820031）的阶段性成果。

西政文库
被遗忘权的法教义学钩沉
张建文　等著

商　务　印　书　馆　出　版
（北京王府井大街36号　邮政编码 100710）
商　务　印　书　馆　发　行
三河市尚艺印装有限公司印刷
ISBN 978-7-100-18409-0

2020年7月第1版　　开本 680×960　1/16
2020年7月第1次印刷　印张 17 1/2

定价：70.00元

西政文库编委会

主　任：付子堂

副主任：唐　力　周尚君

委　员：（按姓氏笔画排序）

　　　　龙大轩　卢代富　付子堂　孙长永　李　珮

　　　　李雨峰　余劲松　邹东升　张永和　张晓君

　　　　陈　亮　岳彩申　周尚君　周祖成　周振超

　　　　胡尔贵　唐　力　黄胜忠　梅传强　盛学军

　　　　谭宗泽

总　序

"群山逶迤，两江回环；巍巍学府，屹立西南……"

2020年9月，西南政法大学将迎来建校七十周年华诞。孕育于烟雨山城的西政一路爬坡过坎，拾阶而上，演绎出而今的枝繁叶茂、欣欣向荣。

西政文库以集中出版的方式体现了我校学术的传承与创新。它既展示了西政从原来的法学单科性院校转型为"以法学为主，多学科协调发展"的大学后所积累的多元化学科成果，又反映了学有所成的西政校友心系天下、回馈母校的拳拳之心，还表达了承前启后、学以成人的年轻西政人对国家发展、社会进步、人民福祉的关切与探寻。

我们衷心地希望，西政文库的出版能够获得学术界对于西政学术研究的检视与指引，能够获得教育界对于西政人才培养的考评与建言，能够获得社会各界对于西政长期发展的关注与支持。

六十九年前，在重庆红岩村的一个大操场，西南人民革命大学的开学典礼隆重举行。西南人民革命大学是西政的前身，1950年在重庆红岩村八路军办事处旧址挂牌并开始招生，出生于重庆开州的西南军政委员会主席刘伯承兼任校长。1953年，以西南人民革命大学政法系为基础，在合并当时的四川大学法学院、贵州大学法律系、云南大学法律系、重庆大学法学院和重庆财经学院法律系的基础上,西南政法学院正式成立。中央任命抗日民族英雄,东北抗日联军第二路军总指挥、西南军政委员会政法委员会主任周保中将军为西南政法学院首任院长。1958年,中央公安学院重庆分院并入西南政法学院,使西政既会聚了法学名流,又吸纳了实务精英;既秉承了法学传统,又融入了公安特色。由此,学校获誉为新中国法学教育的"西南联大"。

20世纪60年代后期至70年代,西南政法学院于"文革"期间一度停办,老一辈西政人奔走呼号,反对撤校,为保留西政家园不屈斗争并终获胜利,为后来的"西政现象"奠定了基础。

20世纪70年代末,面对"文革"等带来的种种冲击与波折,西南政法学院全体师生和衷共济,逆境奋发。1977年,经中央批准,西南政法学院率先恢复招生。1978年,经国务院批准,西南政法学院成为全国重点大学,是司法部部属政法院校中唯一的重点大学。也是在70年代末,刚从"牛棚"返归讲坛不久的老师们,怀着对国家命运的忧患意识和对学术事业的执着虔诚,将只争朝夕的激情转化为传道授业的热心,学生们则为了弥补失去的青春,与时间赛跑,共同创造了"西政现象"。

20世纪80年代,中国的法制建设速度明显加快。在此背景下,满怀着憧憬和理想的西政师生励精图治,奋力推进第二次创业。学成于80年代的西政毕业生们,成为今日我国法治建设的重要力量。

20世纪90年代,西南政法学院于1995年更名为西南政法大学,这标志着西政开始由单科性的政法院校逐步转型为"以法学为主,多学科协调发展"的大学。

21世纪的第一个十年,西政师生以渝北校区建设的第三次创业为契机,克服各种困难和不利因素,凝心聚力,与时俱进。2003年,西政获得全国首批法学一级学科博士学位授予权;同年,我校法学以外的所有学科全部获得硕士学位授予权。2004年,我校在西部地区首先设立法学博士后科研流动站。2005年，我校获得国家社科基金重大项目（A级）"改革发展成果分享法律机制研究"，成为重庆市第一所承担此类项目的高校。2007年，我校在教育部本科教学工作水平评估中获得"优秀"的成绩，办学成就和办学特色受到教育部专家的高度评价。2008年，学校成为教育部和重庆市重点建设高校。2010年，学校在"转型升格"中喜迎六十周年校庆，全面开启创建研究型高水平大学的新征程。

21世纪的第二个十年，西政人恪守"博学、笃行、厚德、重法"的西政校训，弘扬"心系天下，自强不息，和衷共济，严谨求实"的西政精神，坚持"教学立校，人才兴校，科研强校，依法治校"的办学理念，推进学校发展取得新成绩：学校成为重庆市第一所教育部和重庆市共建高校，入选首批卓越法律人才教育培养基地（2012年）；获批与英国考文垂大学合作举办法学专业本科教育项目，6门课程获评"国家级精品资源共享课"，两门课程获评"国家级精品视频公开课"（2014年）；入选国家"中西部高校基础能力建设工程"院校，与美国凯斯西储大学合作举办法律硕士研究生教育项目（2016年）；法学学科在全国第四轮学科评估中获评A级，新闻传播学一级学科喜获博士学位授权点，法律专业硕士学位授权点在全国首次专业学位水平评估中获评A级，经济法教师团队入选教育部"全国高校黄大年式教师团队"（2018年）；喜获第九届世界华语辩论锦标赛总冠军（2019年）……

不断变迁的西政发展历程，既是一部披荆斩棘、攻坚克难的拓荒史，也是一部百折不回、逆境崛起的励志片。历代西政人薪火相传，以昂扬的浩然正气和强烈的家国情怀，共同书写着中国高等教育史上的传奇篇章。

如果对西政发展至今的历史加以挖掘和梳理，不难发现，学校在教学、科研上的成绩源自西政精神。"心系天下，自强不息，和衷共济，严谨求实"的西政精神，是西政的文化内核，是西政的镇校之宝，是西政的核心竞争力；是西政人特有的文化品格，是西政人共同的价值选择，也是西政人分享的心灵密码！

西政精神，首重"心系天下"。所谓"天下"者，不仅是八荒六合、四海九州，更是一种情怀、一种气质、一种境界、一种使命、一种梦想。"心系天下"的西政人始终以有大担当、大眼界、大格局作为自己的人生坐标。在西南人民革命大学的开学典礼上，刘伯承校长曾对学子们寄予厚望，他说："我们打破旧世界之目的，就是要建设一个人民的新世界……"而后，从化龙桥披荆斩棘，到歌乐山破土开荒，再到渝北校区新建校园，几代西政人为推进国家的民主法治进程矢志前行。正是在不断的成长和发展过程中，西政见证了新中国法学教育的涅槃，有人因此称西政为"法学黄埔军校"。其实，这并非仅仅是一个称号，西政人之于共和国的法治建设，好比黄埔军人之于那场轰轰烈烈的北伐革命，这个美称更在于它恰如其分地描绘了西政为共和国的法治建设贡献了自己应尽的力量。岁月经年，西政人无论是位居"庙堂"，还是远遁"江湖"，无论是身在海外华都，还是立足塞外边关，都在用自己的豪气、勇气、锐气，立心修德，奋进争先。及至当下，正有愈来愈多的西政人，凭借家国情怀和全球视野，在国外高校的讲堂上，在外交事务的斡旋中，在国际经贸的商场上，在海外维和的军营里，实现着西政人胸怀世界的美好愿景，在各自的人生舞台上诠释着"心系天下"的西政精神。

西政精神，秉持"自强不息"。"自强不息"乃是西政精神的核心。西政师生从来不缺乏自强传统。在 20 世纪七八十年代，面对"文革"等带来的发展阻碍，西政人同心协力，战胜各种艰难困苦，玉汝于成，打造了响当当的"西政品牌"，这正是自强精神的展现。随着时代的变迁，西政精神中"自强不息"的内涵不断丰富：修身乃自强之本——

尽管地处西南，偏于一隅，西政人仍然脚踏实地，以埋头苦读、静心治学来消解地域因素对学校人才培养和科学研究带来的限制。西政人相信，"自强不息"会涵养我们的品性，锻造我们的风骨，是西政人安身立命、修身养德之本。坚持乃自强之基——在西政，常常可以遇见在校园里晨读的同学，也常常可以在学术报告厅里看到因没有座位而坐在地上或站在过道中专心听讲的学子，他们的身影折射出西政学子内心的坚守。西政人相信，"自强不息"是坚持的力量，任凭时光的冲刷，依然能聚合成巨大动能，所向披靡。担当乃自强之道——当今中国正处于一个深刻变革和快速转型的大时代，无论是在校期间的志愿扶贫，还是步入社会的承担重任，西政人都以强烈的责任感和实际的行动力一次次证明自身无愧于时代的期盼。西政人相信，"自强不息"是坚韧的种子，即使在坚硬贫瘠的岩石上，依然能生根发芽，绽放出倔强的花朵。

西政精神，倡导"和衷共济"。中国司法史上第一人，"上古四圣"之一的皋陶，最早提倡"和衷"，即有才者团结如钢；春秋时期以正直和才识见称于世的晋国大夫叔向，倾心砥砺"共济"，即有德者不离不弃。"和衷共济"的西政精神，指引我们与家人美美与共：西政人深知，大事业从小家起步，修身齐家，方可治国平天下。"和衷共济"的西政精神指引我们与团队甘苦与共：在身处困境时，西政举师生、校友之力，攻坚克难。"和衷共济"的西政精神指引我们与母校荣辱与共：沙坪坝校区历史厚重的壮志路、继业岛、东山大楼、七十二家，渝北校区郁郁葱葱的"七九香樟""八零花园""八一桂苑"，竞相争艳的"岭红樱"、"齐鲁丹若"、"豫园"月季，无不见证着西政的人和、心齐。"和衷共济"的西政精神指引我们与天下忧乐与共：西政人为实现中华民族伟大复兴的"中国梦"而万众一心；西政人身在大国，胸有大爱，遵循大道；西政人心系天下，志存高远，对国家、对社会、对民族始终怀着强烈的责任感和使命感。西政人将始终牢记：以"和衷共济"的人生态度，以人类命运共同体的思维高度，为民族复兴，为人类进步贡献西政人的智慧和力量。这是西政人应有的大格局。

西政精神，着力"严谨求实"。一切伟大的理想和高远的志向，都需要务实严谨、艰苦奋斗才能最终实现。东汉王符在《潜夫论》中写道："大人不华，君子务实。"就是说，卓越的人不追求虚有其表，有修养、有名望的人致力于实际。所谓"务实"，简而言之就是讲究实际，实事求是。它排斥虚妄，鄙视浮华。西政人历来保持着精思睿智、严谨求实的优良学风、教风。"严谨求实"的西政精神激励着西政人穷学术之浩瀚，致力于对知识掌握的弄通弄懂，致力于诚实、扎实的学术训练，致力于对学习、对生活的精益求精。"严谨求实"的西政精神提醒西政人在任何岗位上都秉持认真负责的耐劳态度，一丝不苟的耐烦性格，把每一件事都做精做细，在处理各种小事中练就干大事的本领，于精细之处见高水平，见大境界。"严谨求实"的西政精神，要求西政人厚爱、厚道、厚德、厚善，以严谨求实的生活态度助推严谨求实的生活实践。"严谨求实"的西政人以学业上的刻苦勤奋、学问中的厚积薄发、工作中的恪尽职守赢得了教育界、学术界和实务界的广泛好评。正是"严谨求实"的西政精神，感召着一代又一代西政人举大体不忘积微，务实效不图虚名，博学笃行，厚德重法，历经创业之艰辛，终成西政之美誉！

"心系天下，自强不息，和衷共济，严谨求实"的西政精神，乃是西政人文历史的积淀和凝练，见证着西政的春华秋实。西政精神，在西政人的血液里流淌，在西政人的骨子里生长，激励着一代代西政学子无问西东，勇敢前行。

西政文库的推出，寓意着对既往办学印记的总结，寓意着对可贵西政精神的阐释，而即将到来的下一个十年更蕴含着新的机遇、挑战和希望。当前，学校正处在改革发展的关键时期，学校将坚定不移地以教学为中心，以学科建设为龙头，以师资队伍建设为抓手，以"双一流"建设为契机，全面深化改革，促进学校内涵式发展。

世纪之交，中国法律法学界产生了一个特别的溢美之词——"西政现象"。应当讲，随着"西政精神"不断深入人心，这一现象的内涵正在不断得到丰富和完善；一代代西政校友，不断弘扬西政精神，传承西政文化，为经济社会发展，为法治中国建设，贡献出西政智慧。

是为序。

西南政法大学校长，教授、博士生导师
教育部高等学校法学类专业教学指导委员会副主任委员
2019 年 7 月 1 日

目 录

第一章 被遗忘权的场域思考及与隐私权、个人信息权的关系..........1
  一、被遗忘权的本土观察..........1
  二、被遗忘权与隐私权、个人信息权的关系..........9
  三、结束语:新技术进步背景下隐私权的
      开放性与体系化问题..........13

第二章 被遗忘权的本体论及本土化..........15
  一、问题的提出..........15
  二、追本溯源:被遗忘权的早期权利形态及发展..........16
    (一)被遗忘权的早期权利形态..........16
    (二)被遗忘权的正式确立..........17
  三、定性归位:被遗忘权的概念与法律属性..........19
    (一)被遗忘权的概念..........19
    (二)被遗忘权的法律属性..........19
  四、基本范畴:被遗忘权的主体、内容与客体..........21
    (一)被遗忘权的主体..........21
    (二)被遗忘权的内容..........23
    (三)被遗忘权的客体..........23

五、制度构造：被遗忘权的本土化思考 24
　（一）被遗忘权的国内法基础 24
　（二）被遗忘权的制度构造 25
　（三）被遗忘权的保护路径 27

第三章　被遗忘权：搜索引擎上过时个人信息的私法规制 29
一、引言：搜索引擎与黄药师的苦恼 29
二、被遗忘权：个人信息权的新类型 32
三、谷歌公司诉冈萨雷斯案：被遗忘权的司法确认 35
　（一）基本案情以及裁判理由 35
　（二）谷歌公司诉冈萨雷斯案的影响 40
四、引入被遗忘权的必要性及其利益衡量 42
　（一）设立被遗忘权的必要性 42
　（二）被遗忘权的利益冲突及其弥合 46
五、余论：个人信息保护的时代性 48

第四章　俄罗斯被遗忘权立法的意图、架构与特点 50
一、俄罗斯被遗忘权立法的时代价值 50
二、俄罗斯被遗忘权的立法意图 52
三、俄罗斯被遗忘权立法的结构 53
　（一）信息法上的被遗忘权 53
　（二）民法典上的被遗忘权 59
　（三）程序法上的被遗忘权 62
四、俄罗斯被遗忘权立法的启示 64

第五章　搜索引擎服务商的个人信息保护义务——以被遗忘权为中心..67

一、问题的提出..67

二、被遗忘权的成立路径..69

（一）欧盟与美国的"被遗忘之争"：删除与不删除.................69

（二）被遗忘权的理论基础：个人信息自决权理论.....................73

三、搜索引擎服务商的信息控制地位及义务边界................74

（一）搜索引擎服务商的信息控制者地位.................................75

（二）搜索引擎服务商的义务界分...77

四、被遗忘权的本土化：基于一种新型一般人格权的配置..........81

（一）概念界定..82

（二）法律性质..82

（三）权利的行使..83

五、结论..85

第六章　被遗忘权在我国人格权中的定位与适用....................86

一、存废之争：被遗忘权在欧盟..86

二、被遗忘权的价值诉求：让社会接纳不断发展的人们..............88

三、概念追问：以捍卫个人信息自主的立场....................89

（一）被遗忘权针对过时的、负面的个人信息.........................90

（二）被遗忘权适用于网络信息和纸质信息.............................91

（三）被遗忘权不适用于现在发布的关于过去事件的信息........92

四、人格权丛林中的被遗忘权：在独立权利与个人信息权的权能之间..93

（一）被遗忘权与人格权..93

（二）被遗忘权与个人信息权、删除权...................................94

（三）被遗忘权与隐私权..96

五、被遗忘权与中国：对相关请求权基础的思考..................97

六、余论：对被遗忘权的限制..99

第七章　被遗忘权的适用范围..101

一、引言..101

二、被遗忘权适用范围的前提考察......................................102

　　（一）被遗忘权及其适用范围问题的由来..................102

　　（二）被遗忘权的性质分析..105

三、被遗忘权适用范围的比较法考察..................................109

　　（一）欧盟数据保护法上对被遗忘权适用范围的规定.............109

　　（二）美国法上被遗忘权制度之适用..........................112

　　（三）俄罗斯、阿根廷关于被遗忘权适用范围问题的规定......114

　　（四）我国港澳台地区关于被遗忘权的类似规定......118

四、确立被遗忘权适用范围的方法......................................120

　　（一）解释学下的被遗忘权权利主体与义务主体......120

　　（二）确定被遗忘权的适用客体——可予以删除的信息.........125

　　（三）被遗忘权适用条件的权衡——删除的范围和程度.........133

五、被遗忘权适用过程中的利益冲突的解决......................138

　　（一）信息自决与言论自由的平衡..............................138

　　（二）个人利益与社会公共利益的平衡......................140

　　（三）狭义比例原则下经济效益与被遗忘诉求的权衡.............142

　　（四）被遗忘权适用中应当保证的底线——应当尊重最基本的

　　　　　人格尊严与自由..143

六、我国被遗忘权立法与司法实践检视..............................145

　　（一）现状的反思..145

（二）被遗忘权与我国《侵权责任法》第三十六条..................146

（三）透过我国"被遗忘权第一案"探析被遗忘权的

适用问题..148

（四）被遗忘权适用的审慎考量：理论和实践的双重尴尬......150

第八章 被遗忘权的保护标准问题..154

一、引言..154

二、被遗忘权保护标准问题的提出..160

（一）被遗忘权的内涵：个人信息删除..160

（二）被遗忘权的价值：个人信息自决..162

（三）被遗忘权的外延：基于保护标准的确立............................164

三、我国立法中隐含的被遗忘权保护标准..................................167

（一）被遗忘权在我国立法中的间接体现....................................167

（二）个人信息删除具体标准的梳理..170

（三）对现有个人信息删除标准的评价..171

四、我国司法实践中的被遗忘权保护标准..................................171

（一）被遗忘权属于未被类型化的人格利益................................173

（二）利益正当性与保护必要性标准的适用................................176

（三）比例原则对两大标准的完善..178

五、欧盟被遗忘权保护标准对我国的启示..................................182

（一）《一般信息保护条例》中的被遗忘权条款........................182

（二）第 29 条信息保护工作组发布的删除标准..........................186

（三）欧盟对我国被遗忘权保护标准的借鉴意义........................189

六、被遗忘权保护标准在司法及立法中的应用..........................190

（一）司法层面：原则性标准与比例原则为裁判提供依据......190

（二）立法层面：列举式标准为将来个人信息立法提供基础....191

（三）余论 193

附录一：欧洲法院"谷歌公司诉冈萨雷斯案"判决书（节译）........194

附录二：任某某与北京百度网讯科技有限公司人格权纠纷
一审民事判决书..225

附录三：任某某与北京百度网讯科技有限公司人格权纠纷
二审民事判决书..242

第一章 被遗忘权的场域思考及与隐私权、个人信息权的关系＊

一、被遗忘权的本土观察

2012年1月25日,欧盟委员会就个人资料保护议题提出以《欧洲议会和理事会保护个人信息处理权益以及促进个人信息自由流通条例草案》(以下简称《条例草案》)为核心的改革方案。①2014年5月13日,欧洲法院判决要求谷歌公司尊重欧洲居民的被遗忘权。②这一系列事件促使个人信息保护背景下的被遗忘权问题成为当前个人信息保护领域中的热点问题。

无论是前述欧盟委员会的个人信息保护改革《条例草案》,还是欧洲法院的判决,都是在大数据时代的语境和背景下对被遗忘权进行建构的。在大数据时代,被遗忘权的基础内容就是删除,即民众有权要求相关机构删除有关他们的个人数据,同时阻止个人数据的进一步传播。③也有学者直接将被遗忘权定义为:"允许当事人删除自己或者

＊ 本章的作者为张建文,西南政法大学教授、博士生导师、法学博士,西南政法大学俄罗斯法研究中心主任、中国信息法制研究所所长。
① 罗浏虎:《欧盟个人资料保护改革研究》,西南政法大学2013年硕士学位论文,第1页。
② 牛一心:《从"被遗忘权"看数字化节制》,《青年记者》2014年第33期。
③ 邵国松:《"被遗忘的权利":个人信息保护的新问题及对策》,《南京社会科学》2013年第2期。

他人放置到互联网上的关于自己的令人尴尬的照片或者数据信息"①。因此,被遗忘权就与数据删除权相等同,而且可以用数据删除权替代被遗忘权的表述。② 正如有学者指出的:"在大数据时代,不管是告知与许可、模糊化还是匿名化,这三大隐私保护策略都失效了。如今很多用户都觉得自己的隐私已经受到了威胁,当大数据变得更为普遍的时候,情况将更加不堪设想。"③ 这是由于,在大数据时代,数据的收集、使用、存储等机制所带来的命题是:记忆即是威胁。大数据的价值不再单纯来源于它的基本用途,而是更多地源于它的二次利用。换言之,很多数据在收集的时候并无意被用作其他用途,而最终却产生了很多创新性的用途,导致"隐私的二次利用"。所以,只有通过彻底的数据删除才能从根本上阻断数据的传播,保护数据主体的权利。这是符合大数据时代的数据处理机制的。

实际上,在1995年欧共体就提出了"被遗忘权"的概念,即任何公民可以在其个人数据不再被需要时,提出删除要求。④ 但是,此时的被遗忘权并未成为社会公众和学术界关注的热点。作为大数据时代的预言家的维克托·迈尔-舍恩伯格在2009年出版的《删除:大数据取舍之道》中预言了被遗忘权兴起的必要性和必然性,在该书中,他从记忆与遗忘的对立出发,阐明了大数据时代遗忘的重要价值,勾勒了遗忘对个人对社会对人类发展的极端重要意义。他讲述了两个大数据时代的悲剧。一个是"喝醉的海盗",一位期待成为教师的单身母

---

① 吴飞、傅正科:《大数据与"被遗忘权"》,《浙江大学学报(人文社会科学版)》2015年第2期。

② 伍艳:《论网络信息时代的"被遗忘权"——以欧盟个人数据保护改革为视角》,《图书馆理论与实践》2013年第11期。

③ 维克托·迈尔-舍恩伯格、肯尼思·库克耶:《大数据时代》,盛杨燕、周涛译,浙江人民出版社2013年版,第200页。

④ 石静霞、张舵:《从欧洲法院承认"被遗忘权"的判决看个人信息保护》,《中国信息安全》2014年第11期。

亲 Stacy Snyder 在 2006 年被心仪的大学取消了当教师的资格，理由是其行为与教师不符，原因是她的 Myspace 个人网页上有一张她头戴海盗帽举着塑料杯子啜饮的照片被一位过度热心的教师发现并上报校方，校方认为学生会因看到教师喝酒的照片而受到不良影响。当 Stacy 想要将该照片删除时却发现她的个人网页已经被搜索引擎编录且已经被网络爬虫（web crawler）程序存档了。后来 Stacy 控告这所大学但最终也没能胜诉。另一则故事是关于一位六十多岁的生活在加拿大温哥华的心理咨询师 Andrew Feldmar，他在 2006 年准备穿越美国和加拿大边境去迎接自己的朋友时，被边境卫兵拦下，边境卫兵用互联网搜索引擎查询了 Feldmar，发现了一篇他 2001 年为一本交叉学科杂志写的文章，在这个文章中他提到自己在四十多年前曾经服用过致幻剂 LSD，因此，他被扣留 4 个多小时并被提取指纹，还签署了一份声明，叙明他在大约四十年前曾服用过致幻剂，并且不准再进入美国境内。因此，该书作者不禁追问："在这个记忆已经成为常态的时代，难道每个公开自己信息的人只能永远对信息束手无策吗？我们真的想要一个由于无法遗忘，而永远不懂得宽恕的未来吗？"[①] 这个设问揭示了在大数据背景下被遗忘权兴起的内在必然性。因此，有论者指出："遗忘不仅仅是一种个人行为，也具有社会性，社会性的遗忘能给失败或者犯错的人第二次机会。不再被遗忘的后果就是一次失误会永远被人铭记。"[②] 也就是我们常说的"一次行窃，终身是贼"。欧盟的民意调查显示，高达百分之七十五的欧洲民众愿意选择删除他们留在网上的个人信息。[③]

笔者认为，对大数据时代的被遗忘权的关注是有必要的，而且值

[①] 维克托·迈尔-舍恩伯格：《删除：大数据取舍之道》，袁杰译，浙江人民出版社 2013 年版，第 4 页。

[②] 张超：《大数据时代："当被遗忘的权利"成为一个问题》，《中国图书评论》2013 年第 8 期。

[③] 何治乐、黄道丽：《大数据环境下我国被遗忘权之立法构建——欧盟〈一般数据保护条例〉被遗忘权之借鉴》，《网络安全技术与应用》2014 年第 5 期。

得更加深入地研究，它将对新时代的个人隐私保护以及电子商务发展产生深远而重大的影响。在我国的语境下，因为同时存在着对大数据环境下的被遗忘权以及对非大数据环境下的被遗忘权的内在需求，所以应当考虑到大数据环境下的被遗忘权，也要注意非大数据环境下的被遗忘权。这两个领域中或者两个语境中的被遗忘权的确认和保护对尊重公民个人的固有尊严而言具有更加重要的意义。

笔者也以我国司法实践中的两个判决为基础，讲述确认和保护非大数据环境下的被遗忘权的价值和重要性。

一个可以称之为"退学申请表记载案"。该案中涉及的原告在1982年考入被告上海某所大学就读，后因病退学，在退学前后曾三次住院治疗。此后二十几年，原告多次报考公安局、教育局、人事局等国家机关和事业单位，均未被录取，其中曾有招考单位对原告的档案材料进行政审。原告2000年委托律师查询原告档案得知其当年的辅导员在其退学申请表中记载了"1983年10月间该班军训期间，该生神志反常，生活不能自理，不进食，并打人"的内容。原告以名誉权纠纷诉至法院。在该案中，法院以"被告在学生退学申请表中的记载内容是不公开的，且该文字描述主观上未借机侵害原告的名誉权。原告主张其应聘失利与上述记载间存在因果关系，但未能提供充分证据，本院难以采信"①为由没有支持原告的诉求。在该案中，面临的事实是原告在退学之后将近27年中，没能找到工作，也没有能够建立家庭和生育子女，即无工作、无家庭、无子女。法院的观点不无值得商榷的地方。首先，法院认定退学申请表中的记载内容是不公开的，但并不意味着它不能被查阅，人事档案中的各种材料包括该退学申请表的记载内容都可以被有关单位以正当理由查阅。其次，法院虽然认定了该段文字描述是客观的，主观上没有借机侵害原告的名誉权，但是文字

---

① 参见上海市杨浦区人民法院（2010）杨民一（民）初字第779号民事判决书。

描述的真实性虽可以免除名誉权的侵害责任，但不意味着可以消除对侵害其中所保护的隐私权的疑问，在这段记载构成当事人的隐私的情况下，是否意味着任何人依据一般的正当理由都可以接触和了解，不无疑问。最后，法院虽然认为对于原告的应聘失利与退学申请表的记载之间的因果关系的证据不充分，但并不意味着没有因果关系的证据，只不过是这里的因果关系的正相关力度不够明显，不能排除存在高度的盖然性因果关系。所以在这里因果关系理论成为法院确定侵权责任成立与否的政策工具。从司法裁判的角度而言，该判决并没有大的缺陷和漏洞，法院是严格依据名誉权纠纷进行裁判的。设若当事人以隐私权遭受侵犯提起诉讼，则会使法院面临该案所蕴藏的一个重大问题，即是否所有的人事档案中的材料都能够提供给有正当查阅需求的人，是否对具有高度敏感的个人资料和信息予以限制查阅和使用，换句话说，那就是当事人对其有重大利益的个人资料（即使是没有使用互联网和计算机处理过的个人资料）是否有要求社会遗忘的权利（禁止或者限制他人接近和使用的权利）？这是目前我国档案立法和人事档案制度中均缺乏的。

另一个案子可以称之为"不予录用通知案"。在该案中，原告报考了被告某区人事局的职位，笔试和面试成绩均为第一，但是被告在政审考察中发现原告在四年前曾因生活作风问题受到党纪处分（党内警告处分），因而对原告发出了不予录用通知。原告认为，其在2004年9月虽然与一位有配偶的女性发生性关系而受到党内警告处分，但在受到处分后能够认识和改正错误，生活及工作中均能得到大家赞同，还被评为"优秀共产党员"、"优秀教师"，四年前的错误行为不能证实原告现在的品行，被告不能以原告四年前所犯错误而认定原告不具有良好的品行，对原告现在的优秀表现视而不见，否定原告的进步，不符合公平的原则，扼杀了原告的前途和未来，以此诉至法院。法院以"公务员是公共权力的行使者，需要良好的公众形象，应当具有公众信赖的基础"，原告"取得考试成绩第一名，只能反映原告当前所具有的知识水平、业务能力等素质相对其他报考人员是优秀的，但不能反映其思想素质、道德品质相对其他参考人员也是优秀的，被告根据《公务员法》所规定的公务员应当具备的法定条件，遵循择优录用的原则对原告彭某做出的不予录用的《通知》，是符合法律、法规的。原告以曾犯错误但已改正，且之后又获得'优秀'、'先进'等荣誉称号，要求撤销该《通知》的理由不能成立"[①]驳回原告的诉讼请求。在该案中，对四年前的党内处分记录是否可以无限制地提供给有正当理由的人查阅？原告就该处分记录是否享有要求被社会遗忘的权利，特别是在原告已经深刻认识错误并实施了改正的情况下？有观点认为："某件事情不全然是'私人'的事情，并不表示当事人在限制披露或传播有关资料方面没有利益。"[②]

除了上述两个案件之外，在我国司法实践中还有类似的案件，如曾经被刑事处罚的原告在刑满释放后发现有关自己的刑事判决书被被告某公司在自己的网站上发布，原告以侵犯隐私权为由提起诉讼，但是法院以"损害公共利益、违反实体法的强制性规定或违反重要的公共道德的隐私，不应受到法律保护"为由认定原告"因合同诈骗被判处刑罚的信息，不属于依法可以受到法律保护的个人信息"[③]，从而认定被告在自己网站上发布刑事判决书的行为没有侵犯原告的隐私权。在该案件中，对于被告来说，虽然我国立法并没有规定私人有权向特定的或不特定的人宣扬或者披露刑事或者民事判决书所载的内容和信息，但私人自行公开判决书，有可能会在判决书所确定的惩罚或责任之外，给当事人施加损害或者困扰，令当事人陷入长期的耻辱与蒙羞之中。

[①] 参见重庆市渝中区人民法院（2008）中区行初字第32号行政判决书。
[②] William H. Rehnquist, "Is an Expanded Right of Privacy Consistent with Fair and Effective Law Enforcement", *U. Kan. L. Rev*, 23, 1974.
[③] 参见杭州市拱墅区人民法院（2014）杭拱民初字第281号民事判决书。

判决书的公开属于司法信息公开,应当统一由法院为之。除了涉及国家安全、未成年人利益、性犯罪等有关案件的判决书应当禁止公开外,在公开其他依法可以公开的判决书时,也需在公开时采取必要的匿名化措施①,以保护被按照正当程序处罚或者承担责任后的当事人有重返社会,营造新的生活的机会。这种匿名化措施在本质上就是一种通过限制或者禁止使用其有关信息,保护当事人免被他人直接或者间接识别,保障其正常的生活自由与空间的行为,也就是所谓的被遗忘权,普通公民尤其是在可能已被人完全忘记的个人犯罪记录方面享有隐私权益。②这种权利保护的情形已经属于大数据背景下的被遗忘权的情形。在该种情形中,正如有学者所提出的隐私保护的两个原则:一是"保护个人的私人事实以免被他人公开披露,惟被披露的事实必须严重冒犯一个有正常感觉的合理的人和令这样的一个人非常反感";二是"保护某类曾公开的事实免被他人公开披露。预计会受到保护的曾公开的事实是关于一些因为(例如)时间的推移而实际上再次变为私事的事情(如刑事行为)"。③所以,隐私不是一个绝对的概念,已经公开的事实如过往的定罪记录,随着时间的推移,可以变为私人事实,从而具有隐私的意义。

总体而言,在我国,对有关个人信息被披露和过度使用的情形,法院的观点更倾向持严格保守立场,在民事案件中遵循真实性和公开性的审查标准,而在行政案件中遵循合法性的审查标准,对于隐私权保护所面临的挑战,缺乏更多的扩展和解释隐私权保护的对象的动机,这一方面凸显了目前在我国民事侵权领域和行政侵权领域中对隐私权

---

① 张建文:《从判决书的私人公开看公共记录中的隐私权保护》,《甘肃政法学院学报》2012年第5期。

② Kenneth L. Karst, "The Files: Legal Controls over the Accuracy and Accessibility of Stored Personal Data", *Law & Contemporary Problems*, 31, 1966.

③ 香港法律改革委员会报告书:《侵犯私隐的民事责任》,2004年12月,第190页。

的内涵和外延的类型化不足，也凸显了在本章中所使用的"退学申请表记载案"和"不予录用通知案"中人事档案制度对隐私权保护的巨大反作用，这种反作用巨大到令法院望而生畏，因此退而求其次，不试图去用解释的方法弥补法律规定与社会需求的差异。笔者认为，对被遗忘权的需求同时在大数据领域中和非大数据领域中都存在，针对大数据环境的被遗忘权主要以删除为主要内容，而针对非大数据领域中的被遗忘权主要以限制汇集、获取和使用为主要内容。

至于在我国非大数据领域（如人事档案制度）中被遗忘权的建构，笔者建议考虑建立高度敏感个人信息的制度。所谓高度敏感个人信息一般是指"该当资讯与个人之内在精神活动相关，如思想、信仰等，或该当资讯之公开可能造成资讯本人受到社会之排挤或差别待遇者，如人种、门第、病历、前科等"[①]。因此其汇集、利用与一般个人资料应有不同，需受更严格之规范。如根据澳门特别行政区《个人资料保护法》第7条的规定，敏感资料包括："世界观或政治信仰、政治社团或工会关系、宗教信仰、私人生活、种族和民族本源以及与健康和性生活有关的个人资料，包括遗传资料。"法律原则上禁止处理敏感资料。[②] 至于该制度的具体建构问题不在本书的探讨范围内，有待专门撰文论述。

[①] 范姜真微：《他律与自律共构之个人资料保护法制——以日本有关民间法制为主》，《东吴法律学报》第21卷第1期。

[②] 根据澳门特别行政区《个人资料保护法》，只有在保障非歧视原则以及具备第15及16条所规定的安全措施的前提下，也容许在下列任一情况下进行处理：（1）由法律规定或其组织性质的规章性规定明确许可；（2）基于重大公共利益，经个人资料保护办公室许可；（3）资料当事人对处理给予明确许可；（4）为保护资料当事人或其他人重大利益所必需，且资料当事人在身体上或法律上无能力作出同意；（5）经资料当事人同意，由具有政治、哲学、宗教或工会性质的非牟利法人或机构在其正当活动范围内有条件地处理资料；（6）要处理的资料明显已被资料当事人公开，且从其声明可依法推断出其同意处理；（7）处理资料是在司法诉讼中宣告、行使或维护一权利所必需的，且只为该目的而处理资料；（8）处理与健康、性生活和遗传有关的资料是医学上的预防、诊断、医疗护理、治疗或卫生部门管理所必需（参见澳门特别行政区政府个人资料保护办公室2011年1月发布的《在互联网上发布个人资料的注意事项》第5页）。

二、被遗忘权与隐私权、个人信息权的关系

回顾被遗忘权的发展，2014 年欧洲法院对被遗忘权的司法确认是被遗忘权发展进程中最具里程碑意义的事件，必将对被遗忘权的进一步发展和适用产生重大积极意义。由此引发了关于被遗忘权与隐私权、个人信息权之间的关系的问题：被遗忘权与隐私权、个人信息权之间到底是什么样的关系，是各自独立的权利类型抑或被遗忘权与个人信息权均为隐私权的权利内容？这就涉及被遗忘权如何被纳入现有的权利体系中实现民事权利的体系化的问题。

有学者认为，在理论上，被遗忘权应当作为个人信息权的内容，而在目前没有个人信息立法保护的情况下，在我国司法实务中应当将被遗忘权作为隐私权的内容，而且将被遗忘权作为隐私权的内容是作为保护被遗忘权的权宜之计。[①] 这实际上是将隐私权与个人信息权作为两种不同类型的权利。[②]

笔者认为，在这个问题上，最重要的是要认真研究隐私权、个人信息权、被遗忘权的发展历史和产生背景。

首先，从价值基础而言，隐私权、个人信息权和被遗忘权都是因应了在不同的时代维护人性尊严与尊重人格自由发展而产生的权利要求，这是三者的共同价值基础。因此，"隐私权虽非宪法明文列举之权利，惟基于人性尊严与个人主体性之维护及人格发展之完整，并为保障个人生活私密领域免于他人侵扰及个人资料之自主控制，隐私权乃为不可或缺之基本权利"[③]。

[①] 杨立新、韩煦：《被遗忘权的中国本土化及法律适用》，《法律适用》2015 年第 2 期。

[②] 王利明：《论个人信息权的法律保护——以个人信息权与隐私权的界分为中心》，《现代法学》2013 年第 4 期；王利明：《论个人信息权在人格权法中的地位》，《苏州大学学报（哲学社会科学版）》2012 年第 6 期；王利明：《隐私权概念的再界定》，《法学家》2012 年第 1 期。

[③] 黄荣坚、詹森林、许宗力、王文宇编纂：《月旦简明六法（十二版）》，台湾元照出版有限公司 2005 年版，第捌—102 页。

其次，从产生背景而言，隐私权、个人信息权和被遗忘权三者依次产生，都是在隐私权的基础上回应现代传媒（传播）技术的不断发展而产生的，不断扩展了隐私权的保护对象和范围，使得隐私权的涵盖领域、权利性质、权利方式、保护手段等发生了持续的改变。

最后，三者并不是相互取代的关系，而是以隐私权为基础不断增加新的权利内容和范围。如在个人信息权与隐私权的关系问题上，就有司法观点认为："其中就个人自主控制个人资料之信息隐私权而言，乃保障人民决定是否揭露其个人资料、及在何种范围内、于何时、以何种方式、向何人揭露之决定权，并保障人民对其个人资料之使用有知悉与控制权及数据记载错误之更正权。"[①] 将个人信息权纳入广义的隐私权的范围，形成信息隐私权的亚类型。

因此，笔者认为，隐私权的发展可以分为以下三个阶段：

第一，小数据时代[②]的隐私权。在时间跨度上以沃伦和布兰代斯的《隐私权》发表以及相关司法判决的接受为标志，到20世纪六七十年代个人电脑和网络的出现之前。这一时期的隐私权保护的对象主要是"不被打扰的权利"，该权利的产生是由于新近的发明以及商业手段引起了人们的注意：必须采取进一步的措施保障人格权，特别是"立拍即现的照相技术和报刊已经侵入了私人和家庭的神圣领域"，"新闻报刊超出了礼义廉耻可以容忍的限度。传播流言蜚语不再是闲散无聊人士的消遣，而成为一种行业，被人们孜孜不倦又厚颜无耻地从事着。为了满足好色之徒的口味，与性有关的细节描写在各种日报版面上广为传播"。[③] 这里的主要技术背景是照相技术的产生和新闻报纸行业的大众化和普遍化。这种社会背景和技术背景的产生是历史性的，因为

---

① 黄荣坚、詹森林、许宗力、王文宇编纂：《月旦简明六法（十二版）》，台湾元照出版有限公司2005年版，第捌—102页。
② 维克托·迈尔-舍恩伯格、肯尼思·库克耶：《大数据时代》，盛杨燕、周涛译，浙江人民出版社2013年版，第30页。
③ 路易斯·D.布兰代斯等：《隐私权》，宦盛奎译，北京大学出版社2014年版，第6页。

在 19 世纪以前虽然出现了古登堡的活版印刷机，但是并没有降低出版物的价格，这是由于纸张仍然非常昂贵，再加上当时公众的读写能力和识字率比较低，新闻出版行业仍未大规模地发展起来；只有在 19 世纪早期工业化的纸浆生产技术出现后才最终降低了纸张的成本，使得出版商能够印刷更多的出版物，再加上 19 世纪四五十年代以后识字率的提高，新闻出版行业才开始发展起来。也因此造成了对人民私生活的侵入和困扰。所以小数据时代的隐私权主要以排斥他人侵入和打扰一个人独处或隔离境况以及反对无理宣扬当事人的私生活的权能为主。这个阶段的隐私权以消极权为特色，主要是赋予个人以权利去反对他人的侵扰，即"保障个人生活私密领域免于他人侵扰"。这个时期尽管存在不少传统新闻出版行业的数据，但是相对于后来的电脑化与网络化所处理的数据，以及现代大数据时代的互联网、云计算所处理的海量数据，只能算是小数据时代了。

第二，中数据时代的隐私权。这个时间跨度为 20 世纪六七十年代电脑和网络的兴起，到所谓的大数据时代来临之前。这个阶段以电脑化和（局域网）网络化的方式处理个人数据为特点，导致对信息的处理手段、处理方式和处理能力的极大变化。电脑是现代的发明，电脑化操作革新了记录的存储方法。英国在 1975 年发表的一份白皮书指出了电脑运作对隐私造成的影响："（1）电脑有助于维持各类规模庞大的资料记录系统，亦有助于该等系统保存资料；（2）电脑可使资料轻易快捷地通过很多不同的地点供人取阅；（3）电脑能令资料由一个资讯系统迅速转移至另一系统；（4）电脑能合并不同资料，而合并的方法或形式如非凭借电脑是不可能做到的；及（5）由于资料是以不能直接解读的形式储存或处理，亦通常以同样形式传送，所以没有几个人会知道记录中有什么资料或这些资料有何变化。"[①] 以电脑储存、检索、合

---

① Home Office, Computers: Safeguards for Privacy, Cmnd. 6354, 1975.

并或转移资料均十分容易,使得个人记录的备存发生了翻天覆地的变化,而电脑本身也经历急剧的变化,从巨型主机柜到现在的微型电脑,功能反而更强大,其造成个人资料的大规模散布的危险也更高。① 正是在这种背景下,在隐私权的基础上开拓出了个人信息权的亚类型。在这种发展的进程中,古典意义上的隐私权没有消亡,而是同时存在,尽管个人信息权的作用方式和保护架构,特别是在权利配置上,要求按照个人信息处理程序的不同阶段进行权利增设与重置,在保护机制上,要求建立个人信息隐私权保护的公共监督架构。② 由此产生了该时代的隐私权的三个特点:隐私权增加了以积极的自我信息控制权为特征的信息隐私权;隐私权的适用范围呈现出急剧的扩大化趋势,从私法领域向公法(宪法、行政法、刑事法)领域快速扩展;信息隐私权的权能依赖个人信息的处理进程进行配置,且个人隐私权的保护有赖国家公权力的介入和帮助(官方的个人信息保护机构)。③

第三,大数据时代的隐私权。该阶段以互联网和云计算的深度融合与发展为标志,"互联网时代,尤其是社交网络、电子商务和移动通信把人类社会带入了一个以'PB'(2014TB)为单位的结构与非结构数据信息的新时代",这是"一个大规模生产、分享和应用数据的时代","而发掘数据价值、征服数据海洋的动力就是云计算"。④ 这个阶段以无处不在的第三只眼、我们的隐私被二次三次乃至多次利用、预测与惩罚、数据独裁等大数据困境为特点。个人隐私保护的特点是将中数据时代以来让人们自主决定是否、如何以及经由谁来处理他们的个人信息的控制权放在个人自己手中的隐私保护核心准则转变为让数

---

① 香港法律改革委员会报告书:《有关保障个人资料的法律改革》,1994年8月,第8页。
② 张建文:《基因隐私权的民法保护》,《河北法学》2010年第6期。
③ 张建文:《隐私权的现代性转向与对公权力介入的依赖》,《社会科学家》2013年第6期。
④ 田溯宁:《拥抱大数据时代》,载维克托·迈尔-舍恩伯格、肯尼思·库克耶:《大数据时代》,盛杨燕、周涛译,浙江人民出版社2013年版,推荐序一,第1页。

据使用者承担责任,即数据使用者必须为其行为承担责任并负有特定时间之后删除个人数据的义务。① 在大数据时代,个人数据和隐私信息在互联网上可能由于多种原因被泄露:一是难以注销社交媒体网站账户,难以确保网站上的所有数据被删除;二是使用搜索引擎搜索自己的个人信息时,一些过时的、有失偏颇的或者不正确的搜索结果排在靠前位置;三是缺乏控制其他用户发布含有自己信息图片的方法;四是网络跟踪软件会监控用户网络的使用情况,并得到个人网络活动习惯的全貌。② 由此被遗忘权适应新的技术背景而产生,但并没有取消或者摧毁古典的隐私权以及个人信息权,而是丰富和增加了广义的隐私权内容。

三、结束语:新技术进步背景下隐私权的开放性与体系化问题

被遗忘权不仅仅存在于大数据领域,在古典的隐私权或者个人信息权(信息隐私权)领域中也存在。在大数据领域,被遗忘权以删除权为主要内容,而在非大数据领域,被遗忘权以禁止或者限制收集、使用为主要内容,如个人信息保护法中的高度敏感个人信息制度。大数据领域中被遗忘权的出现,并没有产生一种完全独立于隐私权或者个人信息权的新兴权利,毋宁是在古典隐私权的基础上并依赖于个人信息权(信息隐私权)的存在,增加了广义的隐私权的内容,以此回应大数据时代对隐私权保护带来的新的挑战。展望未来,可以说,广

---

① 维克托·迈尔-舍恩伯格、肯尼思·库克耶:《大数据时代》,盛杨燕、周涛译,浙江人民出版社2013年版,第220—222页。

② 吴飞、傅正科:《大数据与"被遗忘权"》,《浙江大学学报(人文社会科学版)》2015年第2期。

义的隐私权具有更强的开放性，而且势必随着信息技术的发展而不断增加其内容。因此，隐私权的研究始终面临着不断地将隐私权的保护对象和权利内容体系化的问题。

第二章 被遗忘权的本体论及本土化*

一、问题的提出

随着数字化技术和网络服务的迅猛发展,记忆和遗忘之间的格局已经被颠覆,对于过去发生的事情,遗忘变成了例外,而记忆却成了常态。① 在这种背景下,被遗忘权作为一种新兴的权利产生并逐渐成为公众所关注的焦点。2014年欧盟法院关于"谷歌公司诉冈萨雷斯案"②的终审判决,使被遗忘权成为欧洲司法实践中的正式法律用语,并被确立为网络服务中信息主体的一项民事权利。但是,作为新兴权利的被遗忘权也一直备受质疑,被遗忘权究竟是一种什么样的权利形态?网络服务中被遗忘权的法律属性该如何定位?被遗忘权的具体内容该如何界定?作为全球互联网用户较多的中国,该如何应对被遗忘权的本土化问题?笔者将围绕上述疑问,对网络服务中的被遗忘权展开具体研究。

---

* 本章的作者为高完成,西南政法大学民商法学院博士研究生。

① 维克托·迈尔-舍恩伯格:《删除:大数据取舍之道》,袁杰译,浙江人民出版社2013年版,第3页。

② 参见 Case C-131/12, Google Spain SL and Google Inc. v. Agencia Española de protección de Datos and Mario Costeja González。

二、追本溯源：被遗忘权的早期权利形态及发展

被遗忘权并非是一种突兀产生的权利形态，它有着前期的形成过程。被遗忘权最早出现在欧美国家的法律理论研究中，并形成早期的权利形态。2012年欧盟出台的《欧洲议会和理事会保护个人信息处理权益以及促进个人信息自由流通条例草案》首次提出被遗忘权这一术语。2014年欧盟法院审理了"谷歌公司诉冈萨雷斯案"，至此，被遗忘权被确立为欧洲司法实践中的正式法律用语。

（一）被遗忘权的早期权利形态

被遗忘权的早期权利形态产生于20世纪80年代的欧洲，这与当时欧洲国家隐私权的发展程度及各国普遍重视信息保护密切相关。从词源上考证，被遗忘权的雏形较早出现在法国关于信息保护的规范之中，即"被判处刑罚的罪犯，在服刑期满之后有权反对媒体公开其曾经的犯罪行为及服刑情况"[1]。此后，欧洲国家相继出台有关个人数据保护方面的规定，其中不少条款都与被遗忘权有关联。如1984年英国出台的《数据保护法》（Data Protection Act 1984）第24条就有关于公民要求删除其个人数据的规定。[2] 从内容上来看，这一时期欧洲国家有关被遗忘权的早期规定，大多是赋予数据主体在一定条件下要求删除其有关个人数据的权利[3]，即以规定删除权的方式保障实现被遗忘权的权利请求。

20世纪90年代，网络服务在全球范围内得以迅猛发展，这极大促进了区域性组织加强对网络社会个人信息的保护意识。欧盟在1995年制定统一的《欧盟数据保护指令》[4]（Directive 95/46/EC），其中也有

---

[1] Robert Kirk Walker, "The Right to Be Forgotten", *Hastings Law Journal*, 64, 2012.
[2] 参见 Article 24, Data Protection Act 1984。
[3] 彭支援:《被遗忘权初探》，《中北大学学报（社会科学版）》2014年第1期。
[4] 即《欧盟委员会个人信息保护以及信息流通95/46号指令》。

关于被遗忘权的规范，即"必须采取一切合理的措施以确保那些不准确或不完整的数据被删除"①，这可被称作欧洲范围内被遗忘权形态的较早的统一保护规定，也反映出欧洲普遍重视对个人数据及隐私权的保护且各国逐渐达成共识。

随着加强个人数据保护的国际化趋势，世界范围内的其他国家也开始关注被遗忘权。即使在侧重保护言论与表达自由的美国，有关被遗忘权的保护规范也初露端倪。2013 年美国加利福尼亚州参议院通过的第 568 号法案就涉及未成年人的被遗忘权保护。该法案赋予加州境内的未成年人有权要求社交网站擦除自己曾经的上网痕迹②，因此被形象地称作加州"橡皮擦法案"，该法案已于 2015 年 1 月 1 日正式实施。尽管"橡皮擦法案"仅赋予美国加州境内的未成年人对在社交网站上自行发布的信息有要求删除的权利，但是也能反映出美国在被遗忘权保护领域的显著进步。

（二）被遗忘权的正式确立

21 世纪以来，互联网服务持续飞速发展，社交网站和自媒体融入了人们的日常生活，公民对个人信息及隐私权的保护需求也更加强烈。在此背景下，"被遗忘权"一词开始作为一种权利产生并出现在法律文本当中。2012 年 1 月 25 日，欧盟委员会就个人信息保护议题提出了《欧洲议会和理事会保护个人信息处理权益以及促进个人信息自由流通条例草案》（以下简称《条例草案》），其中第 17 条明确规定了"被遗忘权"③，该《条例草案》已经于 2016 年 4 月 27 日顺利通过。《条例草

---

① 参见 Article 6, European Data Protection Directive 1995。
② 裴洪辉：《美国推"橡皮擦"法案，抹掉未成年人的网络过失》，《法律与生活》2014 年第 1 期。
③ 参见 Article 17, General Data Protection Regulation 2012。

案》的出台，表明被遗忘权的进一步发展。但是被遗忘权在欧洲司法实践中正式确立并成为一项具体可操作性的民事权利，则得益于欧盟法院对"谷歌公司诉冈萨雷斯案"的终审判决。

冈萨雷斯是西班牙《先锋报》在1998年刊登的西班牙国内财产强制拍卖公告中的被拍卖人，《先锋报》提到他的财产遭到强制拍卖，并且冈萨雷斯的名字也因该事件被收录在谷歌公司的搜索引擎中。冈萨雷斯认为该强制拍卖活动早已结束，谷歌搜索引擎上有关他的信息继续存在则会对其声誉造成损害，于是要求谷歌公司删除其个人信息，后来演化为冈萨雷斯与谷歌公司对簿公堂，该案由欧盟法院负责审理。2014年5月13日欧盟法院做出最终裁决，认为谷歌搜索引擎运营商作为信息控制者，应当删除有关信息主体的"不当的、不相关的、过时的"搜索结果，冈萨雷斯的删除请求应予以支持。①

欧盟法院关于"谷歌公司诉冈萨雷斯案"的判决使得被遗忘权在欧洲真正得以确立，这对于网络服务中个人信息的保护具有重大的实践意义。该判决是欧盟法院对欧盟《条例草案》所规定的被遗忘权的首次法律解读与适用，它使得被遗忘权的规定具有了实践可能性，使被遗忘权获得了突破性的发展。该判决界定谷歌等搜索引擎运营商为信息控制者，明确有关信息主体"不当的、不相关的、过时的"信息内容可通过被遗忘权的请求予以删除。判决所确立的被遗忘权可以避免保存在网络上已经过时的信息继续侵扰信息主体当前的生活状态，从而为网络服务中个人信息的保护提供有效的救济途径。毋庸置疑，被遗忘权因"谷歌公司诉冈萨雷斯案"而发展成为一项在司法实务中具有可操作性的民事权利。

---

① 参见 Case C-131/12, Google Spain SL and Google Inc. v. Agencia Española de protección de Datos and Mario Costeja González。

三、定性归位：被遗忘权的概念与法律属性

（一）被遗忘权的概念

欧盟法院在"谷歌公司诉冈萨雷斯案"中对被遗忘权的概念进行了界定，认为被遗忘权是信息主体享有的要求搜索引擎运营商删除互联网上涉及自身"不当的、不相关的、过时的"信息的一种权利。国内也有学者对被遗忘权的概念进行研究。有学者认为，被遗忘权是个人信息的拥有主体基于隐私自主而拥有向个人信息收集者、发布者、索引者随时要求删除遗留在网络上的各种有关个人的数字痕迹，从而使其被其他人所忘记的权利。[①] 杨立新教授认为，被遗忘权是指信息主体对已被发布在网络上有关自身不恰当、过时的、继续保留会导致其社会评价降低的信息，要求信息控制者予以删除的权利。[②] 笔者认为，被遗忘权的概念应当体现该权利的具体适用领域，且权利主体与义务主体也应当明确，因此，杨立新教授的观点较为合理。

（二）被遗忘权的法律属性

被遗忘权作为一种新兴的权利形态，它的法律属性该如何定位？它究竟是否为一项独立的民事权利抑或附属于其他民事权利之下？如果被遗忘权是一种附属性的民事权利，那么它究竟附属于何种民事权利？笔者将围绕上述疑问展开进一步探究。

（1）被遗忘权是否为一项独立的民事权利？回答此问题的前提应首先对被遗忘权的权利范畴进行归类。根据被遗忘权的定义可知，只

[①] 陈昶屹：《"被遗忘权"背后的法律博弈》，《北京日报》2014年5月21日，第14版。
[②] 杨立新、韩煦：《被遗忘权的中国本土化及法律适用》，《法律适用》2015年第2期。

有当网络上已经出现的有关信息主体"不当的、不相关的、过时的"信息可能会对该信息主体的名誉、荣誉等造成不良影响时，才能要求信息控制者对相关信息予以删除。因此，笔者认为，被遗忘权应归属于人格权的范畴。从这个角度而言，被遗忘权是在基于保护人格利益目标的前提下，对具有人格特征的与己不利的个人信息予以删除的权利。而这种"不当的、不相关的、过时的"个人信息背后所保护的人格利益显然不具有独立性，只能属于某一种独立性人格利益的组成部分。因此，被遗忘权不是一种独立的、具体的人格权类型。

（2）被遗忘权附属于何种具体人格权利？受英美法的影响，有学者认为被遗忘权附属于隐私权。[①] 隐私权是我国《侵权责任法》所规定的具体人格权，隐私权的保护范围通常包括私人信息、私人活动和私人空间。[②] 将涉及个人信息的被遗忘权归入隐私权的范畴，可以直接适用《侵权责任法》法律援用较为明确。笔者认为，不能仅以法律适用的方便就断定被遗忘权属于隐私权的范畴，而更应当考虑被遗忘权的产生原因及权利功能。如前所述，被遗忘权是伴随互联网服务的发展及加强个人数据保护的趋势而产生的一种权利名词，被遗忘权的主要功能在于有效避免保存在网络上的已经过时的信息继续侵扰信息主体当前的生活状态，其主要是通过删除"不当的、不相关的、过时的"个人信息从而实现被遗忘的目标。个人信息权是指信息主体对自己的个人信息所享有的进行支配并排除他人非法利用的权利[③]，该权利的一个重要权能就是删除。因此，将被遗忘权归属于个人信息权具有可行性。

鉴于被遗忘权的产生与互联网服务的发展、自媒体的普及等密切相关，不妨将被遗忘权视为个人信息权在互联网时代的一种特殊表现

[①] Emily Adams Shoor, "Narrowing the Right to Be Forgotten: Why the European Union Needs to Amend the Proposed Data Protection Regulation", *Brooklyn Journal of International Law*, 39, 2014.

[②] 杨立新：《人格权法》，法律出版社2011年版，第598页。

[③] 王利明：《隐私权概念的再界定》，《法学家》2012年第1期。

形态，被遗忘权的保护范围、权能行使均可为个人信息权所涵盖。首先，被遗忘权的保护范围可以为个人信息权所概括。被遗忘权的保护范围仅限于网络上出现的会导致信息主体社会评价降低的信息，即与己有关"不当的、不相关的、过时的"信息内容；个人信息权的保护范围非常广泛，包含姓名、性别、学历、联系方式、婚姻状况和财产状况等各方面的资讯[1]，既包括对信息主体有利的各类信息，也包括可能有损于信息主体声誉的其他信息。显然，被遗忘权的保护范围可涵盖在个人信息权之内。其次，被遗忘权的权能可以为个人信息权所涵盖。被遗忘权的权能是删除信息，即删除对信息主体有不利影响的过往信息；个人信息权更强调"自主控制权"[2]，这种控制权表现在对信息的搜集、管理、使用、处分等各个方面，删除信息也理应包含其中。

综上，笔者认为，被遗忘权不应作为一种独立的权利形态，它可以归属于具体人格权的范畴。尽管被遗忘权与隐私权有着密切的关联，但是无论是在权利保护范围还是在权能行使方面，被遗忘权更符合个人信息权的类别，应纳入个人信息权之中。

四、基本范畴：被遗忘权的主体、内容与客体

（一）被遗忘权的主体

1. 权利主体

被遗忘权的权利主体是指作为自然人的具有身份可识别性的信息主体。2014年3月，《条例草案》经过欧洲议会一读程序之后做了些许

---

[1] 张建文：《成就与局限：能动主义司法实践中的个人信息保护》，《中国法律》2011年第5期。
[2] 王泽鉴：《人格权的具体化及其保护范围·隐私权篇（中）》，《比较法研究》2009年第1期。

改动,其中对"身份可识别性"进行了界定,《条例草案》第4条规定可通过"姓名、性别、身份证号、定位地址、专属标识符"对信息主体进行准确识别。被遗忘权的人格权属性决定了信息主体仅限于自然人,而不包括法人或其他组织。法人或其他组织的信息资料在受到侵害时可通过知识产权法、反不正当竞争法进行保护[①],并不涉及被遗忘权的适用情形。

被遗忘权在具体适用中将会遭遇权利主体认定的问题,如公众人物与一般公民在具体适用被遗忘权时是否应当区别对待?公众人物行使被遗忘权是否受到限制?我国司法实务中已有针对公众人物人格权保护问题的裁判,也逐步承认了公众人物的概念。[②]公众人物相较于一般公民而言社会地位特殊,易于从社会资源中获取物质利益和精神利益[③],而根据利益衡量理论,对公众人物个人信息、隐私期待的保护给予限制也是恰当的。因此,笔者认为,对公众人物的被遗忘权也应当进行限制。只有公众人物"不当的、不相关的、过时的"信息纯粹属于其私人的且不涉及社会公共利益的信息时,才属于被遗忘权的信息保护范围。

2. 义务主体

被遗忘权的义务主体是指承担删除有关信息主体"不当的、不相关的、过时的"信息义务的主体。根据欧盟《条例草案》的规定,被遗忘权的义务主体为相关的数据控制者,包括网络搜索引擎运营商和其他的社交网站。但是在"谷歌公司诉冈萨雷斯案"中,欧盟法院仅认定作为搜索引擎运营商的谷歌公司负有删除信息的义务,而刊登冈

---

① 王泽鉴:《人格权的具体化及其保护范围·隐私权篇(中)》,《比较法研究》2009年第1期。
② 参见上海市静安区人民法院(2002)静民一(民)初字第1776号民事判决书、北京市海淀区人民法院(2010)海民初字第19075号民事判决书、北京市第一中级人民法院(2011)一中民终字第09328号民事判决书。
③ 张新宝:《隐私权的法律保护》,群众出版社2004年版,第99页。

萨雷斯拍卖信息的《先锋报》并未承担删除义务。笔者认为，为了充分实现被遗忘权所保护法益的目的，保障信息主体能够抹去不愿再让世人看到其曾经不光彩的个人信息，可将所有的个人信息控制者认定为被遗忘权的义务主体[①]，即既包括搜索引擎运营商也包括其他的社交网站。

（二）被遗忘权的内容

被遗忘权的内容包括两个方面：信息主体享有的权利和信息控制者承担的义务。一方面，信息主体享有请求信息控制者删除对其自身"不当的、不相关的、过时的"历史信息的权利，该项权利属于请求权类型，信息主体应采取书面形式将请求删除的信息及其理由通知信息控制者；另一方面，信息控制者作为负有删除义务的主体，在收到信息主体的删除请求后应当进行必要的审查，对符合删除信息的情形应当尽快进行技术处理，以确保信息主体被遗忘权请求的实现。

（三）被遗忘权的客体

被遗忘权的客体是指被遗忘权在适用时所针对的信息对象，可以概括为"不当的、不相关的、过时的"信息。第一，"不当的信息"是指存在于网络上不恰当描述信息主体的信息，这种不恰当性可能是表述不够准确，也可能是断章取义，总之会对信息主体的社会评价造成不良影响。第二，"不相关的信息"是指网络上流传的信息与信息主体本人根本没有关联性，属于混淆性信息，被人为地误用从而导致与信息主体不适格。第三，"过时的信息"是指对信息主体的名誉、荣誉等造成不良影响的曾经负面信息，该种信息的长期存在会导致信息主体

[①] 郑志峰：《网络社会的被遗忘权研究》，《法商研究》2015年第6期。

的社会评价降低，不利于信息主体现实生活状态的维持。

被遗忘权不是一项绝对的权利，欧盟《条例草案》规范了被遗忘权限制适用的情形，属于被遗忘权行使的例外。由于言论自由、公共利益以及历史科学研究的需要，信息主体不得主张被遗忘权的行使，其无权请求信息控制者删除涉及上述内容的信息。犯罪记录系属有关犯罪行为人的高度敏感个人信息，将曾经犯罪行为人的犯罪记录上传至互联网可能会对其现在的生活造成消极的影响。曾经的犯罪人能否主张被遗忘权并请求删除网络上存在的涉及自身的曾经犯罪记录，是一个需要认真对待的问题。

我国最高人民法院法释［2014］第11号表明了关于公开犯罪记录的立场，该司法解释第12条规定："网络用户或者网络服务提供者利用网络公开自然人……犯罪记录……造成他人损害，被侵权人请求其承担侵权责任的，人民法院应予支持。"但该条最后一款同时也规定："国家机关行使职权公开个人信息的，不适用本条规定。"可见，在我国当前的法律规范中，针对网络上公布的犯罪记录，犯罪行为人能否请求信息控制者予以删除是分情形处理的。当公布犯罪记录的信息控制者为国家机关时，鉴于国家安全与社会公共秩序管理的需要，犯罪行为人不得请求删除犯罪记录，除此之外的其他信息控制者公布犯罪记录时，犯罪行为人则可请求主张删除存在于网络上的犯罪记录信息。

五、制度构造：被遗忘权的本土化思考

（一）被遗忘权的国内法基础

随着网络服务的发展，国内关于加强网络信息主体保护的立法也在不断完善，一些法律法规中出现了与被遗忘权相类似的规定。我国

《侵权责任法》第 36 条规定的网络侵权责任，就赋予网络用户要求网络服务提供者采取删除、屏蔽、断开链接等必要措施的权利。其中有关"删除"措施的规定就与被遗忘权相类似，这可以视为我国法律中关于被遗忘权规范的缩影。2011 年工信部出台的《信息安全技术、公共及商用服务信息系统个人信息保护指南》(以下简称《指南》)规定了个人信息的收集、加工、转移和删除四个阶段，尤其将可删除的信息概括为个人有正当理由认为不再可用的信息。[①] 另外，2012 年 12 月 28 日全国人民代表大会常务委员会通过的《关于加强网络信息保护的决定》第 8 条也赋予了个人要求网络服务商采取删除措施的权利，这也与被遗忘权相类似。可以说，我国初步具备被遗忘权的法律规范基础。

（二）被遗忘权的制度构造

互联网服务全球化使得"记忆成为常态"，被遗忘权也因此成为世界各国所普遍关注的焦点。根据《2014 年中国人权事业的进展》白皮书显示，截至 2014 年底，中国互联网宽带接入用户突破 2 亿户，互联网网民规模达到 6.5 亿，互联网普及率为 47.9%。[②] 这表明中国已经具有名副其实的互联网大国地位，保护网络服务中个人信息安全的任务也更加艰巨。我国存在被遗忘权的法律基础，也应当在此基础上积极面对被遗忘权所带来的各种挑战，进一步探索被遗忘权的中国本土化路径，以完善个人信息保护机制，营造良好的网络服务环境。

1. 概念廓清

被遗忘权作为一种新兴的权利术语，在权利属性上可归属于个人

[①] 参见 2011 年 1 月工信部出台的《信息安全技术、公共及商用服务信息系统个人信息保护指南》第 5.1 部分的规定。

[②] 参见 2015 年 5 月国务院新闻办公室发布的《2014 年中国人权事业的进展》白皮书。

信息权，其主要功能是删除不利于信息主体的信息内容。欧盟《欧洲议会和理事会关于保护自然人信息处理以及信息自由流通条例（一般信息保护条例）》(General Data Protection Regulation) 规定被遗忘权的英文表述为"the right to be forgotten and erasure"，从严格意义上而言，直接翻译为"被遗忘权"也是不准确的。另外，从权利本质来看，被遗忘权的定义并不能反映该项权利的实质内涵，被遗忘权的主要权能为"删除"，而该权能可纳入个人信息权之中。

2. 具体内容构造

依据民事权利的通常结构，即一方当事人依据何种请求向另一方当事人主张何种权利，被遗忘权的具体内容构造主要包括四个方面：被遗忘权的权利主体、义务主体、适用范围和权利行使。

第一，权利主体。在具体构造被遗忘权的权利主体时，应注意区分不同信息主体所享有权利的限制问题。对于公众人物与一般公民，应赋予其不同的被遗忘权行使条件，一般公民应享有完整意义上的被遗忘权，不应当受到其他过多的限制；鉴于公众人物的特殊地位，为满足公众兴趣、保障公众知情权以及舆论监督权，对受到普遍关注的公众人物的被遗忘权予以限制也实属必要。

第二，义务主体。被遗忘权的义务主体应扩展为所有的个人信息控制者。在大数据时代背景下，各种搜索引擎运营商和自媒体不断涌现，这都为个人信息的永久记忆提供了媒介，留下了个人信息"不被遗忘"的隐患。因此，应当规定网络服务中所有个人信息控制者负有使信息主体实现"被遗忘"的义务，对符合信息主体删除要求的请求应及时采取技术措施予以保障。

第三，适用范围。被遗忘权的适用范围应为能够识别信息主体身份的各类信息。欧盟法院认定的被遗忘权适用范围为"不当的、不相关的、过时的"信息。笔者认为，在网络服务中，信息主体对自己曾经公开的信息资料是否继续保留拥有决定权,不管该类信息是否会对信息主体造成不良的社会评价,其都应当有权要求删除该类信息,这也符合私法自治理念的要求。但是被遗忘权并非是一项绝对权,鉴于言论自由、公众利益和历史科学研究的需要,对涉及该内容的信息资料不得请求删除,以此作为被遗忘权适用的例外情形。

第四,权利行使。被遗忘权的行使应按照申请—审查—删除的程序进行。当信息主体对网络上有关于己的个人信息提出删除要求时,应当以书面形式向信息控制者提供删除的申请,并注明所删除信息的内容及理由。信息控制者应当设置专门的审查机构,在收到信息主体的删除申请后进行必要的审查,其主要衡量公共利益与个人信息自决的关系,以防止信息主体滥用权利。[1] 对符合删除条件的网络信息,信息控制者应当在第一时间采取技术上的处理措施,删除相关的信息内容,以实现信息主体的"被遗忘"目的。

(三) 被遗忘权的保护路径

博登海默曾指出:"法律的基本作用之一乃是使人类为数众多、种类纷繁、各不相同的行为与关系达致某种合理程度的秩序,并颁布一些适用于某些应予限制的行动或行为的行为规则或行为标准。"[2] 被遗忘权在属性上可归入个人信息权的范畴,被遗忘权的实现也依赖于法律对个人信息权的保护程度,因此,我国应当尽快制定以私权为核心的《个人信息保护法》[3],从而确立被遗忘权的独立保护路径。通过立法实

---

[1] 参见 Justin Brookman, "Euro Security Experts Deem 'Right to Be Forgotten' Impossible", Center for Democracy and Technology, Dec. 4, 2012.

[2] 埃德加·博登海默:《法理学——法律哲学与法律方法》,邓正来译,中国政法大学出版社 2004 年版,第 501 页。

[3] 王利明:《论个人信息权的法律保护——以个人信息权与隐私权的界分为中心》,《现代法学》2013 年第 4 期。

现对个人信息在收录、使用、保存和管理等阶段的有效规制，形成个人信息保护的良性运作机制，从而为被遗忘权的本土化保护提供良好的法律环境。

被遗忘权的应然路径是创建以私权为核心的《个人信息保护法》，但绝不意味着可以忽视在公法领域中成立专门的个人信息保护机关。个人信息保护机关负责监察个人信息保护与处理程序的职能，能够较好保障个人的信息权益。欧盟早在《保护自动化处理个人资料公约》中就率先规定要成立个人信息监督机关，这可以为我国考虑引入被遗忘权时予以借鉴。个人信息保护机关具有明显的优势，它能够更加积极介入各类公共部门和私营机构，在保障信息自由的原则下实现对个人信息全方位的监控。

第三章 被遗忘权：搜索引擎上过时
个人信息的私法规制 *

一、引言：搜索引擎与黄药师的苦恼

电影《东邪西毒》里黄药师有句关于记忆的台词："人最大的烦恼，就是记性太好。如果可以把所有东西忘掉，以后的每一天将是一个新的开始。"在互联网已经逐渐从"默认的遗忘"走向"默认的记忆"的今天，人们却常遭遇像黄药师一样的烦恼，即如何"擦拭"掉存续在网络上的"数字痕迹"，进而恢复崭新的"数字形象"。以搜索引擎技术和社交网站的蓬勃发展为特征的大数据时代的来临，更是增加了社会大众的心理压力——潜伏于互联网上的陈年往事时常会被人挖掘利用，给本来应该独享宁静的生活增添袭扰。

这些个人信息在来源上很广泛，可以是信息主体发布在社交网站上的图片，可以是新闻报道，也可以是公共记录。[①] 借助搜索引擎的强大功能，这些信息散播于网络社会的各个角落，成为人们难以摆脱的"数

---

* 本章的作者为罗浏虎，荷兰马斯特里赫特大学（Maastricht University）法学博士候选人，马斯特里赫特大学信息保护专员。

① 公共记录是指各政府部门或公共机构对外公开的、可供公众查阅利用的信息文本。公共记录中包含的信息涉及社会生活的各个方面，多数与公共管理和公共利益密切相关，譬如医疗记录、信用卡记录、税务记录、商标登记以及刑事犯罪记录等等。

字纹身"：或者是尴尬的一幕，或者是犯罪前科记录等等。而人并非一成不变的，每个人都需要挥别过去，开始新的生活。信息也会如同其他事物一样老去、腐朽甚或消亡。①这些陈年的"人生片段"的负面作用在于，它总是被他人用来"评判现在的我"。现实中出现的情形是，个人因为谬误失真的公共记录而丧失就业机会或人格尊严受损。

如何保护互联网平台中的过时个人信息，这成了学界以及立法界的热点难点议题。远在欧盟委员会于《欧洲议会和理事会保护个人信息处理权益以及促进个人信息自由流通条例草案》（以下简称《条例草案》）②中创设"被遗忘权"之前，法国、意大利以及西班牙等国就对规制网络陈年信息进行了探讨。2014年5月，欧洲法院（ECJ）在"谷歌公司诉冈萨雷斯案"中支持了信息主体删除谷歌上关于其过时个人信息的主张，进而在欧盟司法实践中确立了被遗忘权。被遗忘权的特殊之处在于，其主要规制已然发布于网络平台的公共记录以及其他个人信息，以处理个体与搜索引擎之间的博弈关系，并平衡个人信息保护与公众知情权等的冲突问题。

对于我国而言，如何规范互联网个人信息发布和利用行为，也是我国个人信息保护法制建设所不可失之考虑的重要议题。我国在近年的立

---

① Meg Leta Ambrose, "It's about Time: Privacy, Information Life Cycles, and the Right to Be Forgotten", *Stanford Technology Law Review*, 2, 2013.

② 欧盟现行有效的个人信息立法是《欧盟委员会个人信息保护以及信息流通95/46号指令》。2012年1月25日，欧盟委员会就个人信息保护议题提出了一揽子改革方案——《欧洲议会和理事会保护个人信息处理权益以及促进个人信息自由流通条例草案》以及《欧洲议会和理事会保护个人在有权机构基于阻止、调查、发现或检控刑事犯罪或执行刑罚目的而获取个人信息时的权益以及促进个人信息自由流通指令草案》。前者为欧盟提供了资料保护一般架构，而后者为治安以及刑事司法部门的资料获取活动提供了规范。这两个草案目前还没有正式成为法律。在本章写作之时（本章内容写作于2016年4月，曾以"被遗忘权：搜索引擎上过时个人信息的私法规制"为题，发表于《重庆邮电大学学报［社会科学版］》2016年第3期），《条例草案》在2014年3月12日通过欧洲议会的一读程序，将会进入欧洲理事会的一读程序。草案已在2016年4月27日通过，不过笔者没有来得及参酌最新立法资料。

法中加强了相应的建设,但体系仍显零碎。① 其中,《侵权责任法》第36条规定了互联网侵权责任。全国人大常委会《关于加强网络信息保护的决定》进一步确认了信息主体的基本权利以及网络服务提供者的义务。随后在2014年,最高人民法院详细诠释了审理信息网络侵权纠纷案件的法律适用问题。然而,关于是否以及如何规范搜索引擎上的过时个人信息,我国立法以及司法尚且语焉不详。就我国行业实践而论,百度搜索、360搜索和搜狗搜索都自发提供更新、删除"网页快照"或者删除"搜索提示词"的申请和服务,但是各自的要求有较大的差异性。

在上述背景下,本章的主要目的在于探讨规制搜索引擎上过时个人信息的私法路径,并审视欧盟法院"被遗忘权"司法判决对我国实践的启发。本章率先深入剖析谷歌公司诉冈萨雷斯案的理论意义,并着重从私法的视角检视被遗忘权对于规制网络过时个人信息的积极作用以及潜在的冲突。② 详言之,本章包括四大部分。第一部分引介被遗

---

① 自2002年以降的各大民法典草案对如何保护个人信息设计了不同的方案,不过没有对如何规制网络过时个人信息做出相应的设计。梁慧星教授领衔的《民法典草案建议稿》在人格权和侵权责任部分都没有对保护个人信息做出规定。王利明教授领衔的《中国民法典学者建议稿及立法理由》将个人信息权利视作隐私权的分支,并在"侵权行为编"设计了网络侵权责任的规则。但是,王利明教授后来转而主张将个人信息权利作为独立的人格权类型进行保护。而徐国栋教授领衔的《绿色民法典草案》将个人信息置于"私生活"下予以调整,并将私生活权界定为自然人控制个人信息如何流转的权利。2002年,全国人大法工委在提请审议的《中华人民共和国民法(草案)》增设了隐私权的规定,并将个人信息纳入隐私权的外延。草案第25条第二款规定:隐私权的范围包括私人信息、私人活动和私人空间。第29条规定:收集、存储、公布涉及自然人的隐私资料,应当征得本人同意,但法律另有规定的除外。参见梁慧星:《中国民法典草案建议稿》,法律出版社2003年版;王利明:《中国民法典学者建议稿及立法理由(人格权编、婚姻家庭编、继承编)》,法律出版社2005年版,第146—171页;王利明:《中国民法典学者建议稿及立法理由(侵权行为编)》,法律出版社2005年版,第90—94页;王利明:《论个人信息权的法律保护——以个人信息权与隐私权的界分为中心》,《现代法学》2013年第4期;王利明:《民法典的时代特征和编纂步骤》,《清华法学》2014年第6期;徐国栋:《绿色民法典草案》,社会科学文献出版社2004年版;高志明:《个人信息法的基本界定》,《燕山大学学报(哲学社会科学版)》2013年第2期。

② 学界此前关于"被遗忘权"的讨论,主要有下列代表性文献。在拙著《欧盟个人资料保护改革研究》中,笔者对被遗忘权的基本内涵以及欧盟立法情形进行了初步论述。邵国松教授探究了被遗忘权在欧盟立法改革中被采纳的情况、理论渊源、权利内容以及对言论自由的影响,并呼吁我国借鉴欧盟做法,在个人信息保护立法中引入"删除权"。杨立新教授和韩煦博士对比研究了被遗忘权在欧盟的发展和差异性,论述了被遗忘权的现实意义以及中国本土化的可行性,并

忘权作为一种新型个人信息权的学理内涵。第二部分评析"谷歌公司诉冈萨雷斯案",挖掘该案对规制过时网络信息的意义。第三部分论述将被遗忘权纳入我国个人信息保护的必要性,以及分析解决被遗忘权与其他权利的冲突的路径。第四部分,总结提出我国应积极应对大数据时代对个人信息保护提出的新议题。

二、被遗忘权:个人信息权的新类型

被遗忘权[①]是指信息主体请求删除其个人信息(尤其是脱离情境的信息),并阻止该信息被进一步散播的权利。[②]因而有学者形象

(接上页)对我国确立被遗忘权进行了法教义学上的构设。夏燕博士对被遗忘权在欧盟立法中的支持以及反对意见进行了评价。参见罗浏虎:《欧盟个人资料保护改革研究》,西南政法大学2013年硕士学位论文,第20—26页;邵国松:《"被遗忘的权利":个人信息保护的新问题及对策》,《南京社会科学》2013年第2期;杨立新、韩煦:《被遗忘权的中国本土化及法律适用》,《法律适用》2015年第2期;夏燕:《"被遗忘权"之争——基于欧盟个人数据保护立法改革的考察》,《北京理工大学学报(社会科学版)》2015年第2期。

① 在学者的论述中,"被遗忘权"被称作 right to be forgotten、right to oblivion、right to forget、right to delete、droit à l'oubli(法语)或者 diritto al'oblio(意大利语),而欧盟委员会(European Commission)《条例草案》将其表述为 "right to be forgotten and to erasure"。

② 尽管学者经常提议赋予其"权利"的地位,但是人们对其性质和地位尚未达成共识,实践中也不乏将其理解成一种道德律、社会价值、美德或者政策目标之人。参见 P. A. Bernal, "A Right to Delete?" *European Journal of Law and Technology*, 2, 2011. 也有人认为被遗忘权只是一种利益形态。申言之,它是信息主体仅使自己与当下的信息产生关联的利益或价值形式。此即强调个体的经历和社会交往的"此时此刻"的特性,鼓励个人在当下进行自由的表达。"这意味着被遗忘权在这个时候不具备法律权利的性格,而只能是一种利益或者价值。它从哲学和社会心理学的角度反映了我们在大数据的时代可以怎样形塑我们的生活。而这种反映可以融入法律或政策之中,而不被当作个体可以请求的权利,至多作为隐私权或言论自由权利之一部分要素。"参见 Bert-Jaap Koops, *Forgetting Footprints, Shunning Shadows: A Critical Analysis of the "Right to Be Forgotten" in Big Data Practice*, Social Science Electronic Publishing, 2011, p. 232. 安德拉德认为信息保护权并非实体权利,而是一种程序性权利。被遗忘权本身并不直接代表任何的价值或者利益,而只是规定了实现诸如隐私权、身份权、信息自由、安全和宗教自由等权利和社会价值的程序和方法。对于不同利益和权利的表达和协调而言,诸如透明性、易懂性和可携性等程序性要求是它们有效运行的不可或缺的条件。参见 Norberto Nuno Gomes de Andrade, "Oblivion: The Right to Be Different … from Oneself: Reproposing the Right to Be Forgotten", *IDP. Revista de Internet, Derechoy Política*, 13, 2012。

地称之为"使已然消逝之人生往事'沉默不语'之权利"①。正如康利（Conley）所言，被遗忘权兼具积极对抗与消极防御的权利属性：自我可以借由删除不想忆起的过往生活片段而掌控自己的生活，并可以要求他人不再获取或者利用其过往信息。②虽然学者们有的是从第一人称的角度将被遗忘权表述为"right to forget"，有些是从第三人称的角度将其称为"right to be forgotten"，但都同意信息主体对那些或被据以做出不利决定或评价的陈旧信息拥有重大利益，而且这种利益形态有可能成为某种法律权利而受到保护。③

被遗忘权产生的时代背景是搜索引擎等网络工具和平台的兴旺发达。个人信息愈加成为数字经济赖以发展的宝藏，人们常常需要以允许他人采集其个人信息来获取商品或服务。在经历了特定的时间后，信息采集的目标可能已经实现或者落空，信息主体可能不再希望继续散播其个人信息。即使是信息主体上传至社交网站的照片、文字和视频，其也应享有撤销发布之权利。信息主体应该得到重新开始的机会④，即不应使用过时的负面信息来评价该信息主体。比如社交网站上的某些信息片段不应成为拒绝提供工作职位或开除职员的依据。正如安德拉德（Andrade）所言，人格犹如故事，随着剧情的发展而不断吸收新的元素。被遗忘权在这个过程中饰演着重要角色，促使过去的种种"失态"形象遁隐于公众的视线，进而建构信息主体的全新的未来人格形象。⑤

---

① Norberto Nuno Gomes de Andrade, "Oblivion: The Right to Be Different ... from Oneself: Reproposing the Right to Be Forgotten", *IDP. Revista de Internet, Derechoy Politica*, 13, 2012.

② Chris Conley, "The Right to Delete", in *AAAI Spring Symposium Series: Intelligent Information Privacy Management*, 2010, pp. 53-58.

③ Bert-Jaap Koops, *Forgetting Footprints, Shunning Shadows: A Critical Analysis of the "Right to Be Forgotten" in Big Data Practice*, Social Science Electronic Publishing, 2011, p. 232.

④ 有论者将之形象地称作拥有一块"干净的石板"（clean slate）的权利。参见 Luiz Costa, Yves Poullet, "Privacy and the Regulation of 2012", *Computer Law & Security Review*, 28, 2012。

⑤ Norberto Nuno Gomes de Andrade, "Oblivion: The Right to Be Different ... from oneself: Reproposing the Right to Be Forgotten", *IDP. Revista de Internet, Derechoy Politica*, 13, 2012.

笔者认为,被遗忘权是一种独立的个人信息权,也是人格权家族的一员。① 人们试图删除的许多信息其实已经存储于公共记录之中,因而将被遗忘权理解成隐私权的看法或许不妥。因为信息一旦自愿公开,即不再是个人隐私,对其进行保护的任务已然转至隐私权以外的民事规范。人格权关涉到个体欲向社会展现的自我之得体形象。相较于隐私权保护私生活不受大众窥视和不当披露,个人信息权重视个人信息在公共领域的正确发布和利用。②

一般认为,被遗忘权主要建基于"信息自决权"理论（right to informational self-determination）,即人们对其个人信息享有充分的支配权,这也是现代个人信息保护的基石。以自尊和自我发展这两个基本原则为基础,信息自决权"赋予了个体在其个人信息收集、披露和使用上自主做出决定的力量"③。欧盟委员会原副主席维维安·雷丁（Viviane Reding）认为被遗忘权是使个体掌控个人信息的重要手段,也是对信息技术发展的有力回应。④ 而欧洲信息保护专员彼特·哈斯廷

---

① 实质上,被遗忘权并非一个崭新的权利类型,这表现在:其一,早在1995年,《欧盟委员会个人信息保护以及信息流通95/46号指令》第12条（b）项就存在关于"删除权"（right of erasure）的规定,欧盟委员会认为,被遗忘权只是对前述"消除权"的进一步阐述和细化。此外,法国、意大利以及西班牙等国别法或者判例也存在关于被遗忘权的立法实践或者倡议。其二,公法上的司法文书公开以及犯罪前科记录的保存规范都是对被遗忘理念的实践。司法文书作为公共记录的一种,司法公开活动经常会触及诉讼主体的个人隐私。"在刑法中,官方对于个体犯下的较轻微的罪行以及许多未成年的违法记录通常在经历一定时间后予以勾销。其逻辑在于:年轻时的错误、判决以及轻微违法行为不应成为个体在将来融入社会的绊脚石。社会应该给他们提供第二次机会。"参见 European Commission, Proposal for a Regulation of the European Parliament and of the Council on the Protection of Individuals with regard to the Processing of Personal Data and on the Free Movement of Such Data (General Data Protection Regulation), COM (2012) 11 final. Hans Graux, Jef Ausloos, Peggy Valcke, "The Right to be Forgotten in the Internet Era", in *The Debate on Privacy and Security over the Network: Regulation and Markets*, edited by Pérez Martinez Jorge, Spain: Ariel and Fundación Telefónica, 2012, p. 3。

② Norberto Nuno Gomes de Andrade, "Oblivion: The Right to Be Different ... from Oneself: Reproposing the Right to Be Forgotten", *IDP. Revista de Internet, Derechoy Política*, 13, 2012.

③ A. Rouvary, Y. Poullet, "The Right to Informational Self-Determination and the Value of Self-Development: Reassessing the Importance of Privacy for Democracy", *in Reinventing Data Protection*, edited by S. Gutwirth, P. De Hert, Y. Poullet, Springer, 2009, p. 56.

④ Viviane Reding, "Speech: Justice for Growth Makes Headway at Today's Justice Council", 2013.

克斯（Peter Hustinx）也表示，应该将《条例草案》里关于信息主体权利的条文置于"增强用户控制力"项下进行分析。①

进而言之，被遗忘权的调整客体主要是脱离情境的信息（de-contextualized information）。被遗忘权所关注的不是信息采集当时的真伪，而是信息在散播过程中的脱离情境，从而致使信息主体的形象蒙受歪曲抑或误读。有论者认为：从人格权的角度而言，被遗忘权最应规范的是这样类型的信息——因为时间流逝而脱离情境、失真变形、落伍过时，并造成向公众展现的个体人格形象有失准确的信息。② 此类信息的载体主要是由搜索引擎、社交网站以及各类数据库构成的公共平台。

职是之故，本章所建基的基本逻辑是：被遗忘权是独立的个人信息权，通过删除或隐匿指向公共记录或公共平台中的个人信息的链接或索引等，以落实信息主体的人格权益。而"隐匿"的方式可以包括匿名化、阻止信息的继续散播以及限制使用等等。基于被遗忘权，信息主体所能请求的只是删除搜索引擎或者社交网站等提供的关于搜索结果的链接，而非请求删除第三方所发布的网页信息。

三、谷歌公司诉冈萨雷斯案：被遗忘权的司法确认

（一）基本案情以及裁判理由

西班牙人冈萨雷斯因为拖欠社会保险费而被西班牙当局拍卖其房

---

① Peter Hustinx, "Panel 1: The Right to Be Forgotten, or: How to Exercise User Rights?" The Greens/European Free Alliance Hearing on "Data Protection for the Digital Age" European Parliament, Brussels, 2012.

② Bert-Jaap Koops, *Forgetting Footprints, Shunning Shadows: A Critical Analysis of the "Right to Be Forgotten" in Big Data Practice*, Social Science Electronic Publishing, 2011, p. 232.

产。①拍卖公告以及保险费追偿公示分别于1998年1月19日和3月9日被刊载在当地发行量很大的《先锋报》上。冈萨雷斯在2010年3月5日向西班牙信息保护局投诉：每当网络用户在谷歌上键入其名字便可搜索到相应的报章内容，但是前述欠费已在多年前得以妥善解决而使相关报章内容显得不相关。因此请求：（1）责令《先锋报》移除或更改相应报章内容，以使相关信息不再显示或者不能通过搜索引擎访问；（2）责令谷歌移除或隐藏相关信息，以使之不出现于搜索结果之中。

信息保护局拒绝了第一个请求，理由是《先锋报》是基于西班牙劳动与社会事务部的命令而刊登拍卖公告，旨在吸引更多竞标人，《先锋报》披露信息的行为具有合法性。信息保护局支持了第二个请求，原因是搜索引擎实施了信息处理行为，并充当了信息社会的媒介。当其信息定位和传播行为有可能削弱个人信息权利或人格尊严，而信息主体也不愿第三方知悉该信息时，搜索引擎有义务删除相应链接。但是搜索引擎不必删除第三方网页上所刊载的内容，比如网页基于法定事由而刊载的信息。谷歌不服该决定，因而向西班牙高等法院起诉。西班牙高等法院请求欧盟法院对三个问题进行初裁：（1）该案是否适用《欧盟委员会个人信息保护以及信息流通95/46号指令》（以下简称《95/46号指令》）？（2）谷歌搜索是否是个人信息的处理者抑或控制者？（3）谷歌搜索应否删除关于冈萨雷斯的链接？②欧盟法院和法院顾问对管辖没有异议，但是二者对后两个问题持有不同立场。③

就谷歌公司的角色而言，欧盟法院及其法律顾问均认为谷歌是个

---

① 对该案的归纳和分析，基本的依据是：Opinion of Advocate General Jääskinen, Case C-131/12 Google Spain SL and Google Inc. v. Agencia Española de Protección de Datos (AEPD), Mario Costeja González. Judgment of the Court (Grand Chamber), Case C-131/12. 在本案中，西班牙信息保护局也是被告。基于可读性方面的考虑，笔者将该案简称为"谷歌公司诉冈萨雷斯案"。

② 参见该案判决书的第14—20段。

③ 截至2015年，欧盟法院（the Court of Justice）有9位法律顾问（Advocate General）。这些顾问的主要职责之一是向欧盟法院提供案件的独立分析意见，欧盟法院有权决定是否采纳这些意见。

人信息的处理者。不过，法律顾问认为谷歌并非是信息控制者。法院没有采纳这种看法，理据是谷歌可以决定搜索的形式和目的。《95/46号指令》第2条区分了处理者和控制者的不同之处：处理者对信息的处理行为是代表控制者做出的，相应的责任由信息控制者承担；而控制者是可以决定信息处理行为的形式和目的的个体或者法人。就本案而言，谷歌搜索对第三方网页上的信息进行定位、编辑索引、存储并使网络用户得以获取信息。搜索引擎所提供的搜索结果并非来自对网络的即时搜索，而是源于对搜索引擎事前处理和存储的网络内容的检索。而且，搜索引擎通常还提供方便用户阅览的关于第三方网页的摘要、视听内容和网页快照等预览信息。[1]谷歌搜索中包含可以用作识别个体的信息，即使这些信息已然发布于第三方网页也不影响其识别性。借助搜索引擎的结构化的信息排列，用户得以建立关于信息主体的详细人格"轮廓"。[2]综上，法院认为谷歌公司应该履行前述指令所规定的义务。接下来需要研究的问题是，冈萨雷斯作为信息主体可否要求谷歌删除搜索结果中的网络链接？

本案的难处之一是，在冈萨雷斯起诉之际，前述《条例草案》并没有正式成为欧盟法律，而冈萨雷斯的请求权基础实质是该草案所规定的"被遗忘权"。[3]《95/46号指令》颁行之时，互联网刚刚兴起，所

---

[1] 参见该案判决书的第28—41段。
[2] 参见该案判决书的第80段。
[3] 在具体制度上，《条例草案》第17条第1款规定信息主体有权要求信息控制者消除或不再继续散布其个人信息，或要求第三方删除关于相关信息的链接、复制品或仿制品。这些情形主要包括：①对于信息收集和使用的目的而言，个人信息不再是必须的；②信息主体撤销信息采集授权、信息存储期限失效或者信息采取行为失去法律正当性；③信息当事人拒绝信息的采集；④法院或其他管理机构下令删除；⑤信息采集行为非法。第3款列举了四种豁免情形：基于言论自由的需要；基于公共健康的集体利益；基于历史、统计或科学研究需要；依据法律义务而为信息采集。此外，《条例草案》第80条第1款要求成员国为单纯基于新闻目的、艺术目的或文学表达而处理个人信息的行为创设豁免和例外情形，以促使个人信息权利与表达自由并行不悖。第4款规定了能够以"限制使用"代替"消除"的六种情形：信息主体对信息的真实性提出异议，信息控制者正处于核实信息真实与否的期间；信息控制者不再需要利用该个人信息以完成某项作业，

以该指令并没有就信息主体可否请求删除搜索链接做出规定。虽然该指令规定了信息主体享有更正、删除和封锁相关个人信息的权利，但是这些权利主要针对的是不完整和错误的信息。① 而在本案中，谷歌搜索提供的是刊载于第三方网页的完整而合法的信息。该指令也赋予信息主体依据强有力的正当事由拒绝信息采集行为的权利，这主要是针对第三方出于公共利益、官方授权或合法利益而进行的信息处理行为。② 不过法院法律顾问认为，信息主体的主观好恶并不是请求限制或终止扩散会损害其利益的信息的正当事由。谷歌认为，第三方网页才应该是接收关于删除信息的请求的当事人，因其比搜索引擎经营者更易于评估所刊信息合法性或者移除信息。此外，要求搜索引擎经营者从索引里删除某些信息的做法会损害网页经营方、网络用户以及搜索引擎经营者的基本权利。而冈萨雷斯、西班牙以及意大利政府都认为，如果搜索引擎所传播的信息损害其隐私权等基本权利或者对其不利，信息主体有权反对搜索引擎将相关信息编成索引。③

关于前述法律漏洞，欧盟法院运用了比例原则（principle of proportionality）来解决各种权利之间的潜在冲突。《欧盟基本权利宪章》（The Charter of Fundamental Rights of the European Union）第 7 条规定：每个人都有权得到关于其私人和家庭生活、居住以及通讯方面的尊重的权利。第 8 条确认了每个人都享有关于个人信息得到保护的权利。欧盟法院认为，应该将个人信息保护当作一种基本权利予以诠释。欧盟法院进而对个人信息权利以及公众知情权等权利进行了评估。欧盟法院认为，搜索引擎对个人信息的处理行为所带来的影响是巨大

（接上页）但需要将之作为证据予以保存；虽然某一信息处理行为是违法的，但是信息主体反对将这些信息进行删除，而仅提出限制其使用；法院或其他管理机构下令限制使用某项个人信息；信息主体请求信息控制者将相应信息发送至另一自动处理系统；存储技术不允许删除。

① 参见该指令第 12 条 b 款。
② 参见该指令第 14 条 a 款。
③ 参见该案判决书的第 63—65 段。

的，如果没有搜索引擎的作用，网络用户无法像今天一样便利地获取关于信息主体的多侧面轮廓。搜索引擎给私人生活带来的干预也许比刊载信息的第三方网页所引起的还多。因此，就搜索引擎处理个人信息的正当性而言，不能单纯从搜索引擎经营者的经济利益的角度进行评断。相反，应该对信息主体的个人信息权利与网络用户等主体的利益进行衡量。信息主体的个人信息权利也许会优先于公众的信息知情权和搜索引擎经营者的经济利益，衡量的标准有两大方面：个人信息的性质或与个人生活的紧密程度；信息所承载的公共利益的多寡或信息主体的社会角色。① 本案中，搜索引擎提供的链接指向的是冈萨雷斯十几年前的私人生活信息，而其本人也非承担公共角色的公众人物，因而其个人信息没有承载具有压倒性的公共利益。

另外，欧盟法院援引《95/46 号指令》第 6 条来说明冈萨雷斯请求删除搜索链接的合理性。该条的要旨是：成员国应保证个人信息得到公平、合法、合乎目的、完整的、相关的、适度的、准确而适时的采集和处理。由此，欧盟法院认为，一开始是合法的信息处理行为也会随着时间的变化而变得没有必要继续存在。在本案中，关于冈萨雷斯的搜索信息因为变得不完整、不相关、超出信息处理的目的（公告拍卖房产以及追缴社会保险费）而应被删除。欧盟法院进一步认为，搜索引擎删除相应链接的义务不以信息主体事先或同时联系原网页的发布者为前提条件，也不以第三方事先或同时移除相应信息为必要。这

---

① 参见该案判决书的第 80—81 段。无独有偶，欧洲人权法院也认为："在特定情形下，可以对试图复制已经进入公共领域的信息的行为施加限制"，比如说为了防止对不具有政治或公共价值的私人生活细节进行过分"广播"。因此，如果描写个人的私生活细节只是为了满足读者的猎奇心，那么当事人的私生活权益势必应当优先于记者的表达自由。参见 Case of Aleksey Ovchinnikov v. Russia, 24061/04, European Court of Human Rights。另外，第 29 条信息保护工作组（Article 29 Data Protection Working Party）将这四大标准细化为 13 个方面。参见 Article 29 Data Protection Working Party, Guidelines on the implementation of the Court of Justice of the European Union Judgment on "Google Spain SL and Inc. v. Agencia Española de Protección de Datos (AEPD), Mario Costeja González" C-131/12, 2014。

是因为第三方网页上的信息具有可复制性、信息的发布者也未必受欧盟法管辖，如果要求第三方事先或与搜索引擎同时删除相应信息，则不利于保护信息主体的权益。① 由此观之，信息主体所能够请求删除的只是搜索引擎或者社交网站等提供的关于搜索结果的链接，而非请求删除第三方所发布的网页及其信息。

该判决确认了搜索引擎具有处理和控制个人信息的可能，因此应该为信息主体提供相应的保护。具体就是删除导向"不合乎用途的、不完整的或者不相关的"个人信息的搜索链接。不过，判决只要求搜索引擎采取措施阻止"通过键入'姓名'来获取相应信息"，而没有要求防止"通过其他词语获取信息"的可能性。② 此外，就单个网站内部的搜索导航而言，因其不像外部的搜索引擎那样可以使人获取到关于信息主体的"完整"轮廓，故而可以不受被遗忘权限制。③ 虽然判决针对的是搜索引擎，但是诸如社交网站和博客等交互式网站也可能受被遗忘权规范。④

（二）谷歌公司诉冈萨雷斯案的影响

欧盟法院关于谷歌搜索案的判决得到了第29条信息保护工作组、欧盟以及其余地区的欢迎，但是也招致了一些批评。⑤ 谷歌表示将会在

---

① 参见该案判决书的第82—99段。
② Article 29 Data Protection Working Party, Guidelines on the implementation of the Court of Justice of the European Union Judgment on "Google Spain SL and Inc. v. Agencia Española de Protección de Datos (AEPD), Mario Costeja González" C-131/12, 2014.
③ 比如一份报纸在其网络版主页上设置一个内部的搜索功能。
④ Article 29 Data Protection Working Party, Guidelines on the implementation of the Court of Justice of the European Union Judgment on "Google Spain SL and Inc. v. Agencia Española de Protección de Datos (AEPD), Mario Costeja González" C-131/12, 2014. John W. Kropf, "Google Spain SL v. Agencia Española de Protección de Datos (AEPD)", *The American Journal of International Law*, 3, 2014.
⑤ 第29条信息保护工作组（Article 29 Data Protection Working Party）是根据《95/46号指令》所设立的独立咨询机构。在欧盟个人信息保护体系中，该工作小组饰演着不可或缺的角色。

公司内部新设立一套程序来处理关于删除搜索链接的申请。截至 2014 年 11 月 28 日，谷歌已经收到了超过 17 万份申请。① 但是所删除的链接仅限于 28 个欧盟成员国以及挪威、冰岛、瑞典和列支敦士登四国，其他地区的用户还是能通过谷歌搜索来访问相关网页。② 第 29 条信息保护工作组认为删除链接的范围不能仅限于一国内部，而应扩展至一切相关域名地址，以为信息主体提供更全面的保护。③ 德国内政部表示会设立相应的争端解决程序来帮助相关信息主体。④ 中国香港个人信息保护专员也表示将联合美国和加拿大等国家和地区，促使谷歌在亚太地区执行被遗忘权的要求。⑤ 批评者认为欧盟法院的做法不够务实——实施被遗忘权将会增加企业评估相应申请的负担，而且衡量信息是否符合"被遗忘"的标准也比较模糊。⑥

综上所述，谷歌公司诉冈萨雷斯案主要解决的是"个人信息的网络散播"与"隐私权等人格权益保护"之间的冲突问题。该案为规范大数据时代的网络信息发布行为提供了镜鉴，也为保护公共平台上的个人信息提供了启发。就互联网的发展来说，各国所遇到的问题都有

（接上页）它既是为欧盟内的信息保护问题提供咨询和协调的主体机构，也常常扮演监督者的角色，就信息保护与技术发展的冲突问题建言献策。不过，该工作小组所颁布的指引不具有法律约束力。

① Felicity Gerry QC, "The Rule of Law Online: You Can't Steal Cakes that Google Hasn't Baked!" *Journal of Internet Law*, 7, 2015.

② W. Gregory Voss, "The Right to Be Forgotten in the European Union: Enforcement in the Court of Justice and Amendment to the Proposed General Data Protection Regulation", *Journal of Internet Law*, 1, 2014.

③ Article 29 Data Protection Working Party, Guidelines on the implementation of the Court of Justice of the European Union Judgment on "Google Spain SL and Inc. v. Agencia Española de Protección de Datos (AEPD), Mario Costeja González" C-131/12, 2014.

④ John W. Kropf, "Google Spain SL v. Agencia Española de Protección de Datos (AEPD)", *The American Journal of International Law*, 3, 2014.

⑤ Paul Lanois, "Time to Forget: EU Privacy Rules and the Right to Request the Deletion of Data on the Internet", *Journal of Internet Law*, 4, 2014.

⑥ John W. Kropf, "Google Spain SL v. Agencia Española de Protección de Datos (AEPD)", *The American Journal of International Law*, 3, 2014.

一定的普遍性，我国有必要未雨绸缪。

四、引入被遗忘权的必要性及其利益衡量

（一）设立被遗忘权的必要性

个人信息权作为一种抽象的权利类型，其外延比较宽广。就被遗忘权来说，其应被视作个人信息权的重要类型和表现。就对被遗忘权进行本土化的可行性来说，杨立新教授等认为，我国《侵权责任法》以及相关司法解释为确立被遗忘权提供了一定的空间。[①] 而就《民法典》引入被遗忘权的必要性而言，笔者认为这主要表现在以下三大方面。

其一，互联网科技催生了将个人信息权与隐私权进行区分的必要性。我国的司法实践以及各大版本的民法典草案建议稿都将个人信息纳入隐私权的框架下进行保护，这在当时有一定的合理性，但是随着法律科学的进步，已经具备将个人信息权从隐私权中独立出来的理论准备。王利明教授认为，虽然个人信息权与隐私权具有相似性，但是二者也存在清晰的区别性。质言之：（1）就权利属性而言，隐私权主要是一种精神性人格权，而个人信息权系集人格利益与财产利益于一身的综合性权利；隐私权是消极的防御权，而个人信息权既可被动地防御第三方侵害，亦可主动要求行为人更改或者删除信息，等等。（2）就权利客体而言，隐私主要是一种私密性的信息或私人活动，而个人信息包括隐私信息和非私密性的信息。隐私一旦披露就不可恢复原状，而个人信息可以被反复利用。大规模的个人信息收集行为还会涉及国家安全问题，而个人隐私一般与国家安全没有直接联系。（3）就权利

[①] 杨立新、韩煦：《被遗忘权的中国本土化及法律适用》，《法律适用》2015年第2期。

内容而言，隐私权注重私生活安宁以及反对个人私密被披露，而个人信息权讲究对个人信息的自主支配。此外，二者在保护方式方面也有差异性。① 一言以蔽之，隐私权的外延比较狭小，无法因应大数据时代的信息发布和利用行为。

一个鲜活的例子就是我国"人肉搜索第一案"。② 王某分别起诉张某、凌云公司和天涯网，主张的内容之一是三被告在网站上撰写或转载的文章中披露其"婚外情"以及姓名、工作单位和住址等信息，侵犯了其隐私权和名誉权。审理的结果之一是，一审法院支持了原告的隐私权主张。一审法院认为公民为社会交往之需，时常主动将姓名和工作单位等信息公布于众。第三方披露这些信息的行为是否侵犯公民隐私，应当从"行为人对这些信息的取得方式、披露方式、披露范围、披露目的及披露后果等因素综合认定"。张某上诉称，在其开办的网站披露相应的信息之前，王某的姓名等个人信息已被他人披露，该"已为社会公众知情的信息不构成隐私"。二审法院认为，他人对王某个人信息的披露并不意味着张某可以"继续对此予以披露、传播"，"他人此前对王某个人信息的披露不影响张某侵犯王某名誉权事实的成立"。③ 由此可见，二审法院并没有阐述"已为第三方发布在网络平台上的个人信息是否构成个人隐私"这个问题，而是将论述重点放在披露个人信息是否侵犯名誉权。二审法院也没有解释"不能继续转载和散播已知信息"的理据。因此，笔者认为两审法院虽然比较恰当地保护了当事人的权益，但是判决理由有失周延。

---

① 王利明：《隐私权概念的再界定》，《法学家》2012年第1期；王利明：《论个人信息权在人格权法中的地位》，《苏州大学学报（哲学社会科学版）》2012年第6期。
② 此案由三个独立的起诉构成。参见王某诉北京凌云互动信息技术有限公司侵犯隐私权、名誉权纠纷案，北京市朝阳区人民法院（2008）朝民初字第29276号；王某诉海南天涯在线网络科技有限公司名誉权、隐私权纠纷案，北京市朝阳区人民法院（2008）朝民初字第29277号；王某诉张某名誉权、隐私权纠纷案，北京市朝阳区人民法院（2008）朝民初字第10930号。
③ 参见王某诉张某名誉权纠纷案，北京市第二中级人民法院（2009）二中民终字第5603号民事判决书。

实质上，如前所言，个人信息分为隐私信息和一般信息，对已知信息的散播需要受到个人信息权的规制。在本案中，张某对王某的个人信息进行了收集和处理，不仅侵犯了王某的隐私权，也因为加剧了信息的散播（即使是公众已然知晓的信息）而侵犯了王某的个人信息权。可见，在个人信息权的框架下，能够更加妥当地解决网络信息处理行为。[①]而在我国现行立法方面，虽然《侵权责任法》第36条规定了网络侵权责任，但是覆盖范围还是比较狭窄，无法应对种类繁多的网络侵权行为，更何况就个人信息保护来说，积极防御比事后救济更为重要。[②]个人信息权是一种积极性的权利，可以在网络服务提供者不构成侵权的情形予以行使，比如对第三方合法公布的个人信息，信息主体可以请求搜索引擎删除相应搜索结果。

其二，个人信息保护法所关注的不应仅是信息隐私以及信息主体的可识别性问题，而越来越有必要关注个人信息作为评断信息主体的功能。被遗忘权有助于信息主体更新自己的数字人格。

自网络发展的角度观之，我们正生活在一个大数据时代。个人信息并非仅出自信息主体之手，也源自他人对信息主体留下的痕迹进行的采集和加工活动。我们的数字影子（digital shadow）数量——他人基于信息主体遗留的信息而创造出来的相关信息——已然超过了数字足迹（digital footprint）——信息主体自己遗留的信息。[③]自个人信息的使用来看，个人信息常常被用作评判一个人的生活和工作表现的依据，陈年失真的个人信息时常成为社会大众、雇主甚或政府机构评判信息主体此时此际的人格形象的魔镜。"谷歌说你是怎样的人，你就是

[①] 郭瑜：《个人数据保护法研究》，北京大学出版社2012年版，第25—26页。

[②] 张建文、罗浏虎：《中韩网络实名制之精神分野与网络管理理念更新》，《重庆邮电大学学报（社会科学版）》2012年第3期。

[③] Chris Conley, "The Right to Delete", in *AAAI Spring Symposium Series: Intelligent Information Privacy Management*, 2010, p.236.

怎样的了。"① 比如,有人因为在社交网站上传一张在酩酊大醉后穿着海盗服装的照片,而被学校以不符合职业规范为由拒绝颁发毕业证。② 但是信息主体的生活际遇并非一成不变,如果人们还是以昨天的事情来评判今天的"我",这无疑会导致不公并且对信息主体的人格形象以及人生机会造成损害。

为了控制我们的数字命运,人们采取各种手段维护自己的网络名声,这也促成了美国"网络名声维护公司"的繁荣。③ 而我国实践中也存在关于删除帖子和网络链接的业务,这些业务在性质上有违法之虞。市场或者技术代码(code)具有缺陷性,都不足以应对个人信息保护问题。现实中,关于设置信息失效期的程序的决定权在信息控制者手里。如果要使用户更为有效地支配自己的信息的话,法律的强制性干预不可或缺。④ 不过,这并不意味着技术或者代码对"遗忘"过去没有丝毫助益,而只是说仅靠技术上的努力并不足以解决个体网络人格的"停滞"问题。⑤

其三,"遗忘过去"是谅解个体"陈年劣迹"的重要因素,有利于社会和解以及个人自新,也可抚慰逝者亲属内心之安宁。比如在"哈维诉加利福尼亚日报主编案"(Harvey Purtz v. Rajesh Srinivasan)中,哈维诉称:因为该主编拒绝从加利福尼亚日报在线文档中移除关于他们儿子克里斯的新闻报道,而使其夫妇屈从于故意施加的精神压力。

---

① Meg Leta Ambrose, "You Are What Google Says You Are: The Right to Be Forgotten and Information Stewardship", *International Review of Information Ethics*, 7, 2012.

② Viktor Mayer-Schönberger, *Delete-The Virtue of Forgetting in the Digital Age*, Princeton University Press, 2011, p. 1.

③ Meg Leta Ambrose, "You Are What Google Says You Are: The Right to Be Forgotten and Information Stewardship", *International Review of Information Ethics*, 7, 2012.

④ Hans Graux, Jef Ausloos, Peggy Valcke, "The Right to Be Forgotten in the Internet Era", in *The Debate on Privacy and Security over the Network: Regulation and Markets*, edited by Pérez Martinez Jorge, Spain: Ariel and Fundación Telefónica, 2012, p. 9.

⑤ Meg Leta Ambrose, Nicole Friess, Jill Van Matre, "Seeking Digital Redemption: The Future of Forgiveness in the Internet Age", *Santa Clara Computer and High Technology Law Journal*, 1, 2012.

该报详细描述了克里斯四年前在脱衣舞俱乐部与职员醉酒冲突的场景。克里斯所在的足球俱乐部对其进行禁赛处理。郁郁寡欢的克里斯随后离开俱乐部,并在三年后离世。虽然哈维最后败诉,但是有学者评论道:哈维试图主张这样一种权利,一种使关于其儿子的信息尤其是负面信息被人遗忘、从网络移除的权利。①

(二) 被遗忘权的利益冲突及其弥合

学者对被遗忘权主要质疑之一是,它可能被当作一种新闻审查制度,进而埋没有益的文化和历史记忆。② 相较于欧洲,被遗忘权在美国受到的质疑更大。"虽则欧盟旨在藉由创设被遗忘权以保护个体隐私权,但是该权利给美国网络新闻媒介造成了麻烦。这不仅是因为这种立法创制与美国宪法第一修正案的理念相抵牾,而且它也与传统隐私理论相矛盾——信息一旦公开即不再私有。"③ 人们也担心被遗忘权会与诸如表达自由和公众知情权等其他基本权利产生冲突。在"谷歌诉

---

① Jasmine E. McNealy, "The Emerging Conflict between Newsworthiness and the Right to Be Forgotten", *Northern Kentucky Law Review*, 39, 2012.

② 此外还有以下两大质疑。其一,名称和概念上的模糊性造成了人们的不同期待值,因而有学者建议欧盟委员会应该采取更为具象的名称。起初,《条例草案》采用"被遗忘以及删除权"(right to be forgotten and to erasure)这样的表述,后来这个表述在欧洲议会的一读程序中被修正为"删除权"(right to erasure)。原因在于,"被遗忘权"这样的术语给人一种错觉,增加民众理解的难度。其二,被遗忘权在技术上也面临着执行难问题。即使可以不费吹灰之力地将个人信息从某一单一网络删除,人们也会在面对无处不在而不透明的跨平台信息移转行为时束手无措,因为个人信息可能已被复制或者被匿名化。"删除并不等同于遗忘"。而且,被遗忘权的行使经常会引发"史翠珊效应"(Streisand effect),本意是试图阻止大众了解某些内容,或压制特定的网络信息,结果适得其反,反而使该事件为更多的人所了解。参见 Bernal P. A, "A Right to Delete?" *European Journal of Law and Technology*, 2, 2011; Colin J. Bennett, Christopher A. Parsons, Adam Molnar, "Forgetting, Non-Forgetting and Quasi-Forgetting in Social Networking: Canadian Policy and Corporate Practice", [2015-3-14] http://ssrn.com/abstract=2208098. html。

③ Jasmine E. McNealy, "The Emerging Conflict between Newsworthiness and the Right to Be Forgotten", *Northern Kentucky Law Review*, 39, 2012.

冈萨雷斯案"中，谷歌抗辩称，移除涉嫌侵犯隐私的链接将削弱互联网的客观性和搜索引擎的透明性，如果网络用户能够移除真实信息的话，搜索引擎所提供的信息将不准确而有失完整。① 同时，因为某些个人信息承载着巨大的公共利益（比如历史档案），所以人们可能遭遇共同体感受的湮灭之痛。笔者认为，被遗忘权调整的是搜索引擎上私人主体的过时信息，因此一般不会妨碍公众对政府信息的获取。

为了弥合被遗忘权的缺失，避免损害其他信息主体的权益，有学者提出了"对信息的特征和价值进行评估"的方法。② 也有学者主张对软件的设计者课以设置可以自动消除信息的代码之法律义务，即创设一个"信息失效期"。③ 德国联邦法院在"沃尔夫冈诉维基百科不当公布犯罪前科信息案"④ 中创设了解决纷争的"三步判断法"：（1）散播少量信息的行为一般不侵犯人格权，比如通过网站上需要付费查看的文档传播信息的行为。（2）如果内容必须通过积极寻找才能获得，此种信息发布行为一般也不违法。（3）但是将信息内容强推至受众，抑或藉由关于现时性内容的链接吸引受众的信息发布行为则可能违法。⑤

---

① 参见该案判决书的第 63—65 段。

② Meg Leta Ambrose, "It's about Time: Privacy, Information Life Cycles, and the Right to Be Forgotten", *Stanford Technology Law Review*, 2, 2013.

③ Viktor Mayer-Schönberger, *Delete-The Virtue of Forgetting in the Digital Age*, Princeton University Press, 2011, pp. 98-110.

④ 维基百科又一次成为被告，不过此次的原告身份特殊，他曾经是一名杀人犯。原告援引德国的隐私法要求维基百科删去他在 1990 年杀害慕尼黑演员的相关内容。1990 年 7 月 15 日，Wolfgang Werlé 和 Manfred Lauber 兄弟因为残忍杀害德国人气明星 Walter Sedlmayr 而被判无期徒刑。2007 年，Wolfgang Werlé 获释放后，委托律师就隐私问题提起诉讼。2008 年，汉堡法院援引德国法支持了他的人格权诉求，要求媒体将其名字从该案件的报道中移除。2009 年，他的律师向维基百科发出了要求将 Wolfgang Werlé 的名字从英文版维基百科移除的律师函。依据是 1973 年联邦宪法院的裁决——在刑事罪犯释放出狱后，相应的新闻报道应该隐匿（suppression）该罪犯的名字。但是在 2009 年德国广播电台网站上出现了两人的名字。12 月 15 日，德国联邦法院裁决：德国网站没有必要核查它们的新闻档案以为那些被定罪的罪犯提供永久的人格权保护。

⑤ 参见 BGH, Decisions of Dec. 15 2009 - VI ZR 217/08 (rainbow.at); Decisions of Dec. 15 2009 - VI ZR 227/08 and 228/08 (Deutschlandradio); Decisions of Feb. 9 2010 - VI ZR 243/08 and 244/08 (Spiegel online); Decisions of Apr. 20 2010 - VI ZR 245/08 and 246/08 (morgenweb.de).

如前所述，在前述谷歌公司诉冈萨雷斯案中，欧盟法院基于比例原则提出利益衡量的两大标准：个人信息的性质或与个人生活的紧密性，信息所含公共利益的多寡或信息主体的社会角色。[①]

笔者认为，权利冲突现象在权利话语越加泛滥的今天并非罕见，被遗忘权在落实信息主体的人格权益的过程中也无可避免地与其他权利相摩擦，恰如"德国服刑者诉维基百科案"所表明的"新闻自由"与"回归社区之人格尊严"之间的抵牾，亦如"谷歌搜索诉冈萨雷斯案"所显现的信息删除与新闻客观性的冲突，又如"哈维诉加利福尼亚日报主编案"所透露出的"公众知情权"与"逝者亲属精神安宁"之间的碰撞。而且在被遗忘权与其他实体权利之间也势必存在接轨与互动的需要。被遗忘权真正强调的是权利行使的合理性。由此观之，在单行的个人信息保护法中，有必要引入比例原则以应对权利冲突情形。

五、余论：个人信息保护的时代性

在大数据时代，搜索引擎、社交媒体和其他网络平台都在个人信息处理和传播方面扮演重要角色。互联网技术给个人信息保护带来的挑战之一就是：如何规范搜索引擎以及其他网络平台上的过时个人信息？个人信息保护是一项需要公法和私法协同合作才能取得成效的事业。单就私法的维度来说，"被遗忘权"无疑是欧洲学界以及司法界所选择的私法规制之径。

面对信息社会以及大数据技术的挑战，隐私权框架已经无法为个人信息提供周延的保护。对个人信息进行保护的侧重点不仅在于信息的真实性，而且在于信息所具有的评价性。换言之，过时的个人信息

[①] 参见该案判决书的第81段。

可能因为"不合乎用途、不完整或者不相关"而有被删除的必要。因缘于这种现实需要，欧盟法院在谷歌公司诉冈萨雷斯案中确认了删除这种过时个人信息的请求权基础——被遗忘权。被遗忘权作为个人信息权，与传统上的隐私权既有联系也有较多的区别。在规制网络信息传播行为方面，个人信息权有比较大的施展空间。被遗忘权作为新型信息权，有助于从私法的范畴来规范搜索引擎的信息处理行为，并保障信息主体的权利。然而被遗忘权作为一种权利话语，不可避免地会与诸如公众知情权等权利存在冲突。一个平衡的渠道是，借助比例原则，对不同的权利和利益进行衡量。比如，可以通过考察个人信息的性质或信息所含公共利益的多寡，来决定是否支持删除过时个人信息的请求。值得思考的是，被遗忘权是否仅能被适用于规范搜索引擎上的过时个人信息？其是否应该被用来规范所有互联网平台上的过时个人信息？相关的必要性以及可行性值得学界进一步探究。这也昭示着，日新月异的互联网技术促使人们需要"与网俱进"，不断更新个人信息保护理念以及制度设计。

第四章　俄罗斯被遗忘权立法的意图、架构与特点 *

2014年5月13日，欧洲法院在"谷歌公司诉冈萨雷斯案"①（以下简称"谷歌案"）中最终裁定谷歌西班牙公司败诉，首次在欧盟司法实践中确认被遗忘权的存在。俄罗斯在2015年5月29日至同年7月22日迅速完成了自己的被遗忘权立法，该法案自2016年1月1日起正式生效。

俄罗斯法上的被遗忘权具有多层面性，而且相互互补。在实体法上存在民法典意义上的被遗忘权和信息法意义上的被遗忘权，在程序法上存在民事诉讼法典意义上的被遗忘权，三者分工明确，相互配合，共同保障公民被遗忘权的实现。此外，俄罗斯的被遗忘权立法赋予了俄罗斯联邦司法机关为保护俄罗斯联邦境内的消费者而对外国人行使管辖的权限，也就是说，俄罗斯法上的被遗忘权还具有域外效力。

一、俄罗斯被遗忘权立法的时代价值

2015年5月29日，由四位国家杜马议员②联名按照俄罗斯联邦宪

---

* 本章的作者为张建文，西南政法大学教授，博士生导师，法学博士，西南政法大学俄罗斯法研究中心主任、中国信息法制研究所所长。

① 参见 Case C-131/12, Google Spain SL and Google Inc. v. Agencia Española de Protectón de Datos and Mario Costeja González.

② 他们分别是 А. В. Казаков, В. Е. Деньгин, О. М. Казакова, Л. И. Калашников, 在6月16日之前，又有七位国家杜马议员（Н. В. Герасимова, Е. Н. Сенаторова, М. А. Кожевникова, В. В. Иванов, З. Г. Макиев, Н. А. Шайденко, С. В. Железняк）加入。

法向俄罗斯联邦议会下院国家杜马提出了第 804132-6 号名为"关于修改《关于信息、信息技术和信息保护》的联邦法律和某些俄罗斯联邦立法文件"的联邦法律草案（以下简称"法律提案"），被称为"被遗忘权法"。该法案被列入社会政策法案的主题范畴，纳入信息化、信息系统、技术和保障手段的立法领域，在立法权限上属于俄罗斯联邦的事务范围，由国家杜马信息政策、信息技术和通讯委员会作为责任单位负责办理。6 月 16 日，国家杜马一读通过；6 月 30 日，国家杜马二读通过；7 月 3 日，国家杜马通过该法律；7 月 7 日，（相当于俄罗斯联邦议会上院的）联邦委员会预备审议了该法案并建议赞成该法案；7 月 8 日，该法案得到联邦委员会赞成，并呈送俄罗斯联邦总统签署（同时通知国家杜马）；7 月 13 日，俄罗斯联邦总统签署该法案（第 264 号联邦法律），7 月 16 日和 22 日分别在《俄罗斯报》和《议会公报》上公布。至此立法程序完结，该法案由提案而成为具有法律效力的立法文件。

从立法程序上看，整个立法程序在不到两个月内走完，出奇的顺利。从比较法的角度而言，欧盟自 2012 年起在加强保护个人资料促进个人资料自由流通的理念[①]下，为革新现有的个人资料保护框架，实现数字化欧洲，提出被遗忘权的概念之后[②]，欧盟关于被遗忘权规制的相关工作一直没有取得突破性进展，仍然处在前立法的阶段。相比较而言，俄罗斯联邦的被遗忘权法案在谷歌案之后迅速完成立法程序，成为最新的被遗忘权立法。该法案的立法意图、规范架构及其立法特点，对于所有希望引入被遗忘权的国家都具有重要的比较法意义。而且俄罗斯联邦的被遗忘权法案与欧盟法院的前述判决之间的关系值得关注。

[①] 罗浏虎：《欧盟个人资料保护改革研究》，西南政法大学 2013 年硕士学位论文，第 1 页。
[②] 参见 Article 17, General Data Protection Regulation 2012。

二、俄罗斯被遗忘权的立法意图

要弄清楚俄罗斯联邦被遗忘权法案的立法意图，需要从俄罗斯联邦被遗忘权法案的提案代表提交给国家杜马的立法理由书着手，该理由书共有九段文字。

在该法律提案的理由书第一段文字中就表明了该提案的直接意图："制定关于修改《关于信息、信息技术和信息保护》的联邦法律和某些俄罗斯联邦立法文件的联邦法律草案是为了建立限制在电子信息通讯网络—互联网上传播关于公民的不准确的、不具有现实意义的或者违反立法而传播的信息之链接的机制"。对于该机制的内容，理由书第二段进一步叙明："在互联网上传播的关于公民的信息并非总是符合具有现实意义、准确可靠的原则，而且还可能是违反立法而传播的，因此，法律草案建议赋予公民要求互联网搜索系统管理人终止提供可以获取接近关于该公民的信息的链接的权利。"在该段中提出了被遗忘权的概念，即公民要求互联网搜索系统管理人终止提供链接的权利。

对于该法案与欧盟法院司法实践的关系，可以从该法案理由书第七段中发现线索，即"所提法案与全欧洲解决类似问题的实践一致"。从该法案理由书第九段对该法案的作用和意义的自我评价可以知道该法案的根本意图，即"法案的通过将会有助于更加全面地、更及时地保护公民的名誉、尊严和业务信誉"。明白了这一点将会在研究俄罗斯被遗忘权的立法架构时有助于弄清楚俄罗斯被遗忘权立法的规范设计和内容设定的理由。

值得注意的是，该法案理由书对立法意图还从否定层面进行了明确，即"必须指出，法律草案的内容并非是要限制对直接传播关于公民的信息资源的获取，法律草案规定的是建立终止搜索系统提供对不准确的、不具有现实意义的或者违反立法传播的信息的链接的机制"。

因此，可以说俄罗斯联邦的被遗忘权立法的直接目的就是为了建立限制搜索系统提供不准确的、不具有现实意义的或者违法传播的关于公民的信息的机制,其更深远的目的在于保护公民的人格,即名誉、尊严和业务信誉。

三、俄罗斯被遗忘权立法的结构

(一)信息法上的被遗忘权

在被遗忘权立法的方法上,主要是采用对三部法律进行修改的方式来实现的。根据该法律提案的内容以及该法案的理由书和最终通过的第264号联邦法律的内容,可以发现,俄罗斯联邦关于被遗忘权立法的规范结构基本上遵循了理由书的结构,但是也存在并非不重要的偏离。

为了便于更加直观地展示法律提案与最终立法的区别,笔者将按照从立法理由书,到法律提案,再到立法文本的次序,比较和分析其中的差异。在本部分将主要研究对《信息、信息技术和信息保护法》[①]的修改。

1. 关于搜索系统、链接和搜索系统管理者的定义

根据该法案理由书的规定,"法律草案还对该联邦法律的概念部分增加了诸如链接、搜索系统、搜索系统管理者等定义"(理由书第五段)。在法律草案中规定将《信息、信息技术和信息保护法》第2条增

---

① Собрание законодательства Российской Федерации, 2006, №31, ст. 3448; 2010, №31, ст. 4196; 2011, №15, ст. 2038; №30, ст. 4600; 2012, №31, ст. 4328; 2013, №14, ст. 1658; №23, ст. 2870; №27, ст. 3479; №52, ст. 6961, 6963; 2014, №19, ст. 2302; №30, ст. 4223, 4242; №48, ст. 6645; 2015, №1, ст. 84.

补第20—22款，分别规定搜索系统、链接和搜索系统管理者的定义。

首先，搜索系统的定义。提案第20款将搜索系统定义为"按照使用者的查询在电子信息通讯网络上查找特定内容的信息并将可获得该信息的链接提供给使用者的信息系统，但联邦法律规定的具有全国性意义的信息系统除外"。该搜索系统的定义较为模糊，特别是没有限定在互联网上，而是可能扩大到各种局域网中，失之过宽，而且在该提案中关于被排除在被遗忘权立法效力之外的信息系统的表述是比较模糊的。经过立法程序的反复修改，在最终的立法文本中，搜索系统的定义被修改为："按照使用者的查询在互联网上执行查找特定内容的信息并将有关据以获取位于属于他人的互联网网站上的被查询信息的互联网网页的索引提供给使用者的信息系统"，特别是明确了在互联网上执行查找和提供互联网上属于他人网站的网页之索引，更加清晰。此外，对豁免被遗忘权影响的信息系统的范围也更加确定，即"用以履行国家和自治市职能，提供国家和自治市服务的信息系统，以及用以履行联邦法律规定的其他公共权限的信息系统"，由此可以看出，受到被遗忘权影响的信息系统主要是在社会领域和商业领域中的信息系统，国家和自治市所使用的公共信息系统则被豁免适用被遗忘权，但并非所有的公共系统都可以被豁免，而是仅限于履行联邦法律规定的公共权限的系统。

其次，关于链接和搜索系统管理者的定义。提案规定"链接"为"关于在电子信息通讯网络上包含搜索系统按照使用者查询所提交的信息的网页和（或）网站的索引的资料"；将"搜索系统管理者"定义为"执行保障信息系统和（或）预定用于和（或）正在用于按照使用者查询查找和提交关于在电子信息通讯网络上传播的信息的链接的电子计算机软件运行活动的人"。这两个定义没有被最终的立法所采纳，笔者认为，主要是由于这两个定义对网络的理解过于宽泛，即将网络理解为所有的电子信息通讯网络，而被遗忘权的立法所针对的主要是作为电子信息通讯网络之一种也是最重要的一种——"互联网"。其实，通过对搜索系统的准确定义已经明确了链接的定义。对于为何不规定搜索系统管理人的定义，笔者认为主要是由于该定义将搜索系统管理人定义为了具体的执行人而且是自然人，显然与通常在互联网领域中作为法律主体承担法律责任的法人不相符合。不明确规定链接和搜索系统的管理人，也不会造成查找和确定搜索系统管理人的困难，反而有助于更加灵活和符合实际地确定法律责任主体。

2. 关于搜索系统管理者的义务

根据该法案理由书的设想，对《信息、信息技术和信息保护法》的修改需要增加一个新的条文：该条文"包含规制公民对搜索系统管理者提出包含上述要求的请求的程序、该请求的内容，以及搜索系统管理者审查公民该类请求的程序的规定"（理由书第三段）；"联邦法律草案还规定，搜索系统的管理者在拒绝满足所审查的公民请求时，必须对自己的拒绝说明理由，公民可以对该拒绝依照司法程序提起诉讼。搜索系统管理者无权披露关于申请人向其提出所审查的请求的事实的信息"（理由书第四段）。

根据法律提案的最初规定，增加"103.搜索系统管理者的义务"一条，而且该条文由八款构成，与最终通过的立法条文构成相同，但是在具体内容上有不小的变化。

关于搜索系统管理者的基本义务的规定。法律提案规定："1.在电子信息通讯网络—互联网上传播信息和（或）旨在针对俄罗斯联邦境内消费者的广告的搜索系统管理者，有义务按照公民（以下简称申请人）的请求终止提供可以获取关于该申请人的以下信息的链接：（1）不准确的信息；（2）在三年以前发生或者实施的事件的准确信息，但包含具有刑事处罚特征的且其刑事责任追溯期尚未届满之事件的信息，以及关于公民所实施的未被赦免或者撤销前科的犯罪行为的信息除外；

(3)违反立法被传播的信息"(提案第 103 条第 1 款)。但是,最终立法对该条文有不小的变化,整个条文表述为:"1. 在互联网上传播旨在吸引位于俄罗斯联邦境内的消费者的广告的搜索系统管理者,按照公民(自然人)(在本条以下简称申请人)的请求有义务终止提供关于可以获取有关申请人的违反俄罗斯联邦立法传播的信息、不准确的信息,以及由于后来的事件或者申请人的行为而对申请人而言丧失意义的不具有现实意义的信息,但是包含具有刑事处罚特征的且其刑事责任追溯期尚未届满的事件的信息,以及关于公民所实施的未被赦免或者撤销前科的犯罪行为的信息除外"。

整体来说,提案和最终立法中规定的变化并非是无足轻重的:

首先,是直接明确且仅将"在互联网上传播旨在吸引俄罗斯联邦境内的公民的注意的广告"的搜索系统管理者作为被遗忘权的义务主体,而非将"传播信息的搜索系统管理者"也纳入被遗忘权的主体,更加突出被遗忘权对商业性互联网搜索系统的针对性,以此保护他人传播信息的言论自由或者信息自由,也即"保障公民和法人使用互联网和获取互联网信息的自由"[①]。在独联体成员国的本国立法中,信息自由已经被列为与思想自由、言论自由、出版自由同位阶的基本权利而受到高度关注。[②] 对作为人和公民的基本权利的信息自由的保障也成为独联体各成员国在进行信息社会建设和信息法制建构中的一项基本原则。[③]

其次,将被遗忘权所针对的关于公民的信息进行了更为细化的规定。除了关于不准确的信息和违反立法被传播的信息这两种类型之外,对不具有现实意义的信息这种被遗忘权所针对的对象进行了更为准确

---

① 张建文:《独联体成员国〈示范互联网调整基准法〉的基本内容及对我国互联网管理立法的启示》,《重庆邮电大学学报(社会科学版)》2014 年第 3 期。
② 张建文:《独联体〈信息获取权示范法〉述评》,《重庆邮电大学学报(社会科学版)》2011 年第 3 期。
③ 任允正、于洪君:《独联体国家宪法比较研究》,中国社会科学出版社 2001 年版,第 111—113 页。

的表述。在法律提案中采用时间标准将该类型的信息一律界定为"在三年以前发生或者实施的事件的准确信息",而在最终的立法中采用的是对申请人而言的意义标准,即"由于后来的事件或者申请人的行为而对申请人而言丧失意义的不具有现实意义的信息",前者的时间标准具有客观性,优点是简洁明了直接,但是一律以三年前发生作为标准可能会导致漠视了事件对申请人的意义,很可能即使是在三年以内发生的事件或者申请人的行为也可能导致其丧失现实意义,因此,后者采用的以对申请人而言是否具有意义为评价标准的表述,虽然不似前述标准那般客观简洁明了直接,但是却具有较强的弹性和灵活性。值得注意的是,作为被遗忘权所要否定其继续存在的对象的该类信息具有明确的例外规定,即包含具有刑事处罚特征的且其刑事责任追溯期尚未届满的事件的信息和关于公民所实施的未被赦免或者撤销前科的犯罪行为的信息。对有关申请人不准确的信息或者违反立法而传播的信息,则没有例外性规定。

3. 关于申请人的请求的内容、搜索系统管理者的处理程序方面的规定

在对申请人的请求的内容方面,无论是法律提案还是最终立法都比较一致。根据最终立法的规定,《信息、信息技术和信息保护法》第103条第2款的规定,"申请人的请求应当包含:(1)姓、名、父称,护照资料,联系信息(电话和[或]传真号码,电子邮箱地址,通讯地址);(2)在本条第1部分指明的应当终止提供对其的链接的关于申请人的信息;(3)本条第1部分指明的信息所位于的互联网网站网页的索引;(4)搜索系统终止提供链接的依据;(5)申请人对处理其个人资料的同意。"

在搜索系统管理者处理申请的程序方面,不同的是最终的立法将法律提案中关于相关问题处理的期限一律从"三个公历日"延长为

"十个工作日"。根据最终立法的规定,《信息、信息技术和信息保护法》第 103 条第 3 款规定了搜索系统管理者在申请人的请求不完整、不准确或者有错误时的权利,即"搜索系统管理者在发现申请人请求中资料不完整、不准确或者错误时有权在自收到上述请求之日起十个工作日内通知申请人更正提交的资料。搜索系统管理者也有权通知申请人必须提交证明其身份的文件。上述通知可以一次性发给申请人"。第 4 款规定了申请人在资料不完整、不准确或者有错误时的义务,即"申请人在自收到本条第 3 款指明的通知之日起十个工作日内采取措施补充未提交的资料,消除不准确的和错误的地方,并将更正后的资料以及(在必要情况下)将证明其身份的文件提交给搜索系统管理者"。第 5 款规定了搜索系统管理者对请求的处理方式,即"搜索系统管理者有义务在自收到申请人提交的请求或者(在向申请人发出本条第 3 款指明的通知的情况下)自收到申请人更正后的材料之日起十个工作日内在按照搜索系统使用者的查询显示包含申请人名和(或)姓的查找结果时终止提供对申请人请求中指明的信息的链接,就此通知申请人,或者向申请人发出附理由的拒绝"。第 6 款规定了搜索系统管理者发出各种通知的形式,即"搜索系统管理者以与所收到的前述请求相同的形式向申请人发出关于满足本条第 1 款指明的申请人请求的通知或者发出附理由的拒绝满足其请求的通知"。

关于申请人获得司法救济的权利和搜索系统管理者的保密义务。根据最后立法的规定,申请人在被拒绝的情况下有权诉至法院。《信息、信息技术和信息保护法》第 103 条第 7 款规定:"认为搜索系统管理者的拒绝缺乏理由的申请人,有权向法院起诉要求终止提供对申请人请求中指明的信息的链接。"而搜索系统管理者负有保密的义务,即第 8 款规定:"搜索系统管理者有义务不泄露关于申请人向其提出本条第 1 款指明的请求的事实的信息,但联邦法律规定的情况除外。"

(二) 民法典上的被遗忘权

根据该法案理由书第六段的设想,"法律草案也对俄罗斯联邦民法典和俄罗斯联邦民事诉讼法典进行了修改"。从前述对《信息、信息技术和信息保护法》的修改可以看出,对被遗忘权在规范结构上的设计侧重于通过明确和强调搜索系统管理者的义务,而不是直接确认公民的被遗忘权的方式来间接确立被遗忘权的存在。在提案人提交的法律提案中,对被遗忘权在民法典中的构建也提出了建议。

根据法律提案第 2 条对如何在俄罗斯联邦民法典中建构被遗忘权的问题提出了具体详细的条文方案。建构的方法是对 2013 年修改后的《俄罗斯联邦民法典》[①] 第 152 条第 5 款的修改:"1. 如果有损公民名誉、尊严或业务信誉的资料,或者在本条第 10 款指明的资料,在其被传播后成为在互联网上可获取的资料,则公民有权要求以保障反驳可以传递到互联网使用者的方式反驳上述资料,也有权要求任何传播该信息的人或者在互联网上提供了其所在地资料的人删除相应信息。在法律规定的其他情况下,公民也有权要求删除信息。"

但是该修改建议没有被最终的立法所采纳,笔者认为,这是由于该方案与经 2013 年 7 月 2 日第 142 号联邦法律修改后的第 152 条第 5 款并无实质性差异:"5. 如果有损公民名誉、尊严和业务信誉的资料在被传播之后成为互联网上可获取的资料,则公民有权要求删除相应信息,以及以可保障反驳传递到互联网使用者的方式反驳上述资料。"[②] 在文本内容上并无二致,而且相对来说更为简洁。根据俄罗斯联邦的司法实践,所谓的"传播"包括在出版物上公布、广播或者电视转播、在时事新闻节目和其他大众信息传媒上展示、在互联网上传播,以及

---

① Собрание законодательства Российской Федерации, 1994, №32, ст. 3301; 2013, №27, ст. 3434.
② Гражданский кодекс Российской Федерации: Часати перавая, вторая. трeтья и четвертая.-М.: Издательство《Омега-Л》, 2015, C. 82.

在职务鉴定书、公开演讲、提交给负责人的申请书中的陈述，或者任何形式的包括口头形式的即使是对一个人的通知。① 在修订后的民法典关于非物质利益保护的章节，除了关于保护名誉、尊严和业务信誉的条款（第 152 条第 5 款）外，有两处提到了互联网上的删除权问题，在第 1521 条第 3 款关于保护公民肖像的条款中也规定了肖像权人的删除权，即"如果违反本条第 1 款取得或者使用的公民的肖像在互联网上被传播，则公民有权要求删除该肖像，以及制止或者禁止进一步传播"。

根据整个第 152 条（特别是第 5 款）以及 2013 年 7 月第 142 号联邦法律对第 152 条的两个增加条款（第 1521 条和第 1522 条）可以明白，在俄罗斯联邦民法典现代化中，对非物质利益制度的修改，已经开始关注到互联网时代人格权保护的最新难题，即被遗忘权的问题。

由此，需要重新评估 2015 年 7 月 13 日第 264 号联邦法律确立被遗忘权制度的意义。可以说，民法典意义上的实体性质的被遗忘权已经在 2013 年 7 月 2 日第 142 号联邦法律对第 152 条的修改中被确立了。在大数据时代的被遗忘权的建构的基础内容就是删除。② 被遗忘权与数据删除权含义相同③，两个表述可以互用④。单纯从《俄罗斯联邦民法典》第 152 条第 5 款的规定上看，该款的规定也有其缺陷所在，即未能明确究竟是侵权人是删除权的义务主体，还是说权利人可以越过侵权人直接向互联网网站的管理者提出删除。但是结合 2015 年 7 月 13

---

① Комментарий к гражданскому кодексу Российской Федерации части первой, части второй, части третьей, части четвертой. Новая редакция ГК РФ с фундаметальными изменениями+Проекты дальнейшей модернизации ГК РФ! Постатейный. Сопоставеными материалами и практическими разьяснениями официальных органовю14-е издание, переработанное и дополненное. Автор комментариев и составитель-А. Б. Борисов-М.: Книжный мир, 2014, C. 196.

② 邵国松：《"被遗忘的权利"：个人信息保护的新问题及对策》，《南京社会科学》2013 年第 2 期。

③ 吴飞：《名词定义试拟：被遗忘权（Right to Be Forgotten）》，《新闻与传播研究》2014 年第 7 期。

④ 伍艳：《论网络信息时代的"被遗忘权"——以欧盟个人数据保护改革为视角》，《图书馆理论与实践》2013 年第 11 期。

日第264号联邦法律对《信息、信息技术和信息保护法》的修改，以及2013年7月2日第142号联邦法律对《俄罗斯联邦民法典》第152条的修改，可以发现，最新的被遗忘权立法确切地说是在《信息、信息技术和信息保护法》意义上的被遗忘权，弥补了民法典意义上被遗忘权的缺憾，即明确了搜索系统管理者的删除义务。从被遗忘权与个人资料权的关系而言，俄罗斯立法并未将被遗忘权与个人资料保护法联系起来，而是放在关于公民的名誉、尊严和业务信誉（人格权）的保护之中；从诉讼法的角度看，关于保护被遗忘权的诉讼与保护个人资料主体权利的诉讼以及保护公民名誉、尊严、业务信誉的诉讼均为相互独立、相互分离的诉讼类型。因此，笔者认为，俄罗斯法上的被遗忘权与隐私权、个人资料权是相互独立的①，虽然目的也是为了保护公民的名誉、尊严、业务信誉和肖像，但是却是一种独立的诉讼类型。

值得补充说明的是，根据《俄罗斯联邦民法典》第152条第8款的规定，"如果无法查明传播有损公民的名誉、尊严或业务信誉的资料的人，则该被传播的资料所涉及的公民有权向法院提起要求确认所传播的资料不符合事实的诉讼"。也就是说，在俄罗斯联邦还可以用确认之诉来保护公民的人格权，这是一种新型的人格权保护措施，同样可以用来保护互联网环境下的人格权。

综上所述，可以说在实体法意义上，俄罗斯法上的被遗忘权在两个层面上存在，即民法典意义上的被遗忘权和信息法意义上的被遗忘权，二者分别在一般法的层面上和特别法的层面上确认和保障被遗忘权的实现。

---

① 在我国，不少学者倾向于在个人信息或者个人资料的立法之下或者之中来保护被遗忘权。参见梁辰曦、董天策：《试论大数据背景下"被遗忘权"的属性及其边界》，《学术研究》2015年第9期。

（三）程序法上的被遗忘权

被遗忘权的立法最困难的地方在于对涉及互联网有关案件的域外管辖权的问题[1]。简而言之，那就是内国法院能否对外国人（外国公民或外国法人）实行域外管辖，以及如何实现这种域外管辖。对《俄罗斯联邦民事诉讼法典》[2]的修改主要就是为了解决诉讼管辖的问题，核心问题是解决便利权利人实现诉权的管辖设计问题。

根据该法案理由书第六段，"关于删除在电子信息通讯网络——互联网上提供的搜索链接和（或）限制获取信息资源的诉讼不仅可以向被告所在地法院提起，也可以向在大众信息传媒、大规模通讯、信息技术和通讯领域履行监督和监管职责的联邦执行权力机关所在地法院提起，或者向原告住所地法院提起。而且，如果申请包含了要求删除或者限制获取在包括以电子信息通讯网络——互联网上传播的信息的情况下，法律草案的规定赋予俄罗斯联邦境内的法院审理有外国人参与的案件的权力"。

从该法案理由书的角度看，对诉讼管辖的设计考虑三个平行的地域管辖权，即传统的被告所在地法院管辖和新增加的监管机构所在地法院管辖与原告住所地法院管辖。同时明确了俄罗斯联邦境内的法院在该类诉讼中的域外管辖权。

根据2015年7月第264号联邦法律第2条可知，最终立法只采纳了原告住所地法院的管辖设计，没有规定可以向监管机构所在地法院起诉[3]，这是为了便利原告提起诉讼。在《俄罗斯联邦民事诉讼法典》

---

[1] 张建文：《中国网络管理法制化建设研究的基本问题》，《重庆邮电大学学报（社会科学版）》2011年第1期。

[2] Собрание законодательства Российской Федерации, 2002, №46, ст. 4532; 2012, №7, ст. 784; 2013, №19, ст. 2326.

[3] 在俄罗斯履行监管职能的机构是俄罗斯联邦政府通讯与大众传播部，具体承担该职能的是该部下设的联邦通讯、信息技术与大众传播监管局，其所在地为莫斯科市特维尔大街。据笔者

第29条"按照原告选择的管辖"中增加了一款(第6.2款):"关于要求搜索系统管理者终止提供可以获取电子信息通讯网络——互联网上信息的链接的诉讼也可以向原告住所地法院提起"。值得注意的是,这是一项单独的诉讼类型,尽管在信息法上被遗忘权的立法规范中使用了"俄罗斯联邦境内的消费者"的表述,但民事诉讼法典并没有适用传统的消费者权益保护之诉的诉讼管辖设计(即原告住所地、被告所在地、合同缔结地和合同履行地法院均有管辖权),而是将其确定为新的独立的诉讼类型,这一点值得引起重视和关注。从诉讼类型看,该类诉讼与保护个人资料主体权利之诉("6.1.关于包括损害赔偿和[或]精神损害赔偿在内的保护个人资料主体权利之诉"[①])相同,都可以由原告住所地管辖。二者本质上都属于在信息时代特别是大数据时代保护公民(自然人)而非仅仅是消费者的新型诉讼类型。

同时被增加的还有《俄罗斯联邦民事诉讼法典》第44章"俄罗斯联邦法院对外国人参与的案件的管辖",在第402条"管辖规则之适用"中,修改了两个条款,作为俄罗斯联邦境内的法院行使管辖权的条件:

第一,对被告而言,"(2)被告在俄罗斯联邦境内拥有财产,且(或)在电子信息通讯网络——互联网上传播旨在吸引俄罗斯联邦境内的消费者的广告"即为俄罗斯联邦法院行使管辖权的依据。值得注意的是这里的表述是并列加选择式的,也就是说只要被告有"在电子信息通讯网络——互联网上传播旨在吸引俄罗斯联邦境内的消费者的广告"的行为即可构成俄罗斯联邦法院行使管辖权的理由,至于被告是否在俄罗斯联邦境内拥有财产亦可不论。

第二,对原告而言,明确:"(11)要求搜索系统管理者终止提供

(接上页)猜测,之所以不采纳由监管机构所在地法院管辖,跟俄罗斯幅员辽阔、人口分散有关,直接采用原告住所地法院管辖,反而更加便利权利人行使诉权保障权利。

① 该诉讼类型是由2013年5月7日第99号联邦法律引入《俄罗斯联邦民事诉讼法典》第29条的,即第6.1款。

对可以获取在电子信息通讯网络——互联网上的信息的链接的案件,原告在俄罗斯联邦拥有住所地"。与有外国人参与的(包括赔偿损失和[或]精神损害赔偿的)个人资料主体权利保护的诉讼类型相同,均要求原告在俄罗斯联邦拥有住所地。

根据笔者掌握的资料,在以前的有关互联网的司法案件中,有国外法院行使管辖权的先例[①],但是在立法上明确规定在互联网案件中对外国人行使管辖权的情形极为罕见,因为这很可能会涉及"一个国家是否有权对其他国家人民按照其本国法律并不违法的行为施加约束"[②]的问题。

四、俄罗斯被遗忘权立法的启示

综上,可以发现俄罗斯被遗忘权立法具有以下特殊性:

第一,俄罗斯被遗忘权立法在实体法上属于典型的民法典与单行法的二元立法模式。在实体法上,存在民法典上的被遗忘权和信息法上的被遗忘权,而且民法典与单行法在对被遗忘权的规定上存在明确的分工。民法典上的被遗忘权规范(《俄罗斯联邦民法典》第152条第5款)更具有一般法的意义,其含义和内容更为简洁和抽象,因此也具有更大的解释空间,其规范结构直接以权利规范的形式出现,更凸显被遗忘权的权利意蕴,而信息法上的被遗忘权规范(《信息、信息技术和信息保护法》第10.3条第1款)更具特别法的色彩,其含义和内容更为具体,即直接针对的是搜索系统管理人的义务,其规范结构不以权利规范的形态出现,而是以被遗忘权的义务主体的主要义务的

---

① 刘晗:《互联网法律动态(2004年1月至2005年3月)》,载张平主编:《网络法律评论》(第8卷),北京大学出版社2007年版,第13页。

② 郝振省:《中外互联网及手机出版法律制度研究》,中国书籍出版社2008年版,第79页。

形态出现，侧重的是被遗忘权义务主体的义务层面。信息法上的被遗忘权在特定范围内即在搜索系统领域中填补了民法典意义上的被遗忘权的规定义务主体不明确的缺点，而民法典意义上的被遗忘权规范作为民法上关于被遗忘权的一般规定，对特别民法（或者特别民法规范）的解释具有重要的基准价值，而且也能够因应未来信息社会的持续发展，发挥进一步建构或者解释被遗忘权的内涵和外延的重要作用。毕竟这是一项范围极端广泛且内容极其不确定的权利①，在现阶段过度宽泛地确立被遗忘权未必就是适当的②。

第二，俄罗斯被遗忘权立法具有同时考虑和设计实体法规范与程序法规范的优点。在程序法上，被遗忘权立法同时解决了关于被遗忘权民事诉讼的国内和涉外难题：首先，确立了要求搜索系统管理者终止提供对可以获取互联网上关于公民的信息的链接的诉讼作为独立的、新型的诉讼类型的地位，该诉讼类型与保护个人资料主体权利的诉讼类型相当且为相互独立的诉讼，确立并凸显了被遗忘权与个人资料权在诉讼法上的独立地位③；其次，以方便原告行使诉讼权利保障被遗忘权的实现为目的，在不改变通常的原告就被告的管辖权确定规则的同时，又明确了该类诉讼的管辖权的特殊确定规则，即该类诉讼可以由原告住所地法院管辖，这也是对涉及互联网案件的司法管辖的重大改变；最后，针对要求搜索系统管理者终止提供对关于公民的信息的链接的民事诉讼，明确规定了内国法院对有外国人参与的案件的管辖权，而且不以作为外国人的被告在内国有财产为限，也就是说即使是在本国没有财产，也不影响内国法院做出相关判决。

无疑，对于试图引入被遗忘权的国家来说，俄罗斯立法模式所提出

---

① 叶名怡：《真实叙事的边界：隐私权抗辩论纲》，《中外法学》2014年第4期。
② 吴飞、傅正科：《大数据与"被遗忘权"》，《浙江大学学报（人文社会科学版）》2015年第2期。
③ 在我国有学者就认为被遗忘权应纳入个人信息权之中。参见郑志峰：《网络社会的被遗忘权研究》，《法商研究》2015年第6期。

的确立民法典关于被遗忘权的一般规定，确立搜索系统领域中保护被遗忘权的具体案型，以及确立被遗忘权之诉的特殊管辖权确定规则和被遗忘权的域外效力等问题，都是思考被遗忘权立法所不可或缺的。

第五章　搜索引擎服务商的个人信息保护义务
——以被遗忘权为中心*

一、问题的提出

自古以来，书籍对于人类历史的记录和传承发挥了重要作用，凡旁落书籍记载之人和事皆被时间的车轮所湮没。就生物规律而言，遗忘应当是必然，记忆才是偶然。然而，随着科技的长足发展与互联网的广泛应用，这样的规律逐渐被扭转。如今，遗忘已成为例外，记忆却成了常态。① 在现代计算机科技和互联网技术的帮助下，关涉个人信息的事实或事件一旦呈现在互联网上，哪怕仅仅几秒钟，都极有可能被永久记录，就像刺青一样深深地刻在当事人的"数字皮肤"。② 这不禁使人们苦恼，因为某些特殊的尴尬信息不会随时间的消逝而被人们淡忘，相反，互联网清楚地记录着关于你曾经出现在互联网上的一切。据2014年7月谷歌公司公布的全球数据显示③：

·法国大概有17500个数据删除请求，包括大概58000URLs（互

---

* 本章的作者为廖磊，重庆邮电大学网络空间安全与信息法学院讲师，法学博士。

① 维克托·迈尔-舍恩伯格：《删除：大数据取舍之道》，袁杰译，浙江人民出版社2013年版，第6页。

② 参见 J. D. Lasica, "The Net Never Forgets", *Salon*, Nov. 26, 1998。

③ Paul Lanois, "Time to Forget: EU Privacy Rules and the Right to Request the Deletion of Data on the Internet", *Journal of Internet Law*, 20, 2014.

联网址)。

- 德国大概有 16500 个数据删除请求,包括大概 57000URLs。
- 英国大概有 12000 个数据删除请求,包含 44000URLs。
- 西班牙大概有 8000 个数据删除请求,包含 27000URLs。
- 意大利大概有 7500 个数据删除请求,包含 28000URLs。
- 荷兰大概有 5500 个数据删除请求,包含 21000URLs。

这一组惊人的删除请求数据恰好体现了以上记忆规律的转变过程,以及这一过程附加给人们的不适感。人并非一成不变,随着时间的流逝,人需要挥别过去,甚至尘封过去,开始新的生活。

2014 年 5 月 13 日,"Google Spain and Inc v. Agencia Española de Protección de Datos (AEPD) and Mario Costeja González"(以下简称"谷歌案")获得欧洲法院(ECJ)最终裁决,而第 29 条信息保护工作组于同年 11 月 26 日通过《第 29 条信息保护工作组指引》对前述案件进行具体解释。[①] 欧洲法院判决谷歌西班牙公司败诉,责令立即删除相关包含个人信息的搜索链接,并建立长期机构受理被遗忘权删除申请机制。[②]

至此,被遗忘权的概念因欧洲法院第 C 131/12 号裁决而引起世界范围内学者的广泛关注。[③] 尽管,从某种程度上,可以想到欧盟公民试图通过法院裁决限制互联网上过度分享信息和无限制的使用信息的渴望,但却没有人能够真正厘清搜索引擎服务商与被遗忘权之间的所有

---

① 参见 Artice 29 Data Protection Working Party, Guidelines on The Implementation of The Court of Justice of The European Union Judgment on "Google Spain and Inc v. Agencia Española de Protección de Datos(AEPD) and Mario Costeja González" C-131/12, 2014。

② 参见 Case C -131/12, Google Spain SL and Inc v. Agencia Española de Protección de Datos (AEPD) and Mario Costeja González。

③ 一方面,有学者断言该裁决的内容对于拓展欧盟基本权利具有里程碑意义,甚至可称为"宪法性事件";另一方面,被遗忘权是对言论自由的违背,是极其不道德的体现。参见 Indra Spieker genannt Dohmann and M. Steinbles, Der EuGH erfinder Sich garadeneu, Verfassungsblog, May 14, 2014; Stewart Baker, Contest! Hacking the Right to Be Forgotten, The Washington Post, June 7, 2014。

关联。面对困惑，我们不禁要追问，被遗忘权在权利谱系中究竟是否具有独立的地位？欧盟与美国对其的处理态度为何差异如此之大？搜索引擎服务商在保护个人信息的案件中该被如何定性，并承担怎么样的义务才具有合理性？以及我国应该如何应对被遗忘权？

二、被遗忘权的成立路径

倘若司法实践中要践行被遗忘权，明确搜索引擎服务商的义务边界，就有必要对被遗忘权的成立路径进行交代。

（一）欧盟与美国的"被遗忘之争"：删除与不删除

1. 欧盟立场

欧盟对被遗忘权的推进可谓积极。自 2014 年 5 月，谷歌案落下帷幕，其裁决等同于将被遗忘权在欧盟层面进行司法确认，时任欧盟信息与媒体委员会专员雷丁女士就称其为一场"个人信息保护的伟大胜利"[①]。

被遗忘权的缘起应追溯到法国。[②] 最初，法国法上的被遗忘权仅适用于刑满释放的罪犯，这一理论的基础是：这些罪犯已经偿还了对社会所负的债务，那么他们有权重新生活，而不受之前犯罪经历的影响。正因为如此，他们的犯罪记录应当被消除。受此理论影响，20 世纪 90 年代，英国和荷兰相继出台的《数据保护法》都对数据删除权进行了

[①] Andreea Seucan, "The EU 'Right to Be Forgotten'", *Perspectives of Business Law Journal*, 3, 2014.
[②] Cayce Myers, "Digital Immortality vs. 'The Right to Be Forgotten': A Comparison of U.S. and E.U. Laws Concerning Social Media Privacy", *Romanian Journal of Communication and Public Relations*, 16, 2014.

确认。① 随后，欧盟于1995年出台的《欧盟数据保护指令》②第14条规定欧盟成员国的公民可以拒绝资料控制者（如搜索引擎）以营利为目的对其个人信息进行处理③，但符合该指令第8条第1款所描述的内容除外。这一内容的确定为2012年欧盟委员会就个人信息保护议题的改革奠定基础，并于同年提出的草案GDPR④第17条首次对被遗忘权进行准立法确认。雷丁女士也对此进行肯定，这里提及的被遗忘权并不等同于历史数据的完全删除，它强调了三个特性：部分删除权、数据移植和数据控制。⑤

然而，欧盟关于被遗忘权的立法推进过程并非毫无阻力。欧盟的法律顾问Jääskinen并不认为欧盟法上应该确认被遗忘权。"在一份不具约束力的建议书中写道，像谷歌这样的搜索引擎，并非如将被遗忘权成文法化的《关于保护自然人信息处理以及信息自由流通条例》（GDPR）第17条所规定的那样，搜索引擎应当不属于数据控制者范畴。而在信息社会，通过搜索引擎搜索公布在网络上的信息，这一权利是实现基本权利的最重要的方式之一。这一权利除包括搜寻与其他个人相关的信息之外，原则上也包含例如商业或政治人士的个人信息（甚至包含其私生活）。"⑥以上结论的理据应为：如果用户在搜索相关个人信息时没有获得真实反映相关网页内容的普遍搜索结果，取而代之的是一个"删减"的版本，那么互联网用户获取信息的权利就是不

---

① 郑志峰：《网络社会的被遗忘权研究》，《法商研究》2015年第6期。
② 即《欧盟委员会个人信息保护以及信息流通95/46号指令》。
③ Directive 95/46/EC at Article 14.
④ 其全称为：Proposal for a Regulation of the European Parliament and of the Council on the protection of individuals with regard to the processing of personal data and on the free movement of such data。
⑤ 强调部分删除，是指若没有正当的理由保存个人数据，则该数据当事人可以要求将其数据进行删除；数据的移植，是指数据具有可移植性，这意味着数据在各数据提供者之间可以相互传送；数据的控制：处理数据需要获得数据当事人的明确同意。Viviane Reding, "The EU Data Protection Reform 2012: Making Europe the Standard Setter for Modern Data Protection Rules in the Digital Age", Speech 12/26 (January 22, 2012).
⑥ Jääskinen, Opinion of Advocate General, 25 June, 2013.

完整的。尽管法律顾问官的态度对欧盟的立法有所影响，但终究未被采纳。

综上，从上述立法过程及司法立场可推知，欧盟对个人信息保护的态度是相当坚定的，这也是欧盟所致力于创建的"布鲁塞尔效应"①的一个分支。

2. 美国立场

美国对待被遗忘权的态度则与欧盟截然相反。在政府层面，联邦发言人曾言辞激烈地表示，被遗忘权的承认会阻碍对罪犯的管控，甚至波及经济。②在学术层面，美国著名的法学家杰弗里·罗森教授认为，抽象的被遗忘权固然是吸引人的，但是将之放在搜索引擎的大影响力和网站维护的大背景下考量，它也在威胁着整个数字化时代。③麦克尼利更是直言，被遗忘权或与之相近的删除权在美国法上从未存在，美国法学似乎更倾向于披露符合新闻价值标准的信息。例如，美国最高法院认为，如果媒体采用合法的途径发现信息，他们就可以将这些信息刊印，即便这些信息属于敏感个人信息，如一个强奸案受害者的姓名或一个被控谋杀的未成年人姓名。④在企业层面，许多将总部设在美国的跨国互联网公司（如谷歌、Facebook 与 YouTube）都将被遗忘权视为噩梦，正如谷歌首席法务官所言，他们认为被遗忘权是欧盟立法者的"胡作非为"，与美国第一修正案的基本价值（言论自由）相冲突。⑤

---

① 欧盟法最重要的影响力在于它的法律被一些非欧盟国家或民族采用和效仿，这就是由占大型国际经济交易主导地位的欧盟所创建的所谓的"布鲁塞尔效应"。参见 Cayce Myers, "Digital Immortality vs. 'The Right to Be Forgotten': A Comparison of U.S. and E.U. Laws Concerning Social Media Privacy", *Romanian Journal of Communication and Public Relations*, 16, 2014。

② 参见 Ella Ornstein, "US Lobbyists Face off with EU on Data Privacy Proposal", *Speigel Online*, Oct. 17, 2012。

③ Jeffrey Rosen, "The Right To Be Forgotten", *Stan. L. Rev. Online*, 64, 2012.

④ 参见 Florida Star v. B. F. J., 1989; Smith v. Daily Mail Publishing, 1979。

⑤ 参见 Peter Fleischer, "Foggy Thinking about the Right to Oblivion", *Blogspot*, 9, 2011。

3. 欧美之争

如上所述,欧盟与美国对待被遗忘权的巨大分歧,来自于二者对个人信息保护的差异。进言之,欧盟更注重对个人信息的保护,美国则更为倚重言论自由。在立法上,则更加直观地体现为:欧盟将隐私权写入《欧盟基本权利宪章》,美国则通过第一修正案彰显言论自由的基本地位。通过更为细致的研究,我们可以发现欧盟与美国对待被遗忘权的差异,是由各自所经历的历史与文化的积淀在本质上决定的。欧洲国家经历了"盖世太保"和"东德秘密警察"事件,在这两个事件中,个人信息都发挥了举足轻重的作用[1],然而,美国并没有类似的历史。欧盟与美国对待被遗忘权的差异,在制度上体现为是否提供删除互联网上的个人信息的救济方式。具体而言:欧盟在立法及司法上都确认了被遗忘权,并赋予个人信息权利主体要求搜索引擎对相关内容进行删除的权利;而美国对个人信息侵犯的补救措施都是金钱上的,个人信息不可能从社会中删除。正如麦克尼利所言,这些近似一个美国版的被遗忘权,然而,其不同于欧盟的被遗忘权,因为它不提供删除信息这一补救措施。[2]

值得特别留意的是,欧盟与美国对待被遗忘权的差异可能不仅缘自历史与文化的不同,还有可能产生于二者对信息掌控权的争夺。欧盟作为政治经济联合体,其在 GDP 总量上并不逊色于美国,但其在信息掌控权的争夺中自始至终处于下风,一个很重要的原因是:与信息有关的互联网巨头无一例外地具有美国标签。然而,被遗忘权的确立对于互联网企业,特别是谷歌公司而言,影响巨大。因此,被遗忘权的确立不排除具有政治因素。

---

[1] 郑志峰:《网络社会的被遗忘权研究》,《法商研究》2015 年第 6 期。
[2] Jasmine E. McNealy, "The Emerging Conflict Between Newsworthiness and the Right to Be Forgotten", *Northern Kentucky Law Review*, 39, 2012.

（二）被遗忘权的理论基础：个人信息自决权理论

被遗忘权的产生虽然深深地烙印着互联网发展的时代特征，但同时，也像极了一种应对搜索引擎巨头跨越式发展的法锁，其产生及发展并非无根可循。从权利的客体、价值与功能、性质与内容来看，被遗忘权和个人信息自决权理论密切关联。

美国法虽与被遗忘权背道而驰，但却对个人信息自决权关注较多。20世纪60年代，伴随互联网的普及和隐私权的过度侵犯，美国不仅将保护个人隐私权纳入宪法范畴，更是将隐私保护理念拔高到一个前所未有的高度，个人信息自决权也随着隐私权的概念的不断发展而受人关注。在美国，隐私最初被视为一种"不被别人管束的权利"①，学者认为这一说法恰好是个人信息自决权的消极表达。此后，学者更为倾向将此提法更改为"个人信息的自我控制权"②。

德国的个人信息自决权理念产生于一次偶然的"宪法事件"。③1982年，德国联邦政府颁布《人口普查法》，该法律的主要任务是在全国范围内对公民的个人信息进行全面的采集和收录，具体包括性别、职业、出生、住所、指纹等全部个人数据。后来，德国联邦宪法法院宣布《人口普查法》违宪，并将个人使用自身个人信息的权利确认为宪法权利。

综上，无论是对被遗忘权持保守态度的美国法，还是在欧盟积极推行被遗忘权的主要参与者德国的国内法，都在20世纪较早时候认识到个人信息自决权的重要性。以下试图将被遗忘权与个人信息自决

---

① 文森特·R. 约翰逊：《美国侵权法》，赵秀文译，中国人民大学出版社2004年版，第167—168页。

② 周云涛、曾宪义：《论宪法人格权与民法人格权：以德国法为中心考察》，中国人民大学出版社2010年版，第94页。

③ 贺栩栩：《比较法上的个人数据信息自决权》，《比较法研究》2013年第2期。

在权利客体、价值与功能、权利内容与行使等多个维度进行比较，以期得出结论。

从权利客体来看，被遗忘权是针对脱离情景的个人信息[①]，也有人将其解释为一种因时光流逝而脱离情景、并歪曲信息主体人格的信息；而个人信息自决权的客体则更为广泛，一般指与自然人相关联的、具有个体特征的信息片段[②]，包括但不限于姓名、出生年月、身份证号码、护照、指纹、职业状况、健康状况、有无犯罪史等信息，也有论者将其概括为能被识别的个人数据[③]。

从价值和功能角度出发，被遗忘权重在维护信息主体不受过时信息羁绊，以及重新开始生活的希望；而个人信息自决权则在更高的维度关怀人之为人的、对自身信息的控制的理念。

从权利内容及其行使来看，被遗忘权主要涉及信息主体请求删除过时个人信息的权利，侧重于要求权利相对人主动遗忘或不提及的消极行为；而个人信息自决权则表现为对自身信息的主动掌控以及对侵犯个人信息行为的主动追偿。

通过上述几个方面的比较，我们不难发现：在某种程度上，被遗忘权其实是个人信息自决权的一种消极延伸，它主要关乎权利相对人对他人过时个人信息的不当利用和删除的行为。

三、搜索引擎服务商的信息控制地位及义务边界

被遗忘权实则是一种互联网上的期待利益。就搜索引擎服务商而

---

① 罗浏虎:《被遗忘权：搜索引擎上过时个人信息的私法规制》,《重庆邮电大学学报（社会科学版）》2016 年第 3 期。
② 王利明:《隐私权概念的再界定》,《法学家》2012 年第 1 期。
③ 贺栩栩:《比较法上的个人数据信息自决权》,《比较法研究》2013 年第 2 期。

言，当不特定公众以某人的姓名及其相关词条为关键词进行搜索时，搜索引擎服务商对信息掌控的地位应该如何界定，以及其承担的义务边界成为研究的重点。

（一）搜索引擎服务商的信息控制者地位

欧盟于1995年出台的《欧盟数据保护指令》第2条明确规定："信息控制者，是指能够单独或与他人共同决定处理个人信息的方法和目的，并对保管和使用这些信息负责的自然人、法人或公共机构；信息处理者，是指代表控制者处理数据的自然人、法人或公共机构。"[1]区别于信息控制者，信息处理者在《欧盟数据保护指令》负担有限的责任，但绝非没有责任，例如同时普遍适用于两类主体的义务，如信息控制者和信息处理者都负有安全保障义务且必须"采取适当的技术和组织手段来保护个人资料免受意外或非法的损毁、意外丢失、篡改、未经授权的披露和储存"[2]。

根据上述判断标准，搜索引擎服务商信息控制者地位的确立有三方面原因：

（1）搜索引擎服务商对信息的处理过程。搜索引擎服务商通过自动、不间断、系统地搜索网上公布的信息，不仅可以在《欧盟数据保护指令》规定的方法内"收集"信息，也可以"记录"和"组织"信息，并在其服务器上"储存"这些信息，最终在"披露"的同时通过呈现搜索结果的方式使它的用户可以查看、利用这些信息。欧洲法院在谷歌案中认为，因为每种操作方式都在《欧盟数据保护指令》中有明确界定，谷歌的行为等于是"处理个人信息的方法和目的"。鉴于

---

[1] Directive 95/46/EC at Art. 2.
[2] Directive 95/46/EC at Art. 17.

搜索引擎服务商是一个可以决定数据处理方法和目的的实体,欧洲法院进一步指出搜索引擎服务商作为决定数据处理的目的及方式的主体,其在处理信息方面就是一个"控制者",当然处理的方法必须在《欧盟数据保护指令》的框架下进行。

(2)搜索结果对个人评价的影响。当搜索是以个体的姓名进行时,搜索引擎服务商处理信息的活动很容易影响到信息主体的个人信息及隐私,因为上述的信息处理过程可使任何网络用户通过搜索结果的列表对该个体形成大致的判断,与个人相关的网上信息可能包含大量的隐私生活。如果没有搜索引擎,这些信息不会相互关联或很难相互联系起来,因此通过在网上找到的个体的所有信息是可以基本建立起对相关个体的个人档案的。进一步讲,信息主体的权利受到干涉的后果会随着互联网和搜索引擎在现代社会中扮演着越来越重要的角色而有所加重,因为个人信息包含在无处不在的搜索结果的列表之中。

(3)搜索引擎在利益平衡关系中的窗口效应。除了美国和欧盟关于隐私保护与言论自由的基本价值冲突,在保护被遗忘权的过程中,还有众多利益冲突,例如,信息主体的权利与搜索引擎的商业利益之间的利益冲突、信息主体权利与不特定公众通过搜索引擎获取相关信息的权利之间的利益冲突等。在平衡利益冲突中,搜索引擎发挥着至关重要的窗口作用,承担着向不特定公众传递利益衡量结果的重任。在谷歌案的裁决中,信息主体的权利在一般意义上要优于搜索引擎的商业利益,这是考虑到该信息的处理过程会对个人信息及隐私保护构成潜在威胁。[1]同样,这些权利也在一般意义上优于网络用户通过搜索引擎搜索信息主体姓名的权利,但这一利益平衡过程须特别注重个案

---

[1] 参见 Artice 29 Data Protection Working Party, Guidelines on The Implementation of The Court of Justice of The European Union Judgment on "Google Spain and Inc v. Agencia Española de Protección de Datos (AEPD) and Mario Costeja González" C-131/12, 2014, Part 1。

考量，理由是"自由接受并传递信息和想法的权利"[①]同样被《欧洲基本人权宪章》所确认。

综上，基于搜索引擎服务商在信息处理、个人评价以及利益衡量三个维度发挥的关键作用，毫无疑问应当肯定其信息控制者地位。

（二）搜索引擎服务商的义务界分

在明确搜索引擎服务商占据信息控制者的地位之后，本章的重心将转移至搜索引擎服务商所应承担的义务这个分论点上来。需要指出的是，这里所指的搜索引擎服务商的义务不同于积极义务，而是在面临信息主体行使被遗忘权的过程中所被动履行的一系列保障个人信息的义务。

（1）建立长效、稳定的被遗忘权申请通道。搜索引擎服务商作为以营利为目的的信息控制者，在处理因个人信息产生的纠纷时，理应承担更多社会责任，这也是欧盟立法所一直秉持的观点。[②] 从另一个角度观察，建立长效、稳定的沟通渠道，对于减少、疏导被遗忘权纠纷也大有裨益。被遗忘权申请通道一旦畅通，信息主体可通过点击、上传等步骤与搜索引擎服务商进行良性沟通，避免信息主体投诉无门或只可去法院起诉的窘境。

（2）搜索引擎服务商的审查义务。实践中，由谁来负责审查被遗忘权之信息主体的删除请求是一个重要问题，也是最富有争议的问题。就一般国家的法律体系而言，被遗忘权主要涉及五类主体，他们分别是：信息主体、原出版者（也可能是原网页内容发布者）、搜索引擎服务商、搜索引擎使用者（不特定公众）、国家司法机关。但在欧盟国

[①] 参见《欧洲基本人权宪章》第 11 条。
[②] Rolf H. Weber, "On the Search for an Adequate Scope of the Right to Be Forgotten", *JIPITEC*, June 2015.

家，还可能新增两个主体，即国家数据保护机构和欧盟法院。在学理上，针对不同的审查主体，主要存在三种观点：

第一种观点是少部分学者认为，承担审查义务及最后执行删除行为的主体应该是原始出版者（或原始网页内容发布者）。原因在于，搜索引擎服务商即使对删除申请作出审查，它的删除行为效力仅仅及于呈现的搜索结果链接，并不能达到根本删除的目的。加之，可有效避免产生"Streisand effect"①，因此，他们认为应由原出版者（原网页内容发布者）来承担审查义务。

第二种观点是大多数学者认为，被遗忘权的审查申请不应对某一个主体施加过重的审查义务，大可引入一个分级审查机制，既能够确保信息主体的个人信息不受侵犯，又能够避免某一主体负过重的义务。这一派观点以牛津大学教授卢西亚诺·佛罗里迪为代表②，他认为：第一层级，信息主体可向原出版者（或原网页内容发布者）提出申请，由其完成第一步骤的审查；第二层级，若第一步骤申请审查失败，则由信息主体向搜索引擎服务商提出申请，由其完成第二步骤的审查；第三层级，若第二步骤仍然失败，则可向国家司法机关提出起诉。对此，国内有年轻学者也表达过类似观点。③ 其理由是：被遗忘权的申请审查是相当专业的，过程中面临诸多利益冲突的衡量，这一工作由一个营利性质的搜索引擎服务商来完成，过于沉重，也过于草率。

第三种观点认为，被遗忘权的审查申请应由搜索引擎服务商来完成，欧盟司法实践中也是这么操作的。笔者也较为认同此种审查义务配置，理据中至少有以下几点是值得关注的：第一，被遗忘权的删除

---

① 参见 Luciano Floridi, "Right to Be Forgotten: Who May Exercise Power, over Which Kind of Information?" *The Guardian*, Oct., 2014。

② 参见 Luciano Floridi, "Right to Be Forgotten: Who May Exercise Power, over Which Kind of Information?" *The Guardian*, Oct., 2014。

③ 郑志峰：《网络社会的被遗忘权研究》，《法商研究》2015年第6期。

并非绝对删除①，绝对删除在现有技术条件下是无法完成的；第二，搜索引擎服务商的信息掌控优势②，决定了被遗忘权申请审查义务由其他主体履行是不经济的，也是不效率的；第三，搜索引擎服务商具有私人营利性质，且大多在行业内部占据绝对市场份额，这恰好是其为社会承担更多责任的理由。至于有学者担忧，赋予搜索引擎以"法官"的角色，会有"专业失准"或"被遗忘权过度操纵"之嫌，然而，他们似乎忽略了此处的审查环节并非一审终局，信息主体若对审查结果不予接受，仍可继续向法院提起诉讼。在比较法上，不仅欧盟的司法实践肯定了这个观点，阿根廷初级法院的判决③以及俄罗斯关于被遗忘权的最新立法动向④也在不同程度对此进行了肯定。

（3）删除、披露及通知义务。搜索引擎服务商的删除义务是指，自收到信息主体关于被遗忘权的审查申请及相关证据的规定期间，通过衡量多方利益冲突而作出的对搜索结果中关联链接的删除决定。关于如何判断信息主体的删除请求是否合理，笔者总结出以下几条供判断时作为参考：

第一，在搜索结果中，相关链接的出现是否以键入某人姓名为限。可以明确的是，被遗忘权的保护并非是阻止互联网用户通过一切途径获知相关信息，在搜索引擎领域，其合理边界应以键入某人姓名所呈现的搜索链接为限。

第二，相关当事人是否具有公众人物属性。判断是否属于公众人物，除了应当关注其在公众生活中的地位，还应当特别注意两个要素。

---

① 被遗忘权的删除并非绝对删除，从谷歌案的最后裁决能看出，谷歌只是删除了欧盟境内的搜索链接，互联网用户仍可通过美国站点找到相关内容。
② 所谓信息掌控优势，是指搜索引擎服务商作为信息汇集者，在处理被遗忘权审查申请的时候，等同于为信息主体"点到点"服务，而其他主体不具备条件。
③ Opinion of Judge Simari (Y Considerando, II.a, para. 30, IV, para. 2).
④ "搜索引擎系统管理者处理申请的程序方面，所不同的是最终的立法将法律提案中关于相关问题处理的期限一律从三个公历日延长为十个工作日。"参见张建文：《俄罗斯被遗忘权立法的意图、架构与特点》，《求是学刊》2016年第5期。

其一，虽不属于公众人物，但其在某一行业或领域具有突出知名度和影响力；其二，既不属于公众人物，也不具有某一领域的知名度，但互联网上存在众多与其相关的个人信息，如"网红"现象。

第三，未成年人的识别。搜索引擎服务商识别未成年人的标准，应以事件发生的节点为准，而非提交删除请求的时间。这也是《第29条信息保护工作组指引》关于未成年人倾斜保护的精神体现。

第四，个人信息的有效性。搜索引擎服务商在审查删除请求时，应特别注重个人信息的有效性。《第29条信息保护工作组指引》强调，个人信息应具有真实性与时效性[①]，质言之，搜索链接所关涉的个人信息应当是真实而非捏造的，并且应当是过往的而非当下的。

第五，这些信息是否属于"风险信息"。"风险信息"包括敏感或私人信息，也包括会对信息主体造成"偏见"的信息。

第六，这些信息被放到互联网是否具有合法性。这条标准涉及的内容甚广，包括这些信息是否是媒体放到互联网上？是否涉及公共利益？以及这些信息是否涉及刑事犯罪？如果涉及，犯罪行为侵害客体是否关涉公共利益？这些都与合法性判断密切相关。

关于披露义务，具体而言，是指搜索引擎服务商通过以上标准的衡量，对信息主体被遗忘权的审查申请进行否定的评价，并将决定内容及理由一并披露给信息主体的行为。简言之，披露义务的主体是搜索引擎服务商，披露对象是信息主体，内容是审查决定及理由，在此披露的内容可作为之后起诉的依据。

关于搜索引擎服务商的通知义务，目前仍是饱受争议，难以取舍。《欧盟数据保护指令》并未直接规定搜索引擎服务商的通知义务，但其又认为与原始发布者保持联系是合情合理的。一般而言，通知义务包

---

① 参见 Artice 29 Data Protection Working Party, Guidelines on The Implementation of The Court of Justice of The European Union Judgment on "Google Spain and Inc v. Agencia Española de Protección de Datos(AEPD) and Mario Costeja González" C-131/12, 2014, Part 2。

含不特定第三方和不特定公众。一方面，之所以饱受争议，是因为搜索引擎服务商在肯定删除申请之后，应当立即通知所有关涉该个人信息的第三方主体，但这一环节恐遭技术上的"滑铁卢"。① 另一方面，令人难以取舍的是，以发布声明的形式告知不特定公众某些信息已经被删除链接的事实，至少可以让公众知道某些信息自己是无法获知的，但是这样又会陷入"此地无银三百两"的境地，那就是：某人通过各种努力，让搜索引擎服务商删除某些信息，但此举反而更激发了公众对这些信息的好奇，诱发二次关注。

四、被遗忘权的本土化：基于一种新型一般人格权的配置

近几十年来，在虚拟世界愈发重要的情景下，被遗忘权正在对信息主体关于他或她"自己的个人信息"的权利尝试维护。据中国互联网络信息发展中心（CNNIC）统计，截至 2015 年 12 月，中国网民数量超过 6.88 亿，互联网普及率达到 50.3%，这标志着互联网对中国社会的影响进入新阶段。② 此外，随着有"中国被遗忘权第一案"之称的"任某某诉北京百度网讯科技有限公司名誉权纠纷案"③的产生，也在某种程度上昭示：中国对被遗忘权的应对——被遗忘权的本土化，将成为未来中国不可避免的问题。

---

① 现代计算机与互联网技术的应用，仍然无法追逐和锁定所有对原始网页进行浏览和转载的链接，这是由大数据本身所决定的。此观点也得到"民主与技术中心"的证实。参见 The Center for Democracy and Technology, "CDT Analysis of the Proposed Data Protection Regulation", Mar. 28, 2012。

② 2016 年 1 月 22 日，由中国互联网络信息中心发布的最权威的数据报告（第 37 次报告）显示，截至 2015 年 12 月，中国网民规模达 6.88 亿，互联网普及率达到 50.3%，半数中国人已接入互联网。同时，移动互联网塑造了全新的社会生活形态，"互联网+"行动计划不断助力企业发展，互联网对于整体社会的影响已进入到新的阶段。参见 http://www.cnnic.net.cn/hlwfzyj/hlwxzbg/。

③ 参见北京市第一中级人民法院（2015）一中民终字第 09558 号判决书。

（一）概念界定

迄今为止，有关被遗忘权的讨论仍是非常模糊和抽象。[①] 在欧盟范围内，被遗忘权（right to be forgotten）的表达并不固定，它常常与"right to delete"、"right to erasure"、"right to forget"混淆使用，这也从侧面反映出：在被遗忘权的发展史中，其并非是一个自始的、固定的清晰概念。有学者认为应当将被遗忘权更改为删除权[②]，理由是被遗忘权的核心不在遗忘，而是删除，且欧盟新草案将其表述为"the right to be forgotten and erasure"。但笔者认为，从被遗忘权肯定的基本价值和权利内容来看，这个观点是值得商榷的。因为被遗忘权的基本价值在于保护信息主体不受过时个人信息的羁绊，得以重新开始新生活的希望，其核心恰恰在于遗忘，删除只是实现遗忘的方式，故而，沿用被遗忘权的称谓比删除权更为贴切。因此，笔者建议将被遗忘权的概念暂时界定为：信息主体请求删除与其个人相关的、不合情境的、不再需要用于合法目的的个人信息的权利。

（二）法律性质

被遗忘权既是一种独立的个人信息权，更是一种新型的一般人格权。在比较法上，学者们对此分歧较大。其中，俄罗斯学者认为，被遗忘权保护的深远目的就是公民的人格[③]，即名誉、尊严和业务信誉；瑞士和意大利学者更是直接将其归入人格权的调整范畴；美国学者则

[①] Rolf H. Weber, "On the Search for an Adequate Scope of the Right to Be Forgotten", *JIPITEC*, June 2015.
[②] 郑志峰：《网络社会的被遗忘权研究》，《法商研究》2015年第6期。
[③] 张建文：《俄罗斯被遗忘权立法的意图、架构与特点》，《求是学刊》2016年第5期。

更多的认为其是一种隐私权①,且权利内容多以财产赔偿为主,而不提供删除救济。而国内学者更多的将被遗忘权视为一种新型的个人信息权②,否定其人格权属性。其实,在传统大陆法系国家,新型的个人信息权并不与人格权相冲突,相反,类似被遗忘权等具有明显人格利益指向的权利应该纳入人格权的调整范畴。早在20世纪80年代,德国的法学家们就预言数据保护的相关权利会发展成为新型的人格权。③ 德国联邦最高法院的判例指出,在一些情况下,一般人格权制度用来避免当事人因错误或者不适当的言论影响自身形象及声誉④,这已然与被遗忘权的权利内容高度吻合。确认被遗忘权的最大作用在于,信息主体可以请求相对人删除过时个人信息,以维护个人声誉,甚至重新开始生活的权利。因此,从功能角度来看,被遗忘权应该纳入一般人格权保护领域。

(三) 权利的行使

毫无疑问,权利的行使将是被遗忘权本土化最为核心的部分。当然,这一切都以获得立法者的确认为前提。

(1) 信息主体。信息主体是信息的所有者,它决定了被遗忘权最终由谁主张的问题。在信息主体上,应做以下几个区分:第一层级是区分自然人和法人。自然人可行使被遗忘权,排除法人的适用,这是由被遗忘权的人格权属性所决定的。第二层级是在自然人项下,做两

---

① Robert G. Larson III, "Forgetting the First Amendment: How Obscurity-Based Privacy and Right to Be Forgotten Are Incompatible With Free Speech", *Communication Law and Policy*, Jan. 2013.
② 参见郑志峰:《网络社会的被遗忘权研究》,《法商研究》2015年第6期;罗沩虎:《被遗忘权:搜索引擎上过时个人信息的私法规制》,《重庆邮电大学学报(社会科学版)》2016年第3期。
③ 迪特尔·梅迪库斯:《德国民法总论》,邵建东译,法律出版社2013年版,第802页。
④ 参见迪特尔·梅迪库斯:《德国民法总论》,邵建东译,法律出版社2013年版,第803—805页。

个不同类别的区分：一是区分成年人与未成年人；二是区分公众人物、罪犯以及一般公民。一方面，区分成年人与未成年人，是对未成年人进行倾斜性保护的体现，搜索引擎服务商或法院针对未成年人的删除请求更容易获准，体现了"儿童最大利益原则"[①]。另一方面，区分公众人物、罪犯和一般公民主要考虑到公共利益问题，通过比例原则进行利益冲突衡量，一般可得出这样的结论（删除请求的从难到易）：公众人物——罪犯——一般公众。当然，罪犯的被遗忘请求是否获准，与其所犯罪行密切相关。

（2）义务主体。目前，宜将搜索引擎服务商，作为被遗忘权的唯一义务主体。有学者极力主张，诸如 Facebook、阿里巴巴、亚马逊、微博等互联网公司都应当一并纳入被遗忘权的调整范畴，这显然是值得商榷的。从技术角度出发，Facebook 等公司并不具有信息控制者地位，并且要求每个互联网公司都建立被遗忘权申请通道是极不现实之举。从司法实践上看，若将被遗忘权的"口子放得过开"，势必造成案件数量的井喷式增长，这将是法院不可承受之重。

（3）地域效力。被遗忘权的效力范围只及于国内搜索链接。这虽然在客观上可能导致被遗忘权的目的大打折扣[②]，但却是目前可行的折中之举，因为一个人的影响力只及于有限的地域，超出地域范围的人即使了解到相关的个人信息，也难以对个人的评价产生有效的影响。

（4）信息主体的权利内容。这是被遗忘权最为核心的权利内容，即请求搜索引擎服务商删除有关链接。

（5）搜索引擎服务商的义务内容。其一，构建被遗忘权的申请通道。实现这一措施的基本路径，可由工商管理行政部门发文，要求凡是服务器在国内的搜索引擎服务商，建立和完善被遗忘权的申请通道，

[①] 这个概念出现在《欧盟基本权利宪章》第 24 条中："公共机关或私人机构实施的任何与孩子有关的行为都应当以儿童最大利益为首要考虑要素。"

[②] 例如，互联网用户仍可通过国外的服务器链接搜索到相关个人信息。

搭建互联网用户与搜索引擎服务商审查的桥梁。其二，在国内审查标准确定以前，参照欧盟《第29条信息保护工作组指引》的相关标准，审查被遗忘权删除请求的合理性与可行性。其三，搜索引擎服务商的披露义务。具体而言，当信息主体关于被遗忘权的删除申请得到搜索引擎服务商的否定评价时，搜索引擎服务商应当将决定内容及理由一并披露给信息主体。其四，关于搜索引擎服务商的通知义务，目前仍是一个开放性的难题，有待进一步探讨。

五、结论

在大数据时代，信息就是生产力，信息安全及合理利用成为全社会关注的焦点。随着互联网技术在"工业4.0"扮演愈加重要的角色，搜索引擎成为人们获知信息的最主要窗口。因此，在信息安全及合理利用领域，搜索引擎服务商的义务配置备受关注。在被遗忘权中，搜索引擎服务商在信息处理、个人评价以及利益衡量三个层面具有足够的话语权和控制力，因此，确认其具有信息控制者地位。在此基础上，要求搜索引擎服务商承担：构建通道义务、审查义务、披露义务以及删除义务，以确保个人信息的合理使用及深层次价值追求的实现。值得期待的是，2012年《关于加强网络信息保护的决定》表达了我国对个人信息立法的关注与期待，相信在不久的将来，《中华人民共和国个人信息保护法》将出台。其中，关于被遗忘权的确立以及搜索引擎服务商的义务配置仍有待各界学者及实践家的持续探讨。

第六章　被遗忘权在我国人格权中的定位与适用[*]

一、存废之争：被遗忘权在欧盟

2012年1月22日，欧盟委员会的副主席雷丁（Viviane Reding）女士在"2012年欧盟个人信息改革：让欧洲成为数据时代中现代信息保护法律的领跑者"[①]的演讲中宣布，为了使人们能够控制自己的信息，有权撤回他们曾经给出的处理其个人信息的授权，欧盟委员会将在个人信息保护改革方案中提出一个新型权利——"被遗忘权"。2012年1月25日，"被遗忘权（the right to be forgotten）"这一新概念在《欧洲议会和理事会保护个人信息处理权益以及促进个人信息自由流通条例草案》[②]（以下简称《条例草案》）中正式提出[③]。该文件反映出的被遗忘权的大意为：信息主体要求信息控制者消除或不再继续散布其个人

---

[*] 本章的作者为李倩，西南政法大学民商法学院博士研究生。

[①] Viviane Reding, "The EU Data Protection Reform 2012: Making Europe the Standard Setter for Modern Data Protection Rules in the Digital Age", Speech 12/26 (January 22, 2012).

[②] Proposal for a Regulation of the European Parliament and of the Council on the Protection of Individuals with regard to the Processing of Personal Data and on the Free Movement of Such Data (General Data Protection Regulation).

[③] 《条例草案》2012年1月首次发布时，其中第三章第三部分第17条（right to be forgotten or to erasure）第1款规定，信息主体有权要求信息控制者消除或不再继续扩散其个人信息，特别是信息主体在青少年时期公开的信息。这些情形主要包括：（a）对于信息收集和使用的目的而言，个人信息不再是必需的；（b）信息主体撤销信息采集授权、信息存储期限失效或者信息采取行为失去法律正当性；（c）信息当事人拒绝信息的处理；（d）信息的处理不符合本草案的其他规定。

信息，或要求第三方删除关于相关信息的链接、复制品或仿制品的权利。然而，2014年3月，该草案经过欧洲议会一读程序之后做了些许改动，其第三章第三部分第17条标题由"被遗忘权与删除权（right to be forgotten or to erasure）"改为"删除权（right to erasure）"，即"被遗忘权"这一新概念未被采用。不过，该条标题之下的具体内容（信息删除的条件）只做了较小的增减，与此前相比未做重大改动[①]。虽然彼时被遗忘权在欧盟的存废之争尚未尘埃落定，不过欧洲议会的态度似乎暗示着法律没有保护被遗忘权之必要。欧洲议会认为"被遗忘权"并不是一个新的概念，这项权利的内在精神已体现于1995年《欧盟委员会个人信息保护以及信息流通95/46号指令》："当个人数据已无保存之必要，个人可以请求删除。"[②]然而，修改后的第17条虽然在标题中删掉了"被遗忘权"这一说法，但具体条文依然是对遗忘权内涵和外延的表达。据此可合理推断，被遗忘权的内涵实际上包含在删除权之内，虽然其所指向的权益值得保护，但无需在立法文件中特别提出被遗忘权的概念。

2014年5月，欧盟法院在"谷歌诉冈萨雷斯案"[③]中判令谷歌公司删除其网站上关于冈萨雷斯在十六年前因拖欠保险费而被政府强制拍卖房产的"不完整（inadequate）、不相关（irrelevant）、超出信息使用目的（excessive）"的搜索链接。这一创新性判决被认为实质上确认了被遗忘权的合法性与可诉性[④]。但实际上，在该案的判决书中并未使用

[①] 该草案在2014年3月通过欧洲议会的一读程序后做了修正，第17条中除了标题删掉了"被遗忘权"之外，在内容上将最后一种情形（d）删去，并增加两种情形：（d）法院或其他管理机构下令删除；（f）信息采集行为非法。

[②] W. Gregory Voss, "The Right to Be Forgotten in the European Union: Enforcement in the Court of Justice and Amendment to the Proposed General Data Protection Regulation", *Journal of Internet Law*, 1, 2014.

[③] 参见 Case C-131/12, Google Spain SL and Google Inc. v. Agencia Española de protección de Datos and Mario Costeja González.

[④] 范为：《由 Google Spain 案论"被遗忘权"的法律适用——以欧盟数据保护指令（95/46/EC）为中心》，《网络法律评论》2013年第2期。

"被遗忘权"这一表达方式,而且援引的法律依据也主要是欧盟1995年颁布的《欧盟委员会个人信息保护以及信息流通95/46号指令》。笔者认为,在厘清被遗忘权与删除权的关系之前,将冈萨雷斯所请求的权利直接归纳为被遗忘权有失偏颇。即使认为被遗忘权在此案中得到实质确认,但从另外一个角度来看,在现有法律已经能够涵盖被遗忘权所指的内涵的情况下,再构建一项新的法定权利未免画蛇添足。

2016年5月4日,经过欧盟议会和部长理事会的二读程序之后,欧盟官方公报发布了最终版本的《欧洲议会和理事会关于保护自然人信息处理以及信息自由流通条例(一般信息保护条例)》(General Data Protection Regulation),其中第17条的标题定为"删除权(被遗忘权)",即"right to erasure(right to be forgotten)",这标志着被遗忘权在欧盟的正式确立。尽管如此,学界关于被遗忘权的讨论还在继续,我国学者对被遗忘权也给予了较多的关注,诸如其存在的价值是什么,到底应该如何定义被遗忘权,是否有必要将其设立为一项新的权利,以及它与删除权、个人信息权的关系等问题仍亟待厘清。

二、被遗忘权的价值诉求:让社会接纳不断发展的人们

被遗忘权根源于完善个人信息保护之需要,它的价值在于使人们掌控自己过往的个人信息,避免数年前公开的信息对现在及将来产生不好的影响。

在信息时代到来之前,由于大多数信息的可靠性和参考性都随着时间的推移而下降以及信息的持续记录还需要一定成本,人们常常定期或不定期清除以往的信息。而在复印、扫描、数字化等技术普及之后,信息的存储空间和存储费用都不再成为问题。虽然删除信息也变得异常方便,但是储存成本的降低促使人们常常因为或许将来会查询

某条信息这个渺茫的可能性而不对信息进行清除。如此一来，关于个人信息的记录将会如影随形，且很难抹去。以互联网信息为例，如果在搜索引擎中输入一个女明星的名字，往往关于她数年前整容、前男友甚至离婚、出轨等各方面信息被瞬间获取；即使是输入那些一时偶然成为公众焦点的人物或事件，如拜金女马诺、优衣库事件等，也能迅速找到相关的信息。假如此类信息不被删除，它们便可以随时被人们重新拿出以作为批判的工具，据统计，有81%的德国人现在担心自己已经无法控制自己的个人信息①。在我国，在互联网上留下痕迹的人不计其数，而鲜少有人能够随意清除曾经公开的个人信息，尤其是对于在公众视野里留下负面信息记录的人来说，删除影响他们声誉的过往信息的期望是强烈的。

因此，在信息时代，被遗忘权不仅在欧盟，在我国也有一定存在的理由和价值。在考量被遗忘权在我国本土化的问题时，应慎重考虑其合理性与可行性，即被遗忘权与我国的权利体系是否相容，以及它在我国是否存在或者应否设立法律依据等一系列现实问题。

三、概念追问：以捍卫个人信息自主的立场

从字面上看，"被遗忘权"这一概念似乎是把日常生活中"被遗忘"这种普通的状态视为一种权利，而且不能清晰地反映出权利所指向的法益，因此从直观上看它并不像是一种规范的权利类型。而实际上，被遗忘权是一种较为形象的表述，并不是指被主观上"被遗忘"，而是指客观上有权"删除"。由于目前关于被遗忘权的立法文件和司

---

① Viviane Reding, "The EU Data Protection Reform 2012: Making Europe the Standard Setter for Modern Data Protection Rules in the Digital Age", Speech 12/26 (January 22, 2012).

法判决的匮乏，学界对被遗忘权尚无统一定义，学者们对被遗忘权较为认同的一个笼统定义为：信息主体有权要求信息控制者永久删除有关信息主体的个人信息，除非信息的保留有合法的理由。① 从这一定义可以看出，被遗忘权的核心内容是删除个人信息，权利主体是信息主体，义务主体是信息控制者。但是学界对于可删除的"个人信息"的界定还存有争议：究竟是指所有的个人信息还是过时的、负面的个人信息？它只包括网络信息还是也包括纸质信息？是否包括现在发布的关于过去事件的信息？

（一）被遗忘权针对过时的、负面的个人信息

有学者根据被遗忘权所指向的信息内容范围，将其分为广义和狭义的被遗忘权：前者所指向的信息包括信息主体所有的个人信息；后者仅包括有关信息主体过去实施的"不当行为"的信息。② 笔者认为，广义的被遗忘权是对个人信息的过度保护，被遗忘权应特指狭义的被遗忘权。

删除所有的个人信息与当今信息时代的要求相悖。在信息社会的背景之下，"所有社会成员通过一个全球性信息网络联系在一起"③，个人信息的交流是满足人际交往与个人发展需求的主要途径。被遗忘权的本意在于通过保护个人信息为人们谋求更好的发展，而删除所有个人信息将阻断这种交流，这无异于使该信息主体隔离在社会生活之外。正如有学者提出的，个人信息法立法的宗旨应该是保持个人信息资源

---

① 郑远民、李志春：《被遗忘权的概念分析》，《长春师范大学学报》2015年第1期。
② 陶乾：《论数字时代的被遗忘权——请求享有"清白历史"的权利》，《现代传播》2015年第6期。
③ 王丽萍等：《信息时代隐私权保护研究》，山东人民出版社2008年版，第34页。

开发利用与人格权保护之平衡①,也就是说,个人信息确实需要保护,但不能一味禁止所有个人信息的开发利用和自由流通。因此,赋予信息主体删除被他人控制的所有个人信息的权利的做法过犹不及,不符合信息时代的客观要求和个人信息保护的宗旨。

人们对于被遗忘的需求来源于希望自己过去的不当行为被社会宽恕的需求。被遗忘权旨在通过删除过时的、负面的信息给予曾经失败过的人第二次机会,让社会能够接受随着时间不断发展的人们。②虽然现代拍照、复印、复制等技术的进步致使完全抹去信息主体过去的个人信息不能实现,但是仅删除可能范围内的不当信息也能从很大程度上减少它们的传播,避免产生更恶劣的影响,从而有助于信息主体融入未来的社会。从这个意义上讲,删除所有的个人信息没有太大的意义,而只删除过时的、可能降低信息主体社会评价的信息符合被遗忘权追求的目标。

(二) 被遗忘权适用于网络信息和纸质信息

有学者在对被遗忘权进行定义时,直接把它放入互联网的背景之下,而把纸质的、非数字的信息排除在被遗忘权保护的范围之外。③笔者认为这种定义稍显狭窄,被遗忘权的适用范围不仅包括网络信息(即网络中流通的信息),还包括纸质信息(即存在于纸质载体上的信息),如会议记录、张贴的公告、处分记录甚至纸质档案、犯罪记录等。

---

① 齐爱民:《拯救信息社会中的人格:个人信息保护法总论》,北京大学出版社2009年版,第215页。

② 维克托·迈尔-舍恩伯格:《删除:大数据取舍之道》,袁杰译,浙江人民出版社2013年版,第21页。

③ 吴飞、傅正科:《大数据与"被遗忘权"》,《浙江大学学报(人文社会科学版)》2015年第2期。

不可否认，被遗忘权兴起于互联网时代。网络信息存储永久性、搜索即时性、传播广泛性等特点增加了人们被社会遗忘的难度，这使被遗忘权在个人信息保护的过程中大有用武之地。而与网络信息相比，纸质信息的传播范围有限且不易搜索，而且随着时间的推移可能遗失或毁坏，它对于想"重新开始"的曾有不良记录的人们来讲威胁要小得多。同时，一些特殊的纸质信息的记录涉及公共安全和国家档案管理制度，如刑事犯罪记录、人事档案等，因而不能轻易被删除，一般不属于被遗忘权的范围之内。

即便如此，过时、负面的纸质个人信息仍有被删除的必要。首先，虽然这种信息对信息主体的威胁较小，但并不是绝对安全，而复印、拍照、上传等技术的普及也更增加了人们对纸质信息遗忘的难度。其次，从现有少量立法来看，删除过时个人信息的权利也不仅仅指向网络信息。如香港地区2013年修订的《个人资料（私隐）条例》第26条名为"删除不再需要的个人资料"规定①中，并未把个人资料限定为网络中的资料。最后，将其纳入被遗忘权的范围并无逻辑上的错误，也符合被遗忘权"重新开始"的精神。②因此，被遗忘权针对的信息应该包括纸质信息和网络信息。

（三）被遗忘权不适用于现在发布的关于过去事件的信息

有论者指出，被遗忘权指向的不仅是以前发布但至今仍在公开的

---

① 香港地区2013年修订的《个人资料（私隐）条例》第26条是关于"删除不再需要的个人资料"规定：凡资料使用者持有的个人资料是用于某目的（包括与该目的有直接关系的目的），但已不再为该目的而属有需要的，则除在以下情况外，该资料使用者须采取所有切实可行步骤删除该资料——（a）该等删除根据任何法律是被禁止的；或（b）不删除该资料是符合公众利益（包括历史方面的利益）的。但严格来讲，不能将这条规定视为被遗忘权的内容，因为这里所指的可删除的个人资料范围较大，并不是专指过时的、可能引起资料主体社会评价降低的资料。

② 连志英：《大数据时代的被遗忘权》，《图书馆建设》2015年第2期。

信息，也包括现在发布的过去事件。① 笔者认为仅仅包括前者而不包括后者。原因在于，对于过去发生的事件，即使曾被人们所知，若非一直持续被媒体报道或一直出现在人们的视野之中，随着时间的流逝，人们很可能忘记该事件，从而使信息主体拥有了对该往事的隐私期待。而现在突然旧事重提，发布关于尘封已久的往事的信息涉及侵犯信息主体的隐私权，这种情况也就不需要运用新出现的被遗忘权加以救济。因此，笔者不赞同把此类信息纳入被遗忘权的适用范围之内。

综上所述，笔者认为对被遗忘权较为妥当的定义为：信息主体要求信息控制者删除过时的、导致其社会评价降低的信息的权利。

四、人格权丛林中的被遗忘权：在独立权利与个人信息权的权能之间

前文一直将被遗忘权这一新概念称作一种权利，主要因为这是一种约定俗成的说法，但实际上，关于被遗忘权究竟是不是一项真正的权利，到底是一项怎样的权利等问题还值得深入探究。笔者拟通过将被遗忘权和其他相关权利进行比较，找到其在我国的现有权利体系中的恰当定位。

（一）被遗忘权与人格权

从被遗忘权的内涵和精神来看，它所保护的是信息主体"被宽恕"或"重新开始"的机会，这主要是一种人格利益。但是在我国人格权

---

① 陶乾：《论数字时代的被遗忘权——请求享有"清白历史"的权利》，《现代传播》2015年第6期。

法定主义①的背景下，被遗忘权不完全具有法定的或具体的人格权的特征。因此，虽然人格权是以人格利益为客体的权利②，但是仍然不能简单地认为被遗忘权就是人格权的一种。

第一，法定人格权必须包含一个实体的内容，必须服务于某项确定的人格利益的保护，如名誉权包含"名誉保护"这一明确的实体内容。而被遗忘权实际上是一种要求删除的权利，虽然服务于自然人人格的保护，但没有实体内容，所以与其说它是一种具体的人格权，不如说是实现某种人格利益的手段。第二，人格权是绝对权，人格权的义务主体是除了享有该人格权的自然人以外的所有人。而被遗忘权的权利客体是待删除信息的控制者，它更接近于相对权，不符合人格权"对世性"的这一重要属性。第三，法定人格权必须由法律直接规定该项具体人格权的权利保护地位。我国现有的法律文件中没有关于被遗忘权权利内容的明确表述，更没有出现"被遗忘权"的字眼，被遗忘权明显不符合这种"实证性"要求。但同时值得注意，被遗忘权也不是如"亲吻权"、"哀思权"之类纯粹意义上的主观权利，作为一种实现某种人格利益的手段，我国的立法文件中也有关于被遗忘权相近内容的表述，被遗忘权并不是一个"空中楼阁"。

因此，被遗忘权实际上不是一种具体人格权，也不是一项法定权利，将它定位于实现某种权利的"权能"更为合适。

（二）被遗忘权与个人信息权、删除权

2017年3月通过的《民法总则》第五章"民事权利"第111条规定，自然人的个人信息受法律保护。可见，对个人信息的保护已经

---

① 姚辉：《人格权法论》，中国人民大学出版社2011年版，第148页。
② 王利明：《人格权法新论》，吉林人民出版社1994年版，第10页。

引起了立法者的强烈关注，个人信息权的保护开始有了正式的法律依据。个人信息权是一种新型的、处于发展中的权利。学界对它的讨论日趋成熟，并提出了若干个人信息保护法的专家建议稿。① 对于个人信息权的本质，学界尚未达成统一意见，比较典型的看法有"所有权说"、"基本人权说"、"隐私权说"等②。笔者较为赞成齐爱民教授提出的"人格权说"。他认为个人信息具有人格利益属性，在个人信息上应建立区别于其他具体人格权的专门人格权制度，即"个人信息权"，并将其定义为"个人信息本人依法对其个人信息享有的支配、控制并排除他人侵害的权利，包括信息的决定权、保密权、查询权、更正权、封锁权、删除权和报酬请求权"③。

其中，删除权与被遗忘权有着千丝万缕的联系。删除权是个人信息权的内容之一，界定删除权的一个关键问题在于明确信息删除的条件。我国目前关于个人信息删除的规定散见于《侵权责任法》、《关于加强网络信息保护的决定》与《电信和互联网用户个人信息保护规定》等法律法规当中，这些文件对于信息删除条件的规定相当凌乱，而且涉及特定的领域，其规定针对性有余而统一性不足。对其进行归纳整理，并综合考量学界的观点，基本可以得出个人信息删除的条件为"非法储存的信息"或"信息处理主体执行职责已无知悉该个人信息的必要"。④ 而被遗忘权的定义中关于信息删除的条件为"信息是过时的、导致其社会评价降低的"。由此观之，删除权中信息删除的条件要比

---

① 目前比较权威的有周汉华：《个人信息保护法（专家建议稿）及立法研究报告》，法律出版社 2006 年版；齐爱民：《中华人民共和国个人信息保护法示范法草案学者建议稿》，《河北法学》2005 年第 6 期。

② 刁胜先等：《个人信息网络侵权问题研究》，上海三联书店 2013 年版，第 4 页。

③ 齐爱民：《个人信息与知识产权——个人信息数据库上的权利与限制》，载吴汉东主编：《中国知识产权蓝皮书》，北京大学出版社 2009 年版，第 409 页。

④ 齐爱民：《中华人民共和国个人信息保护法示范法草案学者建议稿》，《河北法学》2005 年第 6 期。

被遗忘权中的条件更加宽泛。换言之，被遗忘权是删除权的种类之一，被遗忘权保护的个人信息是删除权保护的信息的一部分。

因此，被遗忘权与删除权都是个人信息权的内容或权能，是个人信息权的下位概念，从某种程度上讲，它们服务于个人信息权的实现。其中，被遗忘权属于删除权的特殊情形。另外，笔者认为被遗忘权目前仅仅是学理上的概念，在将来也只应该是学理上的概念，今后的立法中用个人信息权中删除权对其指向的法益进行保护已经足够，同时可以避免权利体系的混乱以及认知上的困难。

（三）被遗忘权与隐私权

我国有论者把被遗忘权与隐私权联系在一起，认为被遗忘权是信息主体基于"隐私自主"而要求数据控制者随时删除遗留在信息网络当中的各种有关个人的数字痕迹的权利。[①]而笔者认为，将被遗忘权和隐私权糅合在一起有失偏颇，被遗忘权并非基于隐私权而产生，两者有本质区别，它们属于不同的人格权类型，不能混为一谈。

虽然个人信息权与隐私权有关联性甚至交错性[②]，但是被遗忘权仅仅是个人信息权的部分内容，从逻辑上讲，它与隐私权也不一定有交叉；而且从前文的概念分析来看，被遗忘权与隐私权在权利内容上并不相同。被遗忘权所指向的信息是过时的、负面的个人信息，虽然有时可能存在一定隐私性，但是这些信息一定是已经公开且仍在公开的信息，它们即使曾经私密，但此时也不能称其为"隐私信息"。因此删除这些信息无法建立于"隐私自主"之上，无法受到隐私权的保护，而只能通过被遗忘权加以保护。

---

① 陈昶屹：《"被遗忘权"背后的欧美法律"暗战"》，《法庭内外》2014年第11期。
② 王利明：《论个人信息权的法律保护——以个人信息权与隐私权的界分为中心》，《现代法学》2013年第4期。

综上所述，从实证性来看，被遗忘权目前仅仅是学理上的权利，并非法定人格权；从权利位阶来看，被遗忘权不是一种具体人格权，它是个人信息权的权能之一，且独立于隐私权而存在。

五、被遗忘权与中国：对相关请求权基础的思考

被遗忘权目前不是法定的权利形式，但是在我国现有法律体系中，依然可以找到与之对应、但比较模糊的请求权基础，它们存在于法律和行政法规两个层面。

侵权行为法虽然没有确定权利的作用，但有保障权利的作用。我国2010年开始实施的《侵权责任法》第36条[1]是关于互联网侵权的规定，其中所说的"民事权益"在该法第二条中有所列举，但是使用了"……等人身、财产权益"的开放性表述，被遗忘权中所蕴含的人格权益可以通过扩张性解释被囊括进民事权益之内。那么第36条规定的被侵权人可以采取"删除"的措施，与被遗忘权的内容吻合，可作为被遗忘权的请求权基础。2017年6月，《网络安全法》正式实施，其中有多个条文涉及网络中个人信息的保护。其中，第40条[2]明确了网络运营者"建立健全用户信息保护制度"的义务，是对网络运营者保护网络用户"个人信息、隐私、商业秘密"的总括性规定。该条把个人信息与隐私分开表述，赋予了个人信息保护的独立地位，为个人信息的保护提供了重要法律依据。第41条第1款[3]为网络运营者在收集和使

---

[1] 该条前两款规定：网络用户、网络服务提供者利用网络侵害他人民事权益的，应当承担侵权责任。网络用户利用网络服务实施侵权行为的，被侵权人有权通知网络服务提供者采取删除、屏蔽、断开链接等必要措施。

[2] 该条规定：网络运营者应当对其收集的用户信息严格保密，并建立健全用户信息保护制度。

[3] 该条第1款规定：网络运营者收集、使用公民个人信息，应当遵循合法、正当、必要的原则，公开收集、使用规则，明示收集、使用信息的目的、方式和范围，并经被收集者同意。

用公民个人信息的行为提供了一个概括性标准,即应遵循"合法、正当、必要"的原则,其类似于在我国公法中常用的"比例原则"。如果在网络中公开的个人信息可以被认为是"不正当"或"不必要",那么网络运营者就不能继续在其网站上使用这些信息,信息主体可依法要求删除该信息,这与被遗忘权的保护理念一致。另外,该法第43条①也提到了"删除"的权利,删除的条件是网络运营者"违反法律、行政法规的规定或者双方的约定收集、使用其个人信息",这也可视为被遗忘权实质保护的情形之一。除此之外,2012年全国人大常委会通过的《关于加强网络信息保护的决定》第8条②中同样使用了"等侵害其合法权益"的模糊用语,这里的"合法权益"是否包括被遗忘权所指向的人格权益还有待在具体个案中加以衡量,但是该条文也可为"删除"过时个人信息,即实现被遗忘权提供一定的依据。

另外,我国的相关部门规章中也有关于被遗忘权的相关规定。上文提到的两部法律都是针对网络信息侵权的规定,国家质量监督检验检疫总局、国家标准化管理委员会2012年批准发布、2013年实施的《信息安全技术、公共及商用服务信息系统个人信息保护指南》(以下简称《指南》)对个人信息按照处理的不同阶段给予了不同的保护,并且同时涵盖网络信息和纸质信息,这是我国对个人信息保护为数不多的极为详细的规定。③该《指南》提出的需要删除个人信息的情形中,第一种情形"个人信息主体有正当理由要求删除"中的"正当理由"和第二种情形"收集阶段告知的个人信息使用目的达到后中"中的

---

① 该条规定:个人发现网络运营者违反法律、行政法规的规定或者双方的约定收集、使用其个人信息的,有权要求网络运营者删除其个人信息;发现网络运营者收集、存储的其个人信息有错误的,有权要求网络运营者予以更正。网络运营者应当采取措施予以删除或者更正。

② 该条规定:公民发现泄露个人身份、散布个人隐私等侵害其合法权益的网络信息,或者受到商业性电子信息侵扰的,有权要求网络服务提供者删除有关信息或者采取其他必要措施予以制止。

③ 根据该指南的规定,在删除环节,在以下四种情形:个人信息主体有正当理由要求删除其个人信息;收集阶段告知的个人信息使用目的达到后;超出收集阶段告知的个人信息留存期限;个人信息管理者破产或解散时,若无法继续完成承诺的个人信息处理目的,要删除个人信息。

"个人信息使用目的达到"在解释时的余地较大,过时的、负面的个人信息在一定程度上可以归为这两种情形,因此可以认为该指南也属于被遗忘权在我国的请求权基础。

除了正式的法律文件,2015年最高人民法院《全国民事审判工作会议纪要(征求意见稿)》第20条第2款提到:公开、买卖、窃取等利用公民个人信息,给其带来消极影响或构成侵犯个人行为隐私的,可以认定为对公民个人信息的侵权。[①]此条特别关注了个人信息保护,虽然没有明确把个人信息权作为一种民事权利,但提出"对公民个人信息的侵权"这种说法相当于提出一项新的侵权责任类型"个人信息侵权",这对个人信息的保护意义重大。其中对于"给其带来消极影响"行为的否定,十分接近于被遗忘权保护的内容,今后应当是被遗忘权和个人信息保护的重要依据。这篇会议纪要在本章写作时[②]尚未正式印发,有待进一步关注。

可见,被遗忘权在我国的保护有一定的法律依据,而且与之相关的立法皆为近年来较新的法律法规,体现了时代性和针对性。然而,这些立法的位阶较低,且规定较为分散。同时由于条文规定都不够明确,往往需要通过扩张性解释和个案中的价值衡量才能得到运用。总体来看,我国关于被遗忘权、个人信息权的立法保护比较匮乏。

六、余论:对被遗忘权的限制

在信息社会,个人信息保护的重要性与个人信息保护法的薄弱的

[①] 参见 http://www.acla.org.cn/html/fazhixinwen/20150511/20960.html,访问日期:2015年10月21日。

[②] 本章内容写作于2016年1月,曾以"被遗忘权在我国人格权中的定位与适用"为题发表于《重庆邮电大学学报(社会科学版)》2016年第3期。

矛盾已经出现，加强对个人信息的立法保护已成为共识。① 我国在将来的个人信息立法中，应在承认个人信息权的具体人格权地位之前提下，把被遗忘权作为个人信息权的权能之一，在我国现有法律体系的基础上，加强对被遗忘权的保护。

　　同时，从定义可以看出，被遗忘权与公众知情权甚至社会公共利益有着某些天然的冲突，为了化解冲突，有必要对这一权利的边界加以限制。有些个人信息尽管已经过时并且会引起信息主体社会评价降低，但是基于其他利益考虑，信息主体无法行使删除的权利。《指南》中提到的"删除个人信息可能会影响执法机构调查取证时，采取适当的存储和屏蔽措施"即是一种典型的情况。除此之外，在信息主体以被遗忘权为由主张个人信息侵权责任时，还应该有其他免责事由。笔者认为，有三种免责事由值得重视。第一，言论自由的需要。正如被遗忘权的"代言人"雷丁（Viviane Reding）女士所言，"被遗忘权并不是清除所有历史的权利，被遗忘权不能优先于言论自由或媒体自由，报纸文件就是一个很好的例子"②。第二，人文社会科学研究的需要。比如具有历史价值的照片、纪录片、人事档案等因反映重大社会事件、密切关系到人类社会发展进步的信息可不予删除。③ 第三，社会公共利益的需要。比如刑事犯罪记录、执法机构调查取证的信息关乎对违法犯罪行为的预防与打击，也不宜删除。

---

　　① 王利明：《论个人信息权在人格权法中的地位》，《苏州大学学报（哲学社会科学版）》2012年第6期。

　　② Viviane Reding, "The EU Data Protection Reform 2012: Making Europe the Standard Setter for Modern Data Protection Rules in the Digital Age", Speech 12/26 (January 22, 2012).

　　③ 杨立新、韩煦：《被遗忘权的中国本土化及法律适用》，《法律适用》2015年第2期。

第七章 被遗忘权的适用范围*

一、引言

2014年12月23日，通过欧盟法院对"谷歌公司诉冈萨雷斯案"①（以下简称"谷歌案"）的裁决，欧盟法上对"被遗忘权"予以正式地承认与确立，基于欧盟国家在政治和经济上的影响力，许多国家纷纷对被遗忘权的本土化问题进行了研究，做出立法或政策上的回应。我国的许多学者也对被遗忘权的本土化问题、被遗忘权的本体论问题，以及其存在的价值冲突进行了批判性的分析和研究，但是目前国内对于被遗忘权适用范围问题却较少有深入的阐述。举凡原则，皆有例外；举凡权利，皆有边界。可以说权利冲突的存在很大程度上是因为权利边界的模糊不清导致的。以信息自由和人格尊严与自由为支撑的被遗忘权面临着与言论自由、新闻自由、新闻价值的冲突问题，因此，被遗忘权的适用也需要一定的边界。从比较法视野上对比被遗忘权在其他国家立法和司法中的适用情况，结合我国信息立法的现状和需求，同时从解释学的角度定义被遗忘权适用主体的资质，从比例原则和利益衡量理论中平衡利益冲突，调和被遗忘权与其他权利的冲突，确定

---

* 本章的作者为高俊，河南省郑州市中原区人民法院法官助理，法学硕士。
① 参见 Case C-131/12, Google Spain and Google Inc. v. Agencia Española de Protección de Datos (AEPD) and Mario Costeja González。

被遗忘权之妥当范围,以及确立被遗忘权适用范围的标准和方法是被遗忘权科学合理的本土化的必要,也是应对大数据时代下树立保护信息自由与信息权利的理念的需要。

二、被遗忘权适用范围的前提考察

(一)被遗忘权及其适用范围问题的由来

被遗忘权不是我国本土化的法律概念,其最早产生于欧洲大陆。最早出现于法语中的"le droit al'oubli"或意大利语的"diritto al'oblio",原指对生活中不再重现的过往事件(如某个被指控为罪犯的人最后被证无罪)保持沉默的权利,常用于刑法领域中。[①]法国法上的被遗忘权开始适用于在监狱服刑期满后并释放的有前科的罪犯,这一理论的构想是,因为这些罪犯已经偿还了对社会所负的债务,那么他们有权重新开始不受之前犯罪经历影响的新生活。正因为如此,他们过去的犯罪历史应当被消除,他们应当作为社会成员重新开始他们的生活。欧盟关于被遗忘权的规定主要体现于已经于2016年4月在布鲁塞尔经欧盟议会通过的正式的《欧洲议会和理事会保护个人信息处理权益以及促进个人信息自由流通条例草案》[②](即GDPR,本章将其简称为《个人信息处理与流通条例》)条款中,但是,早在18世纪,继法国之后,德国、奥地利、瑞典、西班牙等欧洲国家就陆续通过了相关立法,给予个人信息的收集和利用以法律保护,其中不乏与被遗忘权相类似的规定,只是在欧盟成立后,欧盟法院透过具有里程碑意义

[①] 郑文明:《数字遗忘权的由来、本质及争议》,《中国社会科学报》2014年12月3日,第1版。

[②] 英文全称为"Proposal for a Regulation of the European Parliament and the Council on the Protection of Individuals with regard to the Processing of Personal Data and on the Free Movement of Such Data"。

的谷歌案裁决将其规定为一项具体的法律权利。

欧盟法上通过《个人信息处理与流通条例》第 17 条将被遗忘权定义为"当个人数据不再需要用于合法目的时，个人所拥有的使其数据不再被处理以及将这些数据予以删除的权利"。西方学者从一元化的数字遗忘权，即个人得以控制自己在网页存留的信息的权利，以及二元化数字遗忘权包含有犯罪记录者要求不公开自己曾经犯罪记录与个人要求删除自己非自愿泄露的信息的权利阐述了被遗忘权的含义问题。① 有学者将"被遗忘权"定义为：如果一个人不再想让他的个人信息被信息控制者加工或者存储，并且如果没有保持这些信息的合法基础，这些数据应该从他们的系统中被删除，因此，"被遗忘权"也被称为"删除的权利"②。而且 2012 年欧盟《个人信息处理与流通条例》（草案）第 17 条是在 1995 年《欧盟委员会个人信息保护以及信息流通 95/46 号指令》（以下简称《95/46 号指令》）第 12 条（b）项基础之上以"被遗忘和删除权"（right to be forgotten and to erasure）来概称的，但是 2016 年欧盟议会上通过的《个人信息处理与流通条例》正式条款第 17 条则是以被删除权/遗忘权（right to erasure [right to be forgotten]）来指代通常所谓的"被遗忘权"的。然我国有学者认为，欧盟法上的被遗忘权与删除权并非可画等号的概念，被遗忘权是删除权的延伸，后者的外延更为宽阔。③ 因为欧盟法语境下的被遗忘权和删除权所针对的都是从搜索引擎这样的数据控制者处删除个人数据的问题，所以两者其实在互联网用户删除个人网络信息方面，并无明显的不同。可能两者最大的不同之处在于立法背景上，删除权是自欧盟成员国数据保

---

① Fanz Werro, "The Right to Inform v. the Right to Be Forgotten: A Transatlantic Clash", http://ssrn.com/abstract = 1401357.
② 吴飞：《名词定义试拟：被遗忘权（Right to Be Forgotten）》，《新闻与传播研究》2014 年第 7 期。
③ 郑远民、李志春：《被遗忘权的概念分析》，《长春师范大学学报》2015 年第 1 期。

护立法开始后数据主体就享有的一项权能,被遗忘权则是欧盟法院在2014年5月以判决的形式在司法适用中予以确立的。

我国不少学者也对被遗忘权的含义做了界定,总体上可划分为:最狭义层面的被遗忘权是指与个人隐私相关的个人数据可以被遗忘的权利;狭义层面的被遗忘权是指与自然人相关的所有个人数据均可被遗忘的权利;广义层面的被遗忘权则包含数字遗忘权①和狭义层面的被遗忘权。②就被遗忘权的适用范围问题,《个人信息处理与流通条例》在其第17条第1款中具体陈列了8项适用被遗忘权的情形,同时在第3款中从反面概述了5种不适用被遗忘权的情形。③但是,我国的被遗忘权理论多是从是否将其本土化或者对被遗忘权理论的存在价值与冲突的批判性分析着手的,鲜有对被遗忘权适用条件的系统分析。一项权利只有明确了适用范围,才能防止权利不会被滥用或误用,因此在将被遗忘权本土化之前要解决被遗忘权的权利适用范围问题:究竟在何种情形下可由何种主体予以何种程度的适用?

开放数据环境下,全球范围的隐私规范都开始注重人们的自主决定能力,由个人信息主体来决定如何处理、经由谁来处理他们的数据。然而数据利用与处理方式的多元化、多样化,使得信息的收集、储存与处理不易被个人信息主体察觉,传统规范中的"告知与许可模式"遭受大量个人信息被二次使用和自动化保存现状的挑战,也导致了被遗忘权的适用在物理上的局限性。在理论层面,以信息自决为支撑的被遗忘权从权利出现之际就遭受着与表达自由④相冲突的境况,也影

---

① 郑文明:《数字遗忘权的由来、本质及争议》,《中国社会科学报》2014年12月3日,第1版。
② 郑远民、李志春:《被遗忘权的概念分析》,《长春师范大学学报》2015年第1期。
③ General Data Protection Regulation at Article 17.
④ 欧盟法中以"freedom of expression"即表达自由来表述,美国法中则是用"freedom of speech"即言论自由来表述,两者只是表述习惯的不同,本质含义上是一致的,本章中选取表达自由的表述。

响了该项权利在司法实践中的应用，权利冲突的出现往往是源于背后价值的冲突，法的价值的冲突则通常是通过价值位阶原则来进行利益上的衡量来解决的，因此确定被遗忘权的适用范围就需要从利益衡量、比例原则等角度着手。

（二）被遗忘权的性质分析

针对被遗忘权这一新兴权利究竟应归属于哪一权利体系，尚仁者见仁，无一致意见。部分学者认为其属于隐私权的范围，是传统意义上的隐私权范围的延伸。[①] 也有人认为其属于个人信息权的范畴，重点在于保障个人信息主体的信息自决，跟早期的隐私权概念不同。要厘清被遗忘权的权利属性，就需要明晰隐私权与个人信息权的关系。

1. 隐私权与个人信息权

所谓隐私权，张新宝教授是从私生活安宁的不被打扰和私人信息的不被公开的角度进行的界定。[②] 在司法实践中，通常将隐私权界定为："自然人享有的，对其个人的、与公共利益无关的个人信息，私人活动和私人领域进行支配，不受他人侵扰、知悉、使用、披露和公开的权利"[③]。认为隐私权的客体指向私人活动、个人信息和私人领域。个人信息，齐爱民教授在其《中华人民共和国个人信息保护法示范法草案学者建议稿》中将其界定为指代自然人的姓名、出生年月日、身份证号码、户籍、指纹等对于个人而言具有可识别性的信息[④]，欧洲议会将

[①] 邵国松：《"被遗忘的权利"：个人信息保护的新问题及对策》，《南京社会科学》2013年第2期。
[②] 张新宝：《隐私权的法律保护》，群众出版社2004年版，第218—219页。
[③] 参见广东省珠海市中级人民法院（2014）珠中法民一终字第125号民事判决书。
[④] 齐爱民：《中华人民共和国个人信息保护法示范法草案学者建议稿》，《河北法学》2005年第6期。

"个人资料"界定为"关于一名被辨识的人(资料当事人)的任何资讯"①。张新宝教授则是将个人数据定义为更为宽泛意义上"涉及个人的已被识别和可被识别的任何资料"②,数据是信息的结构单元,两者很难做出区分。由于翻译的原因,英文词汇"data"对应的中文,有数据、信息、资料三个文本类型,就对个人信息保护的目的而言,齐爱民教授认为:"在个人信息保护法领域,'个人资料'和'个人信息'应该是可以通用的概念。事实上,很多国家和国际组织在其法律文件中也是将个人资料与个人信息通用的。"③但是在美国和我国国内多用"信息"(information)对应欧盟法里的"数据"(data),为了保持行文统一,笔者在后边的写作中,除引用公开发表的文章内容外,统一用"信息"来进行表述。

就个人信息权的概念和性质我国学界尚没有形成统一看法,针对个人信息权④则有人将其称为个人信息自决权——人格权的一种,与隐私权相区分开来⑤,亦有人将其视作隐私权之一种表现形式⑥。实则,

---

① 转引自香港法律委员会:《有关保障个人资料的法律改革》,1994年,第19页。
② 张新宝:《信息技术的发展与隐私权保护》,《法制与社会发展》1996年第5期。这个翻译后来被矫正:"已被识别和可被识别的、涉及个人的任何资料"。
③ 齐爱民:《论个人信息的法律保护》,《苏州大学学报(哲学社会科学版)》2005年第2期。
④ 李震山教授认为信息自主权乃是德国法上的概念,不仅是宪法上的权利,乃属于一般人格权具体化的保护范围,并属于受侵权法保护的私权。参见李震山:《论信息自决权》,载《现代国家与宪法——李鸿禧教授六秩华诞祝贺论文集》,台湾元照出版有限公司1997年版,第727页。
⑤ 王利明教授在其《人格权法》一书中将个人信息权视作与隐私权、肖像权、名誉权相并列的具体人格权之一种,并在《论个人信息权的法律保护——以个人信息权与隐私权的界分为中心》一文中通过比较个人信息权与隐私权在权利主体、权利客体、权利内容、侵害方式方面存在的不同,重申尽管个人信息和隐私存在交叉,但是隐私权制度的重心在于防范个人秘密不被非法披露,而并不在于保护这种秘密的控制与利用,显然并不属于个人信息权所关注的个人信息自决问题。同时在《论个人信息权在人格权法中的地位》一文中,认为这两种权利的保护对象之间存在一定的交叉,侵犯个人隐私权,也侵犯了个人信息权。但整体而言,个人信息概念远远超出了隐私信息的范围,在我国未来的民法典中,应当将个人信息权单独规定,而非附属于隐私权之下。
⑥ 王泽鉴教授在其著作《人格权法》中,认为隐私权体系由两个核心部分构成,一为私密领域,一为信息自主,侵害个人信息亦构成侵害隐私权的行为类型,应当构建起以个人信息自主权为中心的保护体系。参见王泽鉴:《人格权法》,北京大学出版社2013年版,第208—214页。

不管隐私权与个人信息权是并列还是包含关系，都不能否认两者之间的联系。笔者在此问题上赞同前者的观点，认为个人信息权乃是与隐私权相并列的人格权之一种，与隐私权内容有所重合，但非包含关系。王利明教授曾对隐私权与个人信息权进行过区分和比较，认为两者在权利属性、权利客体、权利内容与保护方式方面存在不同之处①，隐私重在强调私密、非自愿的公开，而个人信息更重信息的识别性，而非隐蔽性。两者在隐私信息维护方面虽有所重合，隐私权以保护个人私生活安宁为主要目的，更多地体现了人格尊严下的精神性利益，而个人信息权更多地体现了信息自决权能支撑下个人对其个人信息的参与和管控的能力。王泽鉴教授认为，信息自主等同于信息隐私，属于隐私权个别化的保护范围，是个别化的隐私权，因此可对"隐私"作广义上的解释，不必在"隐私"外再认定"信息自主权"为其他的人格法益②。但是笔者认为，虽然个人信息权和隐私权都注重保障两者重合层面的隐私信息的人格意义，但是隐私更为强调私密性，私密或敏感信息被二次传播并为一定范围内公众所知晓后，可能会丧失隐私权方面保护的必要性，即信息的二次公开对个人隐私的侵害程度较低。然而，只要信息还在传播，那么个人就不会丧失对个人隐私信息进行管控的可能，即个人信息权并不因信息丧失隐秘性而消灭，除非这些信息的传播有其合法的依据。因此，强调信息自决的个人信息权在隐私信息的保护方面要比隐私权的要求低，保护程度更高。

2. 被遗忘权与个人信息权

当非自愿公开的信息，尤其是互联网作用范围内的信息，个人信息主体认为这些信息没有合理依据支撑其存在的必要性时，那么就符

---

① 王利明：《论个人信息权的法律保护——以个人信息权与隐私权的界分为中心》，《现代法学》2013年第4期。

② 王泽鉴：《人格权法》，北京大学出版社2013年版，第208—210页。

合了欧盟法语境下的被遗忘权行使的前提条件：（1）这些信息不再有用，且（2）信息主体要求删除。并且，不少学者认为被遗忘权等同于个人信息权权利内容下的删除权，是个人信息权在大数据背景环境下的延伸。[①] 被遗忘权不是每个国家都有的权利概念，在国际上的认同度尚处于少数状态，但是大多数国家都有自己的数据保护体系，并在其中或从隐私权角度，或从独立的权利类型——个人信息权——角度对个人信息的收集、处理进行了规定。但是目前较为通识的看法认为，被遗忘权针对的客体不仅仅是隐私信息，同时还有个人生活中的一些琐碎的非隐私信息，如谷歌案判决书中，从隐私客体的私密性、侵害隐私后果为干扰了主体的私生活安宁方面可以看出，案件中的公告内容实际并不关涉冈萨雷斯的隐私信息，而是已经存在了一定期限的冈萨雷斯没有及时偿还债务导致自己的不动产被拍卖的个人征信方面的信息，冈萨雷斯本人作为信息主体认为该信息已经没有存在的必要，所以有删除的必要。因此，就被遗忘权的适用客体来看，与隐私权并非包含关系。

个人信息权注重保障信息主体对个人信息的查阅、复制、超出目的范围的收集的拒绝、处理上的更正和删除等能力，因此，可以说个人信息权重在"控制"，而非维护隐私或信息价值，但是个人信息与个人人格密不可分，且主要体现了一个人的各种人格方面的特征，因此个人信息权体现了法律对个人管控自我信息的尊重，其背后的人格价值意义不容置喙。从欧盟法语境下的被遗忘权适用条件来看，被遗忘权针对的是"已经过时的"、"没有存在必要的"信息的删除问题，符合郑文明教授所说的"数字遗忘权"的特征，重在"删除"，而非"遗忘"，因此着重点在"删除"权能行使的被遗忘权权利属性问题可以从个人信息权层面去解读，更有利于发挥个人信息权的积极防御性。

---

① 郑远民、李志春：《被遗忘权的概念分析》，《长春师范大学学报》2015 年第 1 期。

从产生背景而言，隐私权、个人信息权、被遗忘权的依次出现，是法律对信息技术进步引发的新问题和人权发展的新要求做出的回应，因此可以说三者的价值基础具有人格权益保护层面的一致性。只是单从权利属性上来看，被遗忘权与个人信息权更为类似，更符合大数据背景下个人对其个人信息进行管控的需求，然而，不管是被遗忘权还是个人信息权，都不可能完全与隐私权脱离开来，新的数据环境、新的人格发展需求赋予了隐私权新的内涵和保护要求、保护标准，只会在传统隐私权的基础上扩大隐私权的保护范围，确立一个更具广泛意义的隐私权保护体系。因此，不管是个人信息权还是被遗忘权的保护，都不可能脱离隐私权的适用空间，独立进行。

三、被遗忘权适用范围的比较法考察

（一）欧盟数据保护法上对被遗忘权适用范围的规定

早在1995年，欧盟就在《95/46号指令》以及其他规范中将个人信息权规定为一项基本权利。在该指令出台前，法国、德国、荷兰、英国等就已经陆续颁布过数据保护法。在该指令出台后，各欧盟成员国根据该指令对国内的数据保护法进行修订。根据该指令，欧盟成员国必须保护其国民的"基本权利和自由，特别是隐私的权利"。信息控制者在该指令之下享有法定权利、负担法定义务，信息主体享有"依其要求获取资料的权利，特别是在其行使取得、修改、删除权利，或是防止资料不完整、不准确或者以与经济实体追求的合法目的不相匹配的方式储存的资料"。此外，依据该指令第12条，信息主体有权请求信息控制者更正、删除或限制处理不符合指令条款规定的数据的权利,尤其是当数据不完整或不准确时。① 其中第 7 条"信息质素要求"条款第(d)款中也规定了成员国应当保证个人数据的准确、必要和及时更新,及时采取措施保证个人数据的准确、充分,数据的收集和进一步处理应当合乎目的,要合乎目的地进行删除或更正。由此可见,该指令对个人数据的适用集中体现于数据质素方面,即不完整、不准确的数据才具备删除的可能性。

2016 年 4 月正式通过的欧盟《个人信息处理与流通条例》(GDPR)在第 17 条直接描述被遗忘权适用情况。该条主要规定了数据主体有从数据控制者处删除关涉其个人的已过时的信息的权利,并描述性地列举了权利行使的具体情形:(a)这些个人数据对于最初收集和处理的目的而言不再是必要的;(b)因为数据主体撤回了之前对数据收集与处理的同意,使得数据的处理不再具有合法的依据;(c)数据主体的删除请求符合数据处理的要求或者不存在阻碍删除请求的合法理由,如基于科学研究、统计等目的;(d)个人数据被不合法处理;(e)在数据控制者即是数据主体的情况下,欧盟或成员国法律将此种情形下的删除视作法定义务时,个人数据必须被删除;(f)基于提供某类服务目的而收集到的个人数据。此外,还在第 2 款中规定了删除的幅度和范围。② 同时也在第 3 款中规定了被遗忘权适用的例外情形:基于信息表达自由或诸如健康问题、科学研究、司法程序、法律规定等社会公共利益或因历史重要意义上升而具有社会关注价值,因而需要保存这些数据时,数据控制者不必删除这些数据。③ 可见,《个人信

---

① 原文为:(b) as appropriate the rectification, erasure or blocking of data the processing of which does not comply with the provisions of this Directive, in particular because of the incomplete or inaccurate nature of the data.

② 根据第 17 条的第 2 款的规定,数据控制者不仅要删除他们网站上所控制的这些信息,而且还必须"采取一切合理的措施,包括技术性的手段,通知正在处理这些数据的第三方,数据主体要求其删除关于这些数据的任何链接、副本或复制"。

③ Rolf H. Weber, "On the Search for an Adequate Scope of the Right to Be Fogetten", *JIPITEC*, June 2015.

息处理与流通条例》对被遗忘权的规定较为详细，在适用情形方面注重数据的及时性，同时在适用例外方面多指向社会公共利益和新闻价值等常见的豁免情形。总结可知，欧盟关于被遗忘权适用范围是以数据质素层面的数据过时和不准确，以及数据主体撤回先前对数据处理的同意为条件。诚如欧盟委员会（European Commission）前副主席雷丁女士所表示的，"人们必须在他们不再想要使用他们的个人数据时，能够轻易地把这些数据转移给另一个网络提供者或删除这些数据……我想明确澄清，人们是有这么做的'权利'，而不是有这么做的'可能性'——撤回他们给予的他们自身对自己的资料进行处理的同意"①。而且，《个人信息处理与流通条例》与《95/46号指令》一样，也在序言部分阐明了数据主体、数据控制者、数据处理、同意的含义，通过这些概念的界定来体现被遗忘权的适用主体范围。

2014年5月以后，面对各种各样的删除请求，搜索引擎公司花费了大量的人力和物力来应对，可谓是苦不堪言。基于此，欧盟第29条信息保护工作组发布了相关指引来细化被遗忘权适用时的操作。② 根据该指引，可以删除的个人信息只针对那些与个人姓名相关的搜索结果页面，对于那些来自其他搜索项的信息源附带链接并不会被删除，同时还提出了确定信息是否具备可删除性的13条评判标准：（1）当搜索一个人的名字时，是否会出现列表中的信息；（2）用户在公众生活中处于何种地位；（3）要求删除材料的主体的年龄；（4）个人信息的真实程度；（5）网上存在多少该主体的信息；（6）这些信息是否是关于该主体的"敏感"或"私人"的信息；（7）是否是关于该主体当前的信息；（8）这类信息是否会为评价该主体"造成偏见"；（9）这一信

---

① Viviane Reding, "The EU Data Protection Reform 2012: Making Europe the Standard Setter for Modern Data Protection Rules in the Digital Age", 22 January 2012.

② Article 29 Data Protection Working Party, Guidelines on the Implementation of the Court of Justice of the European Union Judgment on "Google Spain and Inc. v. Agencia Española de Protección de Datos (AEPD) and Mario Costeja González" C-131/12, 2014, pp.13-20.

息是否置该主体于"风险"中;(10)这些信息是否是故意被放到网上的或这些信息是否是信息主体期待保留的私密信息;(11)这些信息是否是因为记者或新闻媒体才被放到网上;(12)这些信息被放在网上,是否是由于公众的合法要求;(13)这些网上的信息是否关涉犯罪行为或犯罪。① 因此,可以说欧盟法上的被遗忘权适用问题来源于欧盟法中对公民基本权利的保护要求,同时也注意调和与言论、表达自由的矛盾,同时兼顾社会公共利益、新闻价值,并划定适用的例外情形。

(二)美国法上被遗忘权制度之适用

相对于欧盟通过一系列立法来对个人隐私、个人信息进行保护,美国则是采取了较为自由放任的政策,委诸企业和市场,通过行业自律来完成对个人信息的管控与保护。这与美国的法律文化与经济文化有关,在经济文化上注重放任自由的市场经济机制,对互联网行业的发展限制较少;在法律文化方面,尊重宪法第一修正案下对言论自由的保护,给予了新闻媒体较大的自由空间。但是自1890年沃伦和布兰代斯大法官在司法中提出了"隐私权"概念以来,基于对个人隐私的保护,对于新闻媒体进行报道时的言论自由有所限制,尤其是自"纽约时报诉警察局长沙利文案"以后,更是通过"真实恶意原则"的应用来对新闻自由进行限制,给了言论自由和隐私权的保护进行权衡判断的标准和余地。因此,整体上来说美国的个人信息保护体系是通过隐私权架构起来的,调整手段主要是通过各行业的自律规范和自动化的市场调节。

就个人信息保护原则而言,美国针对信息建设中涉及的隐私问题,

---

① Article 29 Data Protection Working Party, Guidelines on the Implementation of the Court of Justice of the European Union Judgment on "Google Spain and Inc. v. Agencia Española de Protección de Datos(AEPD) and Mario Costeja González" C-131/12, 2014, pp. 13-20.

发布了《隐私权与国家信息基础建设：提供和使用个人信息各项原则》报告书。该报告书提出了告知/意识、选择/同意、访问/参与、完整/安全四项信息保护原则。① 从该报告书以及其他相关文件中可以看出，美国的信息保护模式还是遵循了传统意义上的"告知—同意模式"②，但是较之欧盟，美国更注重维护信息的完整性、信息的新闻价值，而非数据背后的人格意义。被遗忘权理论的初衷在于肯定对特殊群体以往记录的消除，以保证此时正常生活的不被干扰，美国基于对言论自由和新闻价值的推崇，并不认可因为一个人的过去而去删除当下公布的信息。但是由于美国互联网行业的蓬勃发展以及电子商务的普及化，为了保证个人数据的安全、充分发挥数据的商业价值，美国联邦法规中开始出现保护数据传播的立法。例如于 2011 年通过的《禁止追踪在线个人法案》③，以及美国白宫在 2012 年 2 月 23 日公布的《消费者隐私权利法案》，之后于 2012 年 3 月 29 日，由美国联邦贸易委员会发布的《快速变革时代消费者隐私保护：针对企业界和政策制定者的建议》，这些文件里面都含有类似于被遗忘权的内容。④

以上建议书、报告书、议案都是非正式的法律规范，美国首个关于信息保护与信息删除的正式法律文件是被称为"橡皮擦法案"的"数字世界里加利福尼亚州未成年人的隐私权利"法案，旨在保护居住于加利福尼亚州的未成年儿童的网络隐私。⑤ 从其条文来看，适用该项法案的权利主体仅限于加州的未成年人，义务主体为互联网网页、线

---

① 报告原文参见 http://aspe.hhs.gov/datacncl/niiprivp.htm。
② 严中华、关士续、米加宁：《基于 FIP 的欧美在线隐私保护立法模式的比较研究》，《科研管理》2005 年第 4 期。
③ California Senate Bill 761 (2011), Do Not Track Me Online Act, H. R. 654 (112th Congress, 2011-2013).
④ 郑文明：《数字遗忘权的由来、本质及争议》，《中国社会科学报》2014 年 12 月 3 日，第 1 版。
⑤ California Senate Bill 761 (2011), Do Not Track Me Online Act, H. R. 654 (112th Congress, 2011-2013).

上服务、线上应用程序和移动应用程序，或者明知未成年人正在使用服务的提供者，出于对未成年人在线隐私的保护，互联网服务提供者要允许未成年人用户可以删除或要求删除他们发布在网络应用服务上的信息，除非有联邦法律明确规定应当予以保存或者已经匿名化处理过等情形①；除此之外，还要求互联网服务提供者应当建立未成年人行使删除权利的通知机制。从条文来看，互联网服务提供者在承担义务时，并不被强制要求删除服务器上的信息。②"橡皮擦法案"虽然在一定程度上与欧盟法上"被遗忘权"的含义相近，但是在适用范围上相去甚远。

此外，就对信息的不当使用、处理行为而言，美国的侵权法体系中并未将传播真实信息视为一项侵权的类型，沃伦和布兰代斯都是将隐私视作个人财产的一部分，因此侵犯隐私权实际上侵害的是个人财产，普罗塞所提出的侵害隐私的四种行为类型中虽然涉及未经他人同意使用他人的隐私信息这一情形，但是对隐私遭受侵害后的补救措施都是金钱上的。③可以说，不管是理论还是实践上，美国法并不认为隐私信息可以或应当被轻易地从社会中删除。

（三）俄罗斯、阿根廷关于被遗忘权适用范围问题的规定

在具有里程碑意义的谷歌案裁决出来后，俄罗斯很快进行了本国的被遗忘权立法。俄罗斯对被遗忘权的立法不仅体现在实体法方面，在诉讼法上亦有所体现，本部分将主要介绍实体法《信息、信息技术和信息保护法》中关涉到被遗忘权内容的修改。根据《信息、信息技

---

① 李政倩：《论大数据时代"被遗忘权"的法律保护》，中国社会科学院研究生院 2015 年硕士学位论文，第 21—22 页。

② 李政倩：《论大数据时代"被遗忘权"的法律保护》，中国社会科学院研究生院 2015 年硕士学位论文，第 21—22 页。

③ Jasmine E. McNealy, "The Emerging Conflict between Newsworthiness and the Right to Be Forgotten", *Northern Kentucky Law Review*, 39, 2012.

术和信息保护法》第103条第1款的规定，公民（自然人）有权向提供搜索服务的搜索系统管理者提出申请，要求删除其获取的与申请人有关的、违反俄罗斯联邦立法的一些信息。不过这些信息也需要具备不准确、违法传播、不具有现实意义等条件才能被删除，并且这些信息不属于刑事责任追诉期未届满或有犯罪前科者的信息之列。① 因此，此处被遗忘权的义务主体为在互联网上传播旨在吸引俄罗斯联邦境内的公民注意的广告搜索系统管理者。适用的对象为违法传播的、不准确的、已经不具现实意义的信息，与欧盟法上"已经过时的"、"不准确"的信息要求相比有所重合，但是在犯罪前科的信息的获取与删除方面却持相反的态度。在被遗忘权适用的豁免理由部分，最大的亮点在于：将履行国家和自治市职能，提供国家和自治市服务的信息系统，以及用以履行联邦法律规定的其他公共权限的信息系统视为适用申请者删除请求的例外。因此，受到被遗忘权影响的信息系统主要是在社会领域和商业领域中的信息系统，国家和自治市所使用的履行联邦法律规定的公共权限的公共信息系统则被豁免。

俄罗斯另一个对被遗忘权立法体现的较为明显的立法文本是其民法典。2013年7月，修改后的《俄罗斯联邦民法典》在其第152条第5款规定，公民有权要求互联网使用者或者搜索服务提供者删除在互联网上传播的有损公民名誉、尊严、业务信誉的信息。② 在民法典关

---

① Jasmine E. McNealy, "The Emerging Conflict between Newsworthiness and the Right to Be Forgotten", *Northern Kentucky Law Review*, 39, 2012.
《信息、信息技术和信息保护法》第103条第一款规定，"在互联网上传播旨在吸引位于俄罗斯联邦境内的消费者的广告的搜索系统管理者，按照公民（自然人）（在本条以下简称申请人）的请求有义务终止提供关于可以获取有关申请人的被违反俄罗斯联邦立法传播的信息、不准确的信息，以及由于后来的事件或者申请人的行为而对申请人而言丧失意义的不具有现实意义的信息，但是包含具有刑事处罚特征的且其刑事责任追溯期尚未届满的事件的信息，以及关于公民所实施的未被赦免或者撤销前科的犯罪行为的信息除外"。

② 张建文：《俄罗斯民法典现代化中的非物质利益制度变革》，《学术交流》2016年第9期。原文为："如果有损公民名誉、尊严和业务信誉的资料在被传播之后成为互联网上可获取的资料，则公民有权要求删除相应信息，以及以可保障反驳传递到互联网使用者的方式反驳上述资料"。

于非物质利益保护的章节，还提到了互联网上的信息删除问题。在第1521条第3款关于保护公民肖像的条款中，也规定了肖像权人的删除权。① 可以说在俄罗斯联邦民法典现代化中，对非物质利益制度的修改，表明俄罗斯联邦愈来愈注重对公民人格的保护，并且已经开始关注到互联网时代人格权保护的最新难题，即被遗忘权的适用问题。

阿根廷是对被遗忘权反应较为积极的国家之一，早在19世纪中叶，《阿根廷宪法》第18条即明确了对公民隐私权的保护："公民的住宅同书信和其他私人文件一样不受侵犯。"②《阿根廷民法典》第1071条禁止公开他人私密的照片。和其他拉美国家一样，阿根廷在20世纪90年代也通过采用修改宪法条款的方式加入了拉美地区的"人身保护数据（habeas data）"运动，该宪法条款由政府信息自由法和数据隐私法两部分构成。阿根廷的"人身保护数据"版本称作"安帕罗（amparo）"，具体规定在《阿根廷宪法》第43条：任何人都有权就获取有关本人或其主张的数据信息提起诉讼，不管这些数据信息是已经收录在政府公共记录或者数据库中，还是在可以补充信息的私人数据库；在出现虚假数据或数据歧视的情形时可以提起诉讼，要求对这些数据进行限制、纠正、保密或更新。③ 该宪法条款确保了个人有权更正、更新关涉个人的政府信息，或者要求政府宣布该信息为机密信息。④ 但同时基于对言论自由的尊重，也保留了对新闻工作者进行新闻报道的例外。2000年10月，阿根廷议会通过了《综合数据保护法》，对公共

---

① 张建文：《俄罗斯民法典现代化中的非物质利益制度变革》，《学术交流》2016年第9期。原文为："如果违反本条第1款取得或者使用的公民的肖像在互联网上被传播，则公民有权要求删除该肖像，以及制止或者禁止进一步传播"。

② Art. 18, Constitucion Nacional [CONST. NAC.] (Arg.), available at http://www.senado.gov.ar/web/ interes/constitucion/english.php (providing an English translation).

③ Art. 43, Constitucion Nacional [CONST. NAC.] (Arg.), available at http://www.senado.gov.ar/web/ interes/constitucion/english.php (providing an English translation).

④ Andres Guadamuz, "Habeas Data: The Latin-American Response to Data Protection" *Journal of Information, Law and Technology*, 2000, § 3.2.4.

和私人的数据库如何收集、处理个人信息进行了规范。① 该法第4条规定，数据应当准确、完整、相关，并且不能超出获取数据的目的。该条款还规定当数据没有必要性或收集数据的目的不存在时，该数据应当被删除。为了实施该法律，阿根廷的公正和人权司法部要求数据库删除那些对于收集时的目的而言没有用途的数据。②

除《宪法》和《综合数据保护法》外，阿根廷还通过独特的《知识产权法》来承认个人对其肖像的支配权，规定个人有权禁止他人未经其同意将其肖像进行商业使用。但是这种支配权也存在例外，未经授权使用他人肖像的情形仅仅适用于科学、教育或其他与公共利益相关的目的。③

可以看出阿根廷国家的数据保护体系，其态度为当数据与收集时的目的不再具有关联性时，数据是"应当"删除，而非"可以"，足可见阿根廷对数据强制遗忘的重视，是以删除为原则，保留为例外，这是不同于其他国家的一个显著特点，并且在公民肖像权的保护上，是以肖像当事人同意授权为前提，而且这种同意是狭义上的同意，不具有溯及效力。在未经授权的情况下，除非是基于与公共利益相关的目的，否则，个人有权要求删除在网页上不当展示的肖像。阿根廷对于肖像权保护中较为严格的适用条件——同意的狭义解释和限制，恰恰表明了对数字遗忘的认可，对数字领域里永恒记忆常态的否定。阿根廷独特的知识产权法、个人数据保护法和隐私权法成为反对网络永恒记忆，支撑被遗忘权适用的典范。

---

① Law No. 25326, Nov. 2, 2000, B.(Arg.), available at http://wwwl.hcdn.gov.ar/dependencias/dip/textos%20actualizados/25326.010408 [hereinafter Ley 25.326].

② Decreto 1558/2001, Dec. 12, 2001, B.O. (Arg.), available at http://wwwl.hcdn.gov.ar/dependencias/dip/textos%/o20actualizados/25326.010408.pdf [hereinafter Decreto 1558/2001].

③ Edward L. Carter, "Argentina's Right to Be Forgotten", *Emory International Law Review*, 27, 2013.

(四) 我国港澳台地区关于被遗忘权的类似规定

我国香港、澳门及台湾地区的信息立法较为完善，并对个人信息权及其内容有较为明确的规定。我国香港特别行政区的个人信息隐私专员蒋任宏宣称他将会邀请包括美国、加拿大、澳大利亚和新西兰在内的地区合作伙伴加入，以期共同迫使谷歌将"被遗忘权"服务拓展到亚太地区。[①] 他还呼吁其他国家和地区参与进来，共同向谷歌施压，以获得"被遗忘"的机会。目前香港地区立法还没有关于被遗忘权的明确立法。不过，1995年颁布的香港特别行政区《个人资料（私隐）条例》，在其第6条、第18条、第22—26条中明确规定个人信息主体（即资料当事人）享有请求资料持有者和使用者告知资料收集和使用的目的及用途、提供资料副本、查阅相关资料以及请求改正和删除与自己相关的纪录不实的资料的权利。第26条规定，个人拥有请求资料使用者删除不再需要的个人资料的权利，只是这种删除请求必须不为任何法律所禁止，并且不存在社会公共利益这一阻却理由。[②] 也就是说，要改正和删除个人资料，必须对于收集和使用目的而言不再被需要、记录不实、要删除资料的行为不违反任何法律且不违反公共利益。这本质上与欧盟1995年《95/46号指令》是一致的。

我国台湾地区的个人资料保护规定区分了公务机关和私营机构、职务行为和商业行为，赋予个人请求公务机关停止或删除电脑所处理的个人资料的权利，个人删除请求的行使是基于保障个人资料在特定目的达至后不会被滥用到其他方面。个人资料保护规定第11条第3项、第4项规定了请求删除权得以行使的两种情形：特定目的消失或期限届满；违法收集、处理个人资料。在收集个人资料时的目的已经

[①] 李汶龙：《大数据时代的隐私保护与被遗忘权》，《研究生法学》2015年第2期。
[②] 张晓军：《论征信活动中保护个人信用信息隐私权之目的特定原则》，《中国人民大学学报》2006年第5期。

消失或者储存期限届满时，开放平台应当主动根据用户请求，对用户的个人数据进行删除，但是此种删除义务有例外：如果是经过用户同意或为执行职务行为所必需，则不能删除。对于违法收集、处理或利用的个人资料，则没有这两种适用的例外情形。① 即特定目的消失或期限的届满并不是停止资料处理或删除资料的绝对事由，因执行职务所必需的或依照该部法律规定变更之前资料处理的目的，或者经资料当事人书面同意继续处理行为情形下，电脑处理个人资料并不停止。也就是说资料当事人的删除请求、停止资料处理的请求在为执行职务所必须的情况或资料处理目的是依法变更的情况下是得不到支持的。

澳门特别行政区《个人资料保护法》第5条规定，资料应当保证其准确性，在有需要的时候应当及时做出更新，并应基于收集和之后处理的目的，采取适当措施确保对不准确、不完整的资料的删除或更正。澳门将对不完整、不准确资料的删除视作个人资料处理的内容之一，并在个人资料被处理的正当条件条款中详细规定了在获取资料当事人同意的前提下进行资料处理的条件，同时将个人资料区分为个人资料和敏感个人资料。对与世界观、政治信仰、政治社团或工会关系、宗教信仰、私人生活、种族民族及与健康和性生活有关的这些敏感性个人资料，规定了较之一般个人资料更为严格的进行处理的条件。非经公共当局许可或为保护社会公共利益、开展司法程序所必要，不得进行处理，自然也不得进行个人资料的删除。② 两种类型的个人资料的处理都以资料当事人同意为条件，因此可以说资料当事人向资料控制者、处理者要求删除其个人资料或者行使被遗忘权的空间在于首先取得公共当局的同意，其次还要证明资料质素存在不准确、不完整的瑕

---

① 齐爱民：《对开放平台背景下个人信息保护的立法经验与借鉴——以我国台湾地区为例》，《社会科学家》2013年第6期。
② 澳门特别行政区《个人资料保护法》第6条是对一般性个人资料处理条件的规定，第7条则是对敏感性个人资料的处理的规定。

疵，最后还要经过较优的利益筛选。

综上所述，关于被遗忘权的适用范围问题，在适用主体上，基本上以信息控制者和信息主体为主。但是在被遗忘权的义务主体范围上，须对数据控制者和数据处理者进行区分，而且不同国家对于被遗忘权适用主体年龄、资质的认定也不同。目前，在适用对象方面，多数国家以不准确、与收集目的不相关或不再具有相关性为信息可删除性的前提条件。各国对被遗忘权行使的权利主体未见有争议之处，但是对义务主体、权利客体则存在较大分歧。欧盟法语境下的被遗忘权规范中没有直接规定信息控制者和信息处理者的特征和认定标准，在实践中给了裁判者较大的自由裁量空间。互联网经营者、第三方网站、搜索引擎公司是信息处理者还是信息控制者？删除要达到什么样的程度，是从网页上一次性删除还是从搜索结果的列表中永久删除？删除的是直接与申请主体相关的特定网页数据还是包括所有的链接？第三人提供的信息，信息主体是否有权删除？《个人信息处理与流通条例》对这些没有规定，其他国家更是没有相关的规范可寻。

四、确立被遗忘权适用范围的方法

（一）解释学下的被遗忘权权利主体与义务主体

1. 权利主体的一般性与特殊性

法律规范目的在于维持整个法律秩序的体系统一。不管是个别规定还是多数规定，都应当受一个目的所支配，所有的解释都不能与该目的相悖。[①] 就被遗忘权的适用主体而言，欧盟《个人信息处理与流

---

① 杨仁寿：《法学方法论》，中国政法大学出版社 2013 年版，第 172—173 页。

通条例》第17条采用了"信息主体"(data subject)与"信息控制者"(data controller)等术语,表明了欧盟法语境中的被遗忘权权利主体为个人信息主体,而义务主体为信息控制者。依据《个人信息处理与流通条例》第4条第1款,个人信息是指关于一个自然人(信息主体)的具有可识别性的任何信息。信息主体则是通过直接或间接方式可被识别的自然人,特别是通过身份证号码、地理位置、互联网标识符或者与其生理、心理、遗传基因、精神、经济、文化及社会身份等识别因素中的一个或多个有关的具有可识别性的自然人。[①] 决定性的特征就在于"识别性",而且信息主体的范围被限定为"自然人",不包括法人。因为同隐私权一样,法人的公开资料通常不具有被侵犯的可能性,而内部资料的泄露、不当使用往往通过运用知识产权法或不正当竞争法中的相关规定来进行侵权诉讼,没有适用被遗忘权的空间和必要。实质上,这也从另一层面说明了被遗忘权的人格权属性,不同于法人的运转和存在需要靠一定的财产作支撑,将被遗忘权的权利主体限定解释为自然人,从体系上而言,更符合欧洲国家在立法过程中更为注重个人信息背后的人格意义的价值取向。

同时在权利主体为自然人的限定上还需要考虑另一个问题:有无必要对普通公民和公众人物的个人信息进行区别对待。普通公民基于人格权的平等而享有被遗忘权自无疑问,那么与其知名度和影响力上显著不同的公众人物可否享有被遗忘权呢?美国法中对公众人物有明确的分类,我国的法律体系中却没有公众人物的概念,多是从理论上对其进行界定和划分。因为公众人物是随着大众传媒的兴起而出现的

---

① 原文为:("data subject"); an identifiable natural person is one who can be identified, directly or indirectly, in particular by reference to an identifier such as a name, an identification number, location data, an online identifier or to one or more factors specific to the physical, physiological, genetic, mental, economic, cultural or social identity of that natural person。参见 General Data Protection Regulation Article 4 (1), 2016。

社会现象,所以公众人物的概念、权益的保护通常与大众传媒紧密联系,他们在通过媒体提高知名度的同时,也面对着自己的私生活被肆意曝光于互联网而遭受群众各种褒贬不一评价的尴尬境况。公众人物的人格权一直存在着与言论自由、公众知情权的冲突,因为其通常利用社交媒体炒作、散布私人信息提高自己的知名度,来获取更多的演艺、就职机会进而提高自己的经济收益和影响力。在很大程度上,公众人物的隐私是自己自愿曝光在公众的视野下,因此对其人格权的保护有必要予以限制。但是,从另一层面讲,基于人格权的平等性,公众人物并非就不享有人格权,公众人物自愿或被动地暴露于互联网领域内的信息数量和程度都要比普通公民大,手段也通常较为尴尬。可以说,在很多时候公众人物比普通公民更需要被遗忘权。为了商业利益侵害公众人物纯粹私人领域,恶意获取、利用他人的私人信息,且纯粹是为了个人利益而非为了满足公共利益和公众兴趣的情况下,也构成对公众人物隐私信息的侵害[①],自然也有适用被遗忘权的余地。只是同其人格权的保护要受限制一样,在肯定了被遗忘权的人格权属性的前提下,通过当然解释的方法,对被遗忘权的适用自然也需要有限制地进行。可以通过信息获取和发布的方式及存储期限来对公众人物的被遗忘权进行考量,比如通过有限制性的储存日期、事先同意、事后认可的公布方式保护已经回归到普通公民生活状态中的曾经的公众人物的隐私。

2. 义务主体

在《个人信息处理与流通条例》第 17 条中,被遗忘权的义务主体是"能够单独或联合决定个人信息处理的目的和方法的自然人、法人、公共机构或其他实体",而"欧盟法或成员国法律可以对信息控制者

---

① 王利明:《公众人物人格权的限制和保护》,《中州学刊》2005 年第 2 期。

的含义和特定标准作出规定"。这与 1995 年的《95/46 号指令》中第 2 条中对"信息控制者"的概念界定是完全一致的。欧盟法模式中有信息处理者和信息控制者之分。信息处理者是指代表信息控制者对个人信息进行处理的自然人、法人、公共机关、机构或其他团体。[①] 从字面含义可以看出,信息处理者实质上是信息控制者的"执行部门"。但是欧盟法中的被遗忘权法律规定,多是以信息控制者作为承担责任的义务主体,因为信息控制者更加清楚收集信息时的目的、储存和处理信息的方式和现状,因此较为适合作为责任主体。不过,《95/46 号指令》下的控制者并不能仅从"能够决定信息收集与处理的目的与手段"这一个因素进行认定,从目的解释的要求而言:"目的乃一切法律的创造者"[②],《95/46 号指令》序言第 18 条指明"为确保个体为《指令》所保护的权利不被剥夺,发生于共同体范围内的个人信息处理行为必须遵从成员国法律;……在这一点上,信息处理中的控制者设立于成员国的,有服从成员国法律的义务。"就设立于成员国内这一含义,序言第 19 条解释道:"设立于成员国领域意味着对有效和实际的运营活动有稳定的安排;……设立的法律形式,是否简单的为法律人格的分支,并不是考虑的决定因素;……当单一的信息控制者被设立于数个成员国领域内,特别是以分公司的形式,则必须确保,为了避免规避成员国法律的行为,每个分公司均需服从适用于其行为的成员国法律所设定的义务",那么像谷歌、百度、搜狐这样的搜索引擎公司以及网站的经营者是否是《95/46 号指令》中所说的信息控制者呢?谷歌案的裁决书给出了确定的答案。毫无疑问在互联网环境下,决定互联网用户访问和搜索的结果内容的并不是网站的经营者。搜索引擎公司通过组织和汇集、编排他们的用户相互之间提供的问答信息,来形成后来的网

[①] 原文为:"processor" means a natural or legal person, public authority, agency or other body which processes personal data on behalf of the controller.

[②] E. 博登海默:《法理学——法哲学及其方法》,邓正来译,华夏出版社 1987 年版,第 130 页。

络用户再次搜索相关信息时的结果列表，因此可以说用户得到的信息很大程度上是搜索引擎对先前汇集的用户信息进行处理后的结果。越来越多的用户访问页面信息并进行反馈，就会形成新的结果列表。部分网页希望其网站发布的专门信息是完全或部分排除在搜索引擎的自动索引外，通过提示搜索引擎运营商的选项，借用互联网用户的选择来间接排斥有些搜索引擎，如"robot.txt"或代码，例如"noindex"或者"noarchive"，然而这些并不能改变搜索引擎公司决定了信息处理的方式和目的的立场。因此欧洲法院认为，搜索引擎提供给互联网用户利用的信息的行为必须归类为《95/46号指令》第2条（b）项下"个人信息处理"，当该信息包含个人信息，那么搜索引擎运营商必须被视为在第2条（d）项范畴内相关进行信息处理的"控制者"。

但是，是否被遗忘权适用中的义务主体仅仅是搜索引擎这样常见的信息控制者？2012年修改后的《个人信息处理与流通条例》（草案）第17条第2项中规定信息控制者在可能的情况下应当告知第三方采取合理措施，但是新近通过的《个人信息处理与流通条例》（GDPR）正式条款中则删去了这一规定，仅提到了信息控制者这一个主体，从其第4条中可以看出所谓的第三方指代的是经信息控制者和信息处理者的直接授权而得以对个人信息进行处理的自然人、法人、公共机关、团体或者其他组织。信息控制者和信息处理者都是通过契约或者法律规定的方式获得对个人信息进行处理的权利，而第三方则是通过信息处理者、信息控制者的授权才取得对个人信息进行处理的权利，其并不能决定信息收集和处理的目的和手段。网络上的参与者通常被分为三类：网络内容提供者ICP（Internet Content Provider）、网络服务提供商ISP（Internet Service Provider）和信息获取者（网络用户）。[①]ICP和ISP构成了广义的网络服务商概念，而狭义的网络服务商则仅指

---

① 薛红：《网络时代的知识产权法》，法律出版社2000年版，第199页。

ISP，即通常所说的搜索引擎服务提供者，而网络内容提供者主要指的就是上面提到的第三方。

被遗忘权适用中的义务主体中还需要区分私人机构与公共机构，不管是信息控制者还是信息处理者中都包含私人机构和公共机构，在其他国家的信息保护立法中，以自动化方式收集和储存、处理信息的公共机构自然也是个人信息保护法适用的对象，并且因为其在搜集和处理个人资料方面要较一般私人机构权威和便利，所以获取的公民个人信息通常更为全面、隐私程度更高，在责任追究上自然也较私人机构更为严格，比如德国法律规定公共机构在自动化信息处理中违反信息保护的相关规定给信息主体造成损失要承担严格责任[①]，只是对公共机构处理信息的约束更多的是分布于其他专门领域，如通信事业领域、医疗卫生事业领域、知识产权领域、不正当竞争领域等，进而通过其他法律进行调整。因此，不管是个人信息立法还是被遗忘权立法中都不能忽视公共机构在作为信息控制者时的责任问题，只是基于公共安全、卫生医疗事业等公共利益的考虑，这种适用可能会受到比私人机构更大程度的限制。

（二）确定被遗忘权的适用客体——可予以删除的信息

就如英国资料保护委员会所言："资料保护与传统意义上的隐私权不同，它不只是为个人设定一项权利，而更旨在构建一个平衡个人、资料使用者与社会整体利益的法律框架。"[②] 出于对个人信息进行保护的被遗忘权在保障信息主体得以申请删除与自己相关的一些信息的同时，立法也不得不考虑其中的利益衡量关系。同时，信息的类型、信息的来

[①] 郭瑜：《个人数据保护法研究》，北京大学出版社 2012 年版，第 137—141 页。
[②] 齐爱民、李仪：《论利益平衡视野下的个人信息权制度——在人格利益与信息自由之间》，《法学评论》2011 年第 3 期。

源、信息的特征等都可能会影响对信息是否能够或者应当删除的判断。

1. 信息的收集、处理方式与被遗忘权的适用

就个人资料的收集与处理而言，从形式上可以划分为自动化和非自动化两种方式，在对个人数据进行保护的时候，就需要考虑对这两种方式处理的个人资料是否应同一看待。欧盟1995年的《95/46号指令》第3条即指明除了适用于自动化方式处理个人数据情形外，通过自动化方式之外其他方式对已经形成或者打算形成文件系统之一部分的个人数据的处理也适用。最典型的自动化数据处理方式是通过电脑进行的，自动化主要体现在自动运行特性上，而自动化处理是指运用数据处理系统对个人数据进行的处理活动。①自动化处理之外人为的对数据的分析、利用与筛选等活动则是非自动化的处理方式，通过非自动化处理方式得到的数据一般被称为人工数据。在人们的认识中，一般认为，以自动化方式处理的记录对隐私构成较大威胁，而某些司法管辖区在保障个人资料的法律适用范围方面亦据此加以限制。英国1984年《数据保护法》（Data Protection Act 1984）将非自动化方式处理的资料摒除在约束范围内，之后为了迎合欧盟《95/46号指令》的要求，在1998年的《个人数据保护法》（Data Protection Act 1998）中也将人工数据有条件地纳入到保护范围内，只是限定在构成相关建档系统之部分的人工数据②。不过，虽然电脑处理个人资料的方式令人们对自己的隐私安全担忧，但是，随着光学扫描技术的发展以及此媒介与彼媒介之间在互相对照或接驳方面的进步，电脑化记录与人工记录

---

① 库勒（Christopher Kuner）：《欧洲数据保护法——公司遵守与管制》，旷野等译，法律出版社2008年版，第204—208页。

② 所谓相关建档系统，依据英国1998年《个人数据保护法》第一条之定义，是指任何关于个人的数据集合，该数据集合系借由提及该个人或者与个人相关的评量标准加以组织，以至于就关于特定个人的特殊信息易于被解除使用，即是该笔数据未经自动化设备加以处理。

之间的实际分野正在逐渐缩小，如社会服务机构、房管机构。医护人员手中持有的人工数据都在向电脑储存与处理的方向发展。因此，建议个人数据的处理不分媒介的受到个人信息保护法的保护与约束。《个人信息处理与流通条例》就数据的来源问题在其序言第 18 条中指明："本条例不适用于一个自然人进行与专业化或商业化活动无关联的纯粹个人或家庭活动的信息处理过程，个人或家庭活动可能包括通信、持有的地址或社交网络活动以及网络环境下进行的诸如此类的活动。但是，本条例适用于为上述个人和家庭活动提供个人信息处理方式的信息控制者和信息处理者。"也就说，即便是纯粹私人活动的信息处理只要利用了如搜索引擎这样的信息控制者或处理者提供的信息处理方式，那么这里的信息控制者、处理者也要受到该条例的约束。从序言的总领性意义上而言，可以说，该条例下的个人信息主体对信息控制者享有的包括被遗忘权在内的各项权利，都不仅限于以自动化方式处理的个人信息的范围，还包括非自动化方式处理的个人信息。

2. 可适用被遗忘权予以删除的数据的特征

《个人信息处理与流通条例》第 17 条中在表述个人信息主体可向信息控制者行使被遗忘权的情形时，以信息主体"相关"和"过时"作为前置条件，且这两个条件是缺一不可的并列关系，而非满足一个即可的选择关系。

（1）前置条件之一——"相关"。

就"相关"（concerning him or her）的解读，可以从欧盟法对"个人信息"的界定中找到借鉴之处。"相关"表明的是某项或某些信息与特定个人之间的关联性，就信息与信息主体是否具有相关性的判断，欧盟提出可以从信息的内容、信息收集处理的目的、信息披露的结果三个层面依次进行分析。首先，部分信息通过其内容即可直观地判断是否与信息主体相关，如人事档案材料、年度车辆违章登记情况、不动产交易信息记录、医院存储的病人病例资料，都显然与信息主体息息相关，是围绕信息主体建立起来的信息，显然具备直接的相关性。其次，在有的信息依据内容并不能直接地判断是否具备相关性时，可以从目的性上去判断。如调研报告、统计材料中偶然作为众多参数中的某个个人的姓名或某项特征，在搜索引擎中输入这些关键词，也可能会从计算机搜索中得到某个个人的一些信息，但是这些调研报告、统计材料等并不构成该个人的个人信息，正如英国法院在"Durant 案"后所确认的那样：单纯含有个人姓名的信息并非就是个人信息。① 最后，在依据以上两种方法都不好判断的时候，可以直接通过信息被披露的结果来进行相关性的判断。② 当某项信息材料的公布，使得某个主体的人身或财产利益直接受到影响，不管是增加了公众对其的关注度还是导致其社会评价降低，且依据普通人的常识即可识别出该主体是相关评论的主角时，即可认为具备个人信息意义的相关性。

（2）前置条件之二——"过时"。

另一个前提条件是"过时"（undue delay），被遗忘权的立法初衷在于使那些曾经的罪犯偿还完其社会责任后重回社会，开始新的生活并不被恶意的滋扰。正如康利（Conley）所言，被遗忘权兼具积极对抗与消极防御的权利属性：自我可以借由删除不想忆起的过往生活片段而掌控自己的生活，并可以要求他人不再获取或者利用其过往信息。③ 这也是被遗忘权的适用强调"过时"个人信息的删除的理论支撑。被遗忘权关注的不是被传播的信息的真伪，而是信息实质为个人过去的生活轨迹的记录，过时个人信息的传播除了影响信息主体现在的正常的生活外，基

---

① 谢永志：《个人数据保护法立法研究》，人民法院出版社 2013 年版，第 96—97 页。
② 齐爱民：《拯救信息社会中的人格：个人信息保护法总论》，北京大学出版社 2009 年版，第 87 页。
③ 罗渊虎：《被遗忘权：搜索引擎上过时个人信息的私法规制》，《重庆邮电大学学报（社会科学版）》2016 年第 3 期。

于人的记忆区间的有限性，过时个人信息的传播因为缺乏有效的监督群体，极容易造成在传播过程中被脱离情境、部分失真进而丧失其准确性。其次，所谓"过时"要比"相关"更具有客观性，应有一个可以衡量的判断标准，或者说临界点，究竟以何为界才算是过时的个人信息？在《95/46号指令》第6条（d）项表明同收集信息的目的或更进一步对信息进行处理、删除或更正的目的相比，信息不精确或不完整的，应采取合理步骤保证信息的精确性，如有必要，应保持信息的更新。从该条款的规定中可以反面解释"过时"的含义，即没有及时更新、导致信息对现存境况而言已经是不准确、不完整的，但是这种界定应当将用于历史研究、统计、科学研究的信息排除在外[①]，因为基于专业领域的特殊性，这些研究的完成往往需要以前一些不必要、甚至是不准确的信息作为参考信息来补充现在的研究，可以说这些用途下的"过时"信息和及时收取的信息是一样重要的，共同构成了现在得出的或者将来的研究成果的一部分。信息社会，信息的价值很大程度上系于信息的实效性，但是否为过时信息的判断本身也包含着相关性的判断，如科研人员在后期修正自己之前著作中的观点、结论后重新发表新的著作，那么之前的著作已经过时，但并不丧失相关性，仍与该科研人员的研究情况相关，自然也应当构成其个人资料之一部分。因此，被遗忘权适用过程中"过时"的标准并不能简单的凭借时间的长短来加以判断，需要与关联性一起综合判断。

（3）法定理由的判断。

在《个人信息处理与流通条例》第17条这一被遗忘权条款中，在规定了"相关"和"已过时"两个前提条件后，也同时提出了数项个人信息主体得以向信息控制者行使被遗忘权的法定理由。早在1980年

[①] 依据《95/46号指令》第6条，不管是与数据收集的目的不相符、不相关还是不准确、不完整，成员国应规定合理的保障措施使数据能够被更长期的存储用于历史、统计和科学研究用途。

9月23日经济合作与发展组织（Organization for Economic Cooperation and Development，简称OECD）在其提出的《隐私权保护及个人信息跨国流通指导纲领》（the Guidelines on the Protection of Privacy and Transborder Flows of Personal Data，简称《1980年指导纲领》）第7—14条中提出了指导信息立法的八项原则。OECD建议各成员国在进行国内的个人信息保护立法时应优先考虑纳入这八项原则。其中第7条收集限制原则即要求个人资料的收集应有所限制且手段上应当合法公正，第9条指明目的原则即要求个人信息收集的目的应当于收集之时明确，第8条信息质素原则和第10条的限制使用原则是对收集到的信息的质量与用途的规范。① 以及第11条的安全保障原则和第13条的个人参与原则都是欧盟及其成员国个人信息保护法的指导性原则，同时也是支撑被遗忘权适用的基本原则。《个人信息处理与流通条例》第17条第一款以列举的方式描述了被遗忘权适用的情形，这几项理由几乎全都指向了信息的质素或信息的处理情况，第一项和第四项理由为：个人信息对当时进行信息收集或进一步处理时的目的而言，不再是必要的；个人信息被非法处理。这两项理由与《95/46号指令》中第二章第一部分（题为"信息质量相关原则"）第6条要求成员国国家应当保证对信息的收集理由进行说明，用途明确且遵守合法之目的，而且不应被进一步使用于与此目的不符的目的要求相符合。此外这种收集还应当是充分有效和不过分的。同时与收集信息的目的或更进一步对信息进行处理、删除或更正的目的相比，如信息是不精确或不完整的，应采取合理步骤保证信息的精确性，如有必要，应保持信息的更新；从这些规定中可以总结出被遗忘权适用所针对的信息为：不再符合进行信息收集或信息处理时所指明的目的；被不当处理丧失准确性、

---

① 黄三荣：《个人资料之保护》，台湾地区《资讯法务透析》1998年第1期。

完整性的信息。个人资料的收集目的应当在收集资料之时或之前指明，而且资料经收集后，所做的用途应当只可用来达到该等目的，或者与该等目的无冲突，除收集时指明的目的外，信息控制者原则上不具有继续保存信息的理由。所谓准确性的丧失是指原本准确的信息因为时间、条件、环境的变化而与现实的情况不再相符而不能准确地描述某个分子的情况。信息的完整性和准确性要求一样，都是指向信息的质量的不完备。而信息的不完备、不准确的判断需要在收集、处理资料的预定目的范围内进行，是在达至这种目的范围内的准确、完整。信息的价值需要它的准确性和及时性来保证，不能保障这两种要求的个人信息的储存价值就会大打折扣，从经济成本上考虑也就具备了删除的理由。

但是，不管是不准确、不完整的信息，还是不符合收集处理目的时的、与个人信息主体相关且已经过时的这些信息，都不是凭借被遗忘权就可以绝对删除的，《95/46号指令》在对信息质量作出要求的同时，同样在其第6条中规定了例外情形：对信息的进一步处理是出于历史、统计或科学目的的，不应被视为与成员国合理保护个人信息目的不符的用途。这与《个人信息处理与流通条例》第5条、第89条的相关规定是一致的。[①] 也就是如果是用于历史研究、统计、科学研究的信息，即便是已经过时、于收集目的而言不再必要也不可认定为目的不符，只要信息的删除很可能导致有关历史、统计、科学研究的信息处理目标不可能实现或对其造成严重阻碍，就可阻却被遗忘权的行使。

3. 信息的真实性是否影响被遗忘权的适用

以上分析都是从肯定信息的真实性的前提下，从信息质量、类型、

---

① GDPR第5条第1款（b）规定：为指定的明确而合法的目的收集，及不以与该类目的不相符的方式作进一步处理；为公共利益存档目的、科学或历史研究目的或统计目的的进一步处理应按照第89条（1）不被认为是与最初的目的不相符。

目的等方面对被遗忘权适用的对象进行的分析，然而大数据时代下，信息获取方式和处理方式的多元化，以及受信息市场利益驱动的影响，很难保障获取到的信息的真实性。信息时代下的信息流在威胁到我们的隐私和自由的同时，也加大了人们对信息的依赖程度，但是，实际上人们在互联网上得到的信息远没有我们想的那么可靠。① 被遗忘权的应运而生可以说部分原因在于以往已经随着时间流逝淡出人们视野的信息再次被放置到公众视野下，降低了本已回归正常生活的信息主体的社会评价，那么如果传播的是虚假的信息，是否有被遗忘权适用的余地就需要从被遗忘权的权利特征和与其他人格权的界分上去考虑了。

《95/46号指令》和《个人信息处理与流通条例》中对信息质素的要求中反复强调信息的准确性和完整性，在信息不准确时，在满足特定条件下个人信息主体有要求更正和删除的权利，从这一规定可知，这些信息原则上应当是真实且准确的。而部分网络用户或者网络服务提供商为了增加关注度或者提高利润，会在互联网上散布一些不实言论，捏造虚构事实进行舆论上的炒作，在近两年的网络侵权、公众人物名誉权侵权诉讼中已经屡见不鲜，虚假的、捏造的事实或言论损害的更多的是当事人的名誉，通常就是我们常说的诽谤。普通法国家的诽谤法一般认为，诽谤在很大程度上要捏造事实、形成虚假的信息，并对之进行恶意传播，只有虚假的事实才会损害当事人的名誉。② 散布真实的信息损害的主要是当事人的隐私权，从我们之前分析的被遗忘权与隐私权的关系上可以得出结论，被遗忘权保护的范围当是针对真实的个人信息被不当处理利用时对个人造成的影响，阻挡的是真实信息对个人名誉权、隐私权的侵害。而诽谤法则约束的是捏造虚假信息，

---

① 维克托·迈尔-舍恩伯格、肯尼思·库克耶：《大数据时代》，盛杨燕、周涛译，浙江人民出版社2013年版，第208—209页。

② 安东尼·刘易斯：《批评官员的尺度——〈纽约时报〉诉警察局长沙利文案》，何帆译，北京大学出版社2011年版，第123—124页。

或者明知是虚假信息仍予以传播的行为①。并且，被遗忘权适用的信息载体主要是由搜索引擎、社交网站以及各类信息库构成的公共平台，并非所有载体下的信息的传播都受约束。因此，可以说，被遗忘权约束的当是事关个人以往的真实信息的线上传播，至于虚假信息的传播引致的侵权行为应当从诽谤法上去解读。

（三）被遗忘权适用条件的权衡——删除的范围和程度

1. 删除条件的解读

依据《个人信息处理与流通条例》第 17 条第 1 款、第 2 款的规定，被遗忘权的适用除了需要满足作为客体的信息的某些特征外，在某些特定情形下，已过时的与信息主体相关的信息依然是可以删除的：信息主体撤回了原本对于信息收集、处理的同意；个人信息被直接用于营销目的；个人信息被不合法处理；依据成员国或欧盟的法律规定，某些个人信息的删除是信息控制者的法定义务；提供相关社会服务的资料已经被收集完成。

（1）同意与不合法处理。

当事人"同意"是许多人格权侵权诉讼中行为人的抗辩理由，就个人资料保护而言，同意的免责效力是对信息主体信息自主权的维护，也是尊重当事人意思自治的表现，由当事人决定个人资料在何种范围、于何时、以何种方式被收集或向他人披露。《个人信息处理与流通条例》第 6 条也明确合法的信息处理是建立在信息主体就特定的信息处理给予同意之下，OECD《1980 年指导纲领》第 10 条、《德国联邦个人信

---

① 明知是虚假的信息仍予以传播，构成美国诽谤法上的"真实恶意原则"（actual malice rule），其主旨在于作为公众人物（尤其是公职人员）的原告方要想证明作为被告方的媒体侵权，除需要证明所述不实、自己受有损害外，还需要证明被告出于真实恶意，系明知所陈述事实不实仍报道、刊登，但是该原则被认为过分偏向言论自由的保护，在美国之外鲜有国家采用。

息保护法》第16、19、20条都规定：除非当事人同意或法律规定，个人资料不得为特定目的外之使用，而且这种同意必须是个人信息主体基于自愿给予的，是在资料当事人获悉有关同意的确定性和后果的前提下做出的同意，即充分知情下的同意，同时这种同意还应当是可以由当事人随时撤回，且撤回不具有追溯效力。例如，某人申请按揭贷款购房，并同意在此次按揭购房交易中使用其个人资料，但不意味着他同意贷款机构的保险部门将该等资料用于向他推销保险，或者在还款延期时将其个人资料用于催款事宜中的公示。在当事人撤回对这些个人信息进行处理的同意时，再对这些信息进行处理本身已无合法的依据，超出指明的目的以外的处理、不具备正当理由的处理即是信息的不合法处理，个人信息被不合法处理情形下自然有被遗忘权适用的余地。但是，正如并非任何信息的收集与处理都必须经过信息主体的同意一样，某些情形下信息主体撤回同意，并不导致信息就具备可删除性。依据台湾地区的个人资料保护规定，公务机关对个人资料之搜集、处理原则上应经当事人书面同意，但是在执行法定职务必要范围内，对当事人权益无侵害情况下可以例外。① 《个人信息处理与流通条例》第6条第1款也有与此类似规定，并在其第9条第1款中指明：如果是经工会批准或成员国法律、集体协议规定，目的在于保障社会安全与就业；为了保障信息主体或者他人的切身利益，无法及时获取信息主体的同意；哲学、宗教、工会等非营利性组织为了保障其合法活动的进行在不对外披露的情况下对其成员信息的处理；以提高医疗卫生质量或以科研、历史研究等社会公共利益为目的或是遵从法律程序要求而进行的信息处理，这些情况下的信息收集处理都可不经信息主体同意。

（2）个人信息被用于直接营销。

所谓"直接促销"（direct marketing），我国香港地区的《个人资

---

① 王泽鉴：《人格权法》，北京大学出版社2013年版，第212—214页。

料（私隐）条例》第 35 条将其界定为是指透过邮件、传真、电话等传讯方式向特定人士送交资讯或货品的直接促销方法提供货品、设施或服务，或为提供该等货品、设施或服务进行广告宣传；为慈善、文化、公益、康体、政治或其他目的而所求捐赠或贡献。在 2013 年 4 月 1 日修改后的条文规定：非经资料当事人同意，个人资料使用者[①]不得用于直接促销。2014 年 5 月 12 日再次修改后的条文增加了以下规定：非经资料当事人同意，个人资料使用者不得提供个人资料用于直接促销。也就是只要未经资料当事人同意，数据使用者不得将数据用于直接营销目的，同时也不能把数据提供给用作营销目的的第三人使用。《个人信息处理与流通条例》序言第 70 条也明确：以直销为目的处理个人资料的，信息主体有权反对进行此类处理，包括涉及直销的特征分析，不论是初步处理还是进一步的处理，不论在何时进行处理以及免费与否，并表示：应明确提请信息主体重视这一权利，且这一权利应与任何其他信息区隔开，予以单独列示。可以说，欧盟信息立法对用于直接促销目的的资料的规管强度要比香港地区的条例更高。用于直接促销的个人信息可以适用被遗忘权的原因与前面提到的个人信息主体的"同意"和个人信息的"限制使用原则"内容是一致的，在理论支撑上也可以从肖像权的保护上找到类似依据。我国《民法通则》第 100 条对公民的肖像权进行了保护，以未经公民同意和以营利为目的使用公民肖像作为禁止性条件。基于肖像权的人格意义，我国司法实践中，一般认为肖像属于权利人可依个人意志而自由决定支配的私人领域，一切违背肖像权人意志而利用其肖像的行为，都可能被视为侵权。[②] 与

[①] 就个人资料使用者（data user），在我国香港地区《个人资料（私隐）条例》2012 年第 18 号第 2 条修订中，将其界定为：就个人资料而言，指独自或联通他人或与他人共同控制该资料的收集、持有、处理或使用的人。

[②] 张红：《"以营利为目的"与肖像权侵权责任认定——以案例为基础的实证研究》，《比较法研究》2012 年第 3 期。

肖像权一样，始于对人格尊严与自由尊重的被遗忘权同样保护个人资料的强制商业化。网络用户的增多以及电子商务的发展，导致了个人信息的商业化，美国联邦贸易委员会（FTC）在其报告中称："网站收集了大量关于消费者的个人信息"，据统计显示约97%的网站收集个人电子邮件地址或者其他方面的个人识别信息，用于分析消费者喜好，来进行推销商品或服务。①

（3）已经收集过的未提供社会服务信息的数据。

《个人信息处理与流通条例》第17条第1款第（f）项中提到的社会服务信息的收集处理，是有专门的适用范围的，对应第8条第1款中的内容，欧盟要求对不满16周岁（欧盟成员国可以根据本国国内具体情况规定低于16周岁，但是不能低于13周岁）的儿童的信息的收集、处理应当合法进行，并且此处的合法的要求是应当获得其监护人的授权、在其监护人所同意的范围内进行处理。这与美国1998年公布、2004年生效的《儿童在线隐私保护法》（Children's Online Privacy Protection Act of 1998）的规定有相似之处，该法案要求网络经营者在收集未满13岁儿童的数据之前，应获得其监护人同意，并且应当能够提供合理方式，让儿童的监护人有机会防范其12岁以上、17岁以下子女之个人数据被收集或利用。②这也是美国通常借由行业领域自律来解决互联网网络隐私保护方式中较为例外的表现之一。《个人信息处理与流通条例》序言第38条也表示：儿童可能对个人资料处理面临的风险、后果、保障以及相关权利知之甚少，因此使用儿童的个人资料开展市场营销活动、塑造人格或创建用户个人档案时，以及通过直接向儿童提供服务收集有关儿童的个人资料时，尤其应当适用这种特殊保护。但是，直接向儿童提供预防服务或咨询服务时，不必征得承担父

---

① 梅绍祖：《网络与隐私》，清华大学出版社2003年版，第229页。
② 陈以儒：《网际网路上隐私权保护之研究》，台湾地区文化大学法研所2001年硕士学位论文，第134—135页。

母责任者的同意。欧盟和美国对于儿童个人信息收集、处理予以较高程度的限制原因在于考虑到在互联网领域，儿童智虑尚不成熟，其个人信息被轻易收集、不当处理的风险较大，因此需要加强保护措施。

2. 删除的范围

根据《个人信息处理与流通条例》第 17 条第 2 款的规定，信息控制者不仅要删除他们网站上所控制的这些信息，而且还必须"采取一切合理的措施，包括技术性的手段，通知正在处理这些信息的第三方，信息主体要求其删除关于这些信息的任何链接、副本或复制"。这个第三方可以是另一个搜索引擎或网络公司，但也包括其他个人用户，比如 Facebook 上的互动朋友或 Twitter 上的追随者。这种监管、转发、分享或发表评论，均构成传播个人信息。搜索引擎和社交媒体不仅需要通知这些用户信息主体要求删除其个人信息的请求，而且还要采取技术措施根据信息主体的具体信息请求来消除特定的信息内容。这些信息请求可能十分少见，请求的内容可能包括信息主体不再希望在互联网上传播的一幅画、一条评论或标记。并且这种删除不仅仅指向相关的信息，在信息主体对某些信息的准确性持有异议或认为这些信息没有再次使用的必要时，信息控制者对这些信息的获取也要受到一定程度的限制。同时根据序言第 66 条的主旨，为了强化网络环境中的被遗忘权，清除权（或译作删除权）应加以扩展，使公开个人资料的控制者有义务指示负责处理此等个人资料的控制者删除有关个人资料的任何链接、副本或复制件。理查德·福肯瑞斯指出，有意义的"被遗忘权"应当规定，企业不仅要清除电邮内容或照片，而且还要清除与这位用户相关的所有元信息。[①] 可以说，有意义的删除应当具有一定程度的彻底性。

---

① 吴飞、傅正科：《大数据与"被遗忘权"》，《浙江大学学报（人文社会科学版）》2015 年第 2 期。

五、被遗忘权适用过程中的利益冲突的解决

支撑被遗忘权的主要理论依据在于信息自决权,信息自决权的概念最早见于1983年德国联邦宪法法院对"人口普查案"的判决中,在该判决中提出:在自动化数据处理的现代化条件下,人格的自由发展取决于个人有权对抗个人资料的被无限制的搜集、储存、使用与传送。据此,德国在一般人格权保障范围的具体化上,进一步创设了个人信息自决权。① 这与德国《基本法》第1条第1款、第2条第1款中关于公民尊严不受侵犯、限制官方对个人信息的无限收集、处理的规定是一致的。② 信息自决权旨在保护个人在信息控制层面的尊严与自由。个人信息权、被遗忘权的出现,也正是应保障个人在信息领域人格权周全的需要而出现。但是,信息的收集处理绝不是纯粹的个人私益的支配行为,从信息的收集环节开始就与社会公共利益、国家安全存在着关联性,在价值层面,也存在着与言论自由的冲突。《个人信息处理与流通条例》第17条第3款集中规定了被遗忘权适用的例外情形,第1项即是行使自由表达权和信息权,第2、3、4项则是以公共利益的维护为导向。

(一)信息自决与言论自由的平衡

欧洲作为诸多人权法案的发源地,历来较为注重人权事业的发展,对人格权益也有较高的保护标准。就言论自由的保护而言,早在1950

---

① 王泽鉴先生在其《人格权法》一书中认为,信息自主与信息自由乃同受保障的基本权利,并无孰为优先的问题。参见王泽鉴:《人格权法》,北京大学出版社2013年版,第213页。

② 德国《基本法》第1条第1款规定:人之尊严不可侵犯,尊重和保护此项尊严为所有国家机关之义务。第2条第1款要求议会注明所有官方数据收集程序的目标和条件,以使公民可以清楚地知道何种信息为何种理由而被收集。

年的《欧洲人权公约》第 10 条即规定：人人享有表达自由的权利。对言论自由的约束必须是基于对国家安全、领土完整或者公共安全的利益，为了防止混乱或者犯罪，保护健康或者道德，为了保护他人的名誉或者权利，为了防止秘密收到的情报的泄漏，或者为了维护司法官员的权威与公正的因素的考虑。根据欧盟的信息立法，发表言论的人必须证明其言论的合法性，并且该言论应当是属于新闻业的信息处理或学术、艺术或文学言论方面的信息处理。另外，欧盟也规定，为了维护公民在现代社会的表达自由，各国政府应该允许公民在一定程度上使用他人的个人信息。不能以保护他人个人信息为由，干涉公民的表达自由。① 在大数据时代，信息的流通几乎是不可逆的趋势，被遗忘权是建立在个人应成为其个人信息在时间规模上的权利保有者的个人自治上，始于保障人格尊严的被遗忘权的出现，在给予个人在网络空间对个人信息更大支配控制权的同时，也面临着侵害他人表达自由权的尴尬。被遗忘权关于信息主体有权删除、封锁个人信息的要求，显然与表达自由权所倡导的新闻自由、信息自由流通等理念背道而驰。② 不同于欧洲，在美国的司法实践中，保障言论与表达自由的《宪法第一修正案》扮演着重要地位，倾向于相信对言论自由的限制将会引来胆怯和自我审查并很有可能导致许多应当被公开、使公众获取的言论被镇压，继而引发所谓的"寒蝉效应"。③ 在关涉到社会公共利益的罪犯真实信息的传播案例中，美国司法认为对言论自由的限制的正当理由——公众的机密性利益这种"更高秩序"的价值都必须要与宪法性审查相连，可以说在司法实践中，很少有案例能达到这种标准，所以，被遗忘权的适用空间极为狭窄。

---

① 李璐璇紫：《互联网时代的数字遗忘权》，首都经济贸易大学 2014 年硕士学位论文，第 10—11 页。
② 梁辰曦、董天策：《试论大数据背景下"被遗忘权"的属性及其边界》，《学术研究》2015 年第 9 期。
③ J. Rosen, "The Right to Be Forgotten", *Stanford Law Review 64*, Feb. 2012, pp. 88-92.

（二）个人利益与社会公共利益的平衡

通过对欧盟法上被遗忘权适用例外情形规定的分析，可知以社会公共利益为例外的居多。就欧盟法中被遗忘权的适用环境而言，主要在于互联网的线上信息，因此信息控制者以搜索引擎这样的网络经营者为主。要求信息控制者删除相关的个人信息及其副本、链接，不仅仅有可能损害搜索引擎运营商的经济利益，并且无视了大众依据姓名搜索相关信息的利益。当个人信息构成医疗卫生、科学历史研究等关涉社会公共利益的一部分时，某些信息的删除就面临信息主体的个人利益与社会公共利益的矛盾的尴尬局面。很显然，欧盟认为公共利益的需要构成被遗忘权适用的例外情形。在众多权利中，权利能否受限制、应否被其他的权益所压倒，首先取决于有没有高于权利的价值，以及能否援用那些可能高于权利的价值来压倒权利。[1] 在人们的认识里，公共利益不仅具有法律上的合法性，更具有道德上的合理性，社会利益一直存在着对个人利益的压制，被认为具有更高的价值，强调私利就意味着个人主义。[2] 社会公共利益指向的是群体的一致追求、共同利益，处理为公众利益存档目的、科学或历史研究目的或统计目的信息、处理对预防或职业医学目的而言必要的信息，或处理保障公共健康领域的公共利益的信息时，即便这些信息收集处理时未取得信息主体的同意，或者随着时间、条件的变化已经与收集时的目的不符合，但是基于这些信息本身存在的研究意义可向后延伸，可为更多的群体创造更大的潜在价值。罗尔斯主张，为了实现社会的集体利益，个人权利是可以被压倒的。因此，个人基于私生活安宁、社会评价而产生的被遗忘诉求就被享有特定优先地位的社会公共利益所压倒了。这种特定

---

[1] 夏勇：《权利哲学的基本问题》，《法学研究》2004年第3期。
[2] 胡玉鸿：《和谐社会与利益平衡——法律上公共利益与个人利益关系之论证》，《学习与探索》2007年第6期。

的优先地位仍然是出于法律的规定，而非纯粹的人为主观排序，正如博登海默和德国的利益法学家所说的那样，"法律的目的就在于'以赋予特定利益优先地位，而他种利益相对必须做一定程度退让的方式'来规整个人和团体之间的被类型化的利益冲突"①。人不可能凭借某种确定的安排，来对那些应当得到法律承认和保护的利益做出一种普遍有效的权威性的位序安排，因为利益衡量理论也只是在解决利益冲突的诸多方法中寻求一种较为妥当解释的过程，有时利益的衡量结果可以直接回归到法律的规定中去寻找②，被遗忘权几种例外情形的规定也可视为本身即为利益衡量、价值判断的标准或框架的法律规定筛选的结果。

　　国家安全关乎国家根本利益，也是各国宪法重点关注的对象，以美国为例，美国国会以宪法为准绳，自2001年开始通过了一系列法案来促进国家安全的保卫，其中最为引人关注的当属《爱国者法案》。该法案给了美国的情报机构监控搜集美国民众个人信息的合法依据，但是2013年的棱镜门事件暴露了政府大规模收集处理国民个人信息给民众带来的隐私上的侵害，美国奎尼匹克大学2013年6月底进行了一项调查，调查结果显示45%的美国民众认为棱镜计划侵害了公民隐私权，另有40%的民众则认为相对于个人隐私，国家安全更具有保障的必要性。③当国家安全和公民自由权发生冲突的时候，常常会存在两种较为对立的观点：一种是倾向于保护国家安全，即便是以牺牲民权为代价；一种是倾向于保护民权，认为民权是民主国家的灵魂所在。④反观欧盟的信息保护立法中，并未将国家安全列入被遗忘权条款适用的

---

① 林来梵、张卓明：《论权利冲突中的权利位阶——规范法学视角下的透视》，《浙江大学学报（人文社会科学版）》2003年第6期。
② 李军：《利益衡量论》，《山东大学学报（哲学社会科学版）》2003年第4期。
③ Quinnipiac University (July 10, 2013) .U.S. voters say Snowden is whistle-blower, not traitor. Retrieved November 28, 2013, from http://www.quinnipiac.edu/institutes-and-centers/polling-institute/national/release-detail? R eleaseID =1919.
④ 邵国松：《"被遗忘的权利"：个人信息保护的新问题及对策》，《南京社会科学》2013年第2期。

例外情形之内。被遗忘权与国家安全利益的冲突，本身也是民主自由与国家安全的抉择问题。从损益比较上来看，很难说具有国家安全意义的个人信息在所有情况下都不得适用被遗忘权，正所谓"哪里存在着一个凌驾一切的共同目标，哪里就没有任何一般的道德或规则的容身之地"①。民主社会的法治不应当无视任何一种民主权利与自由，应当通过具体事件的损益比较，结合政治、政策的需要，权衡民权让步于国家安全的程度和条件，因为人类自由具有初显性，国家对人类自由的限制必须证明"在自由民主社会是必要的"②，只有紧迫且必要情形下，公民权利让步于国家安全需要才具有合理性。通过运用比例原则进行权利的分配与矫正，就被遗忘权适用例外情形的具体认定，在司法实践中还要依赖法官的全面思考、重点把握。

（三）狭义比例原则下经济效益与被遗忘诉求的权衡

狭义的比例原则是指为追求一定的目的所采取的限制手段的强度，不得与达成目的所需的程度不成比例，且因该限制手段所造成的侵害程度，不得逾越其所欲追求的成果，所以也被称为禁止过度的原则。③互联网的出现使得个人信息的收集和处理变得更为方便。在当前环境下，信息已经成为一种商业资本，一种重要的经济投入，它可以被巧妙地利用来开发新产品、新服务。在为人们的生活提供了便捷化服务的同时，其存在的经济效益更是无法量化的。可以毫不夸张地说，信息已经撼动了世界的方方面面，从商业科技到医疗、教育、经济等其他领域。④其

---

① 哈耶克：《经济、科学与政治——哈耶克思想精粹》，冯克利译，江苏人民出版社2000年版，第393页。

② 安德烈亚斯·冯·阿尔诺（Andreas von Arnauld），《欧洲基本权利保护的理论与方法——以比例原则为例》，刘权译，《比较法研究》2014年第1期。

③ 陈运生：《论比例原则在基本权利保障中的适用》，《广州大学学报（社会科学版）》2011年第5期。

④ 维克托·迈尔-舍恩伯格、肯尼思·库克耶：《大数据时代》，盛杨燕、周涛译，浙江人民出版社2013年版，第7—15页。

中个人信息构成了信息库中很大的一部分。存储成本的低廉化、信息分析价值的增长，在使进行信息分析的人看到信息背后的价值潜力的同时，也助长了他们进一步对我们的个人信息进一步采集、储存、利用的野心。而被遗忘权正是个人对抗强大的信息控制者的法律手段。基于纯粹私欲的洗白历史的目的，去要求删除个人过往的不光彩经历，从人格权的完善与保障上或许是站得住脚的，但是一个良性的社会秩序必须建立在公民自觉自律的基础之上，促成公民养成良好的媒介素质，知道对自己的言行负责，而不能要求法律去保护他们的过失和不当行为与言论。[①] 依狭义比例原则的要求，倘若所造成之损害，与欲追求之成果，凭借显不成比例之措施方能达成，则应完全放弃该种措施。就如德国宪法对"过度负担"的审查而言，"就侵犯严重性，其正当化理由的重要性与迫切性的整体衡量，还须注意期待可能性的形式"[②]。个人泄露于网络平台上的不当言辞、不雅经历，再利用被遗忘权予以恢复清白历史，对网络平台、搜索引擎公司这些信息控制者而言，是一种不应当的负担，而这些人力和物力的支出，最后往往通过经济学中成本转化机制转嫁到其他网络用户身上，此举既不利于这些网络平台机构的正常发展，也对其他网络服务参与者而言不公平。对个人而言，从自己责任的角度上分析，也不具有要求履行删除义务的期待可能性。

（四）被遗忘权适用中应当保证的底线——应当尊重最基本的人格尊严与自由

康德的绝对命令理论认为，人是目的，而非手段。因此，每个人都有能力就生活里什么是好的做出他或她自己的决定。每一个人都应

[①] 吴飞、傅正科：《大数据与"被遗忘权"》，《浙江大学学报（人文社会科学版）》2015年第2期。
[②] 胡玉鸿：《和谐社会与利益平衡——法律上公共利益与个人利益关系之论证》，《学习与探索》2007年第6期。

该被允许去形成他们自己的关于何者为好的概念、去做出他们自己的选择、计划和决定。① 这是权利内涵中对自由的概括,也是论证权利保护必要性的出发点。在这种权利本位的观念下,人人都应当享有人格尊严,这不仅是道德上的权利,更是法律上的权利,它的义务主体,指向社会、国家、他人或团体。② 人以价值的形态存在,同时也是有尊严的价值存在。所以,不管是什么样的权利的压制,都不应逾越最基本的人格尊严与自由的底线。我国宪法及其他国家宪法都以明确态度表明:尊重和保障人格尊严,人格尊严是作为主体的个人参加社会活动应当获得的普遍资格,是权利主体宪法地位的基础,它以人格权为基础,与肖像权、名誉权、隐私权、姓名权等具体人格权有着密切联系。③ 当前互联网应用渗透到人们生活的方方面面,且数据处理日趋复杂和多元化,数据的价值也日益增大,体现信息自决意识的被遗忘权的提出和适用,迎合了大数据时代对个人信息保护的需求,也提高了数据处理和应用的规范与安全意识,但是一项新兴权利的应用必然要遭遇与现存的其他权利的价值冲突问题,所以它的适用需要厘清存在的限制条件和例外情形。人格尊严可以说是个体的根本利益,而信息自由是构建公意社会的基石。我们只有首先确保个人信息本人的人格受到充分尊重,才能进一步允许他人合理利用个人信息从而实现社会的进步。④ 因为"个人的自治自决,为人性尊严治本之内涵,属最后一道防线,不可侵犯、剥夺或使之丧失,人性尊严亦并非意味着排斥个人对国家、社会应尽的义务,只不过在履行义务时,仍应保留个人实

---

① 夏勇:《权利哲学的基本问题》,《法学研究》2004年第3期。
② 韩德强:《论人的尊严——法学视角下人的尊严理论的诠释》,法律出版社2009年版,第175页。
③ 韩大元、王建学:《基本权利与宪法判例》,中国人民大学出版社2013年版,第91—92页。
④ 李仪:《个人信息保护的价值困境与应对——以调和人格尊严与信息自由冲突为视角》,《河北法学》2013年第2期。

现其人格发展的空间"①。被遗忘权在理论上受到信息自决的支撑,信息自决认为个人有权支配自己的私人领域,并决定于何种程度和范围内公布自己的信息,这是人格权自我决定和积极作为权能的表现。基于对信息经济和政治价值意义的考量,不管如何对被遗忘权做出限制,都要保障最基本的人格尊严与自由,这是由宪法的最高效力决定的,也是人权发展、完善人格保障的需要。

六、我国被遗忘权立法与司法实践检视

(一)现状的反思

我国现有的关于个人信息的规定散见于多个部门法中,没有完整的监督和治理体系。针对个人信息的专项规定只有2013年2月1日开始实施的《信息安全技术、公共及商用服务信息系统个人信息保护指南》。从效力上说,该指南只是指导性技术文件规范,没有强制力。随着我国网络侵权诉讼的日益增长,如何规范互联网领域个人信息的披露和使用问题,成为个人信息保护法制建设的重要议题。②我国近年来虽有所侧重的加强互联网专项领域的立法,但是相较于广大信息主体对个人信息的保护需求而言,仍显零散和不足。其中,我国《侵权责任法》第36条规定了互联网上网络服务提供者的侵权责任;2012年12月28日,全国人大常委会《关于加强网络信息保护的决定》进一步确认了个人信息主体在个人信息被不当收集、利用时享有的权利以及网络服务提供者的义务;2014年最高人民法院在《关于审理利用信

---

① 李震山:《人性尊严与人权保障》,台湾元照出版有限公司2000年版,第13—15页。
② 胡展奋:《"裸"你没商量》,《新民周刊》2012年第47期。

息网络侵害人身权益民事纠纷案件适用法律若干问题的规定》中，详细诠释了审理信息网络侵权纠纷案件的调整范围问题。全国人民代表大会常务委员会于 2016 年 11 月 7 日通过了《中华人民共和国网络安全法》，其于 2017 年 6 月 1 日起生效。其第四章规定网络运营者有加强对用户个人信息、隐私和商业秘密的保护的义务，并赋予了信息主体请求网络运营者删除违反法律规定或约定收集使用的个人信息的权利。① 另外，2017 年 10 月 1 日开始施行的《民法总则》第 109 条明定对个人信息的收集和使用进行保护。可以说，我国既没有专门的个人信息立法体系，又无完善的隐私权保护体系，现行法中尚未规定个人信息权和隐私权的具体内容，对其内涵和外延的认识还要从对学理和判例讨论中找到依据。② 现存的一些单行法中对个人信息的规制多是从个人信息收集后的应用和保密上着手的，个人信息主体对自我权利的保障内容也主要体现在信息泄露后的侵权损害纠纷上。但是，对侵害个人名誉权、隐私权、肖像权等具体人格权的损害的救济方式，主要是通过财产上的救济赔偿实现的，并无类似删除权的行使空间。

（二）被遗忘权与我国《侵权责任法》第三十六条

《侵权责任法》第 36 条规定了网络服务提供者的侵权责任问题，其中第一款为网络服务提供者的直接责任问题，第二款、第三款为网络服务提供者与网络用户一起承担连带责任的规定。杨立新教授认为，应当对网络服务提供者作限定性的解释："网络服务提供者，专门指网络服务的内容服务提供者，而不包括仅仅提供链接服务的网络服务

---

① 罗浏虎：《被遗忘权：搜索引擎上过时个人信息的私法规制》，《重庆邮电大学学报（社会科学版）》2016 年第 3 期。

② 王利明：《人格权法研究》，中国人民大学出版社 2012 年版，第 520 页。

商"①。网络服务提供者自己利用网络侵害他人民事权益,例如发表作品侮辱、诽谤他人,抄袭、剽窃他人著作,未经他人同意发表他人作品,散布不实信息侵害他人名誉、隐私等,根据《侵权责任法》第 2 条法律所保护的民事权益范围、第 6 条过错责任原则的认定,行为人都构成侵权责任,应当承担赔偿责任。进一步来讲,我国现行民事立法中对侵害人格权的民事责任的承担方式为:停止侵害,恢复名誉,消除影响,赔礼道歉,赔偿损失,都属于原则性的规定,并没有细化的操作指引,如就不实信息、损害被侵害者人格权的信息的传播而言,所谓的停止侵害,是通过禁止继续转载还是彻底删除所有的链接、副本、检索目录,这些都由裁判者具体衡量,活动空间较大。在网络服务提供者的连带责任问题上需要考虑第 36 条第二、三款表述的两个规则:提示规则和明知规则,提示规则要求网络服务提供者在接到被侵权人的通知后应当及时采取删除、屏蔽、断开链接等必要措施;明知规则就是网络服务提供者明知网络用户利用其网络实施侵权行为,而未采取必要措施,构成对被侵权人损害的间接故意形态。② 提示规则和明知规则实质为过错责任的归责原则,也是共同侵权责任形态的认定前提。

与欧盟法上从信息本身质素上存在的问题、信息收集、处理、用作的目的上考虑删除的必要性的思路不同,我国在网络侵权责任的认定是从侵权行为人的主观过错形态着手的,本质上还是遵循了侵权责任认定的四要件理论,从行为人主观状态、行为的违法性、因果关系、损害后果上去对包含在《侵权责任法》第 2 条调整范围内的人格权益进行保护。被遗忘权和我国网络侵权责任在保护个人人格权益的目的层面具有一致性,但是被遗忘权的立法初衷更倾向于保障个人对其信息的管控能力,注重的是个人信息背后的人格意义。就调整的客体范

---

① 杨立新:《电子商务侵权法》,知识产权出版社 2006 年版,第 256 页。
② 杨立新:《〈侵权责任法〉规定的网络侵权责任的理解与解释》,《国家检察官学院学报》2010 年第 2 期。

围而言，被遗忘权调整的主要是搜索引擎这些信息载体上的具备质素问题的过时个人信息，而《侵权责任法》第36条调整的是被侵害人的"民事权益"，其含义既包括权利也包括利益，既包括人格权，也包括物权、知识产权。① 因此，可以说，虽然我国的《侵权责任法》第36条和欧盟法上的被遗忘权均赋予了个人信息主体要求网络服务提供者删除相关个人信息的权利，但是因为立法目的的不同，所以调整范围、适用条件上都存在着差异，究其原因在于被遗忘权是个人信息立法下的专项规定，而网络侵权责任针对的是在互联网领域范围内的特殊民事侵权行为，并非一个调整体系的立法，这与之前提到的被遗忘权的个人信息权利属性是一致的。

（三）透过我国"被遗忘权第一案"探析被遗忘权的适用问题

2015年12月9日，被称为我国"被遗忘权第一案"的"任某某诉北京百度网讯科技有限公司案"由北京市海淀区法院二审审结。虽然该案件中原告任某基于被遗忘权向法院提出的要求百度删除与其名字相关的搜索页面的请求未获得法院支持，但是在裁判依据中，二审法院没有支持任某某的主张是以被遗忘权并非我国现行法中的类型化的人格权为主要依据。对于百度公司在一些搜索页面保存的关于任某某曾任职的企业的不良信息给任某某造成的就业、招生方面的现实损害，法院认定应当从一般人格权利的角度通过侵权法中的一般人格利益范畴进行保护，并且论证了之所以任某某的诉讼请求未获得支持，是因为不能同时满足既属于非类型化的人格权利涵盖范围，又具有利益的正当性及保护的必要性三个条件。换个层面理解，在我国还没有个人信息权与隐私权立法的现行法律体系下，该案实则创造性地通过

---

① 杨立新：《侵权责任法》，法律出版社2010年版，第260—261页。

"一般人格权"对尚未本土化的"被遗忘权"予以了解释和保护，此举无疑给未来互联网领域个人信息保护的司法实践和被遗忘权的理论研究以重大的借鉴意义。

关于被遗忘权的释义，北京海淀区法院法官在判决书中认为，所谓"被遗忘权"指按照有关个人信息保护规则，网络用户有权要求搜索引擎服务提供商在搜索结果页面中删除自己名字或相关的个人信息的权利。[①] 不同于学术理论上的将被遗忘权与隐私权或个人信息权放在一个概念体系下去解释，法院是从一般人格权的角度、通过评估个人信息主体要求删除的信息之间是否存在利益的相关性去肯定对其保护的必要性，认为其并非我国已经类型化的具体人格权范畴。本案肯定了被遗忘权背后的人格权属性，进而从保障一般人格权的角度肯定了存在的利益确属法律保护范围。不足之处在于利益正当性、保护的必要性认定条件较为模糊，没有明确的判断标准：何种利益才算正当？利益正当或保护的必要是从民法体系或法律体系中的调整范围去认定，还是从个人信息主体与所要求删除的信息之间的关联程度，以及所造成的损害结果的角度去判断？可以说利益的正当性、保护的必要性看似是提供了裁判标准，实则又回到了侵权法四要件的思路中去判断。我国是成文法国家，利益的正当性要靠法律的调整范围来判断、保护的必要性的检索要从因果关系和损害后果上去判断，整体上还是回到了侵权法体系中侵权责任的认定逻辑上，有待从权利本身的内容和权能上去判断。受制于成文法的局限性，没有明确的立法作支撑，就只能从结果或者上层的、相类似的权利保护上寻求对未类型化的权利的保护。

有学者认为，人格利益要上升为人格权必须符合"自身具备为权属性，即正当性"、"符合社会经济发展需求和个体物质、精神要求"以

---

① 参见北京市海淀区人民法院（2015）海民初字第17417号民事判决书。

及"获得国家法律的认可"三个条件①,最后一个条件在成文法国家体现得更为明显。但是,就我国的立法和司法实践现状而言,被遗忘权还只是"一般人格利益"的范畴,不是一般人格权,并且,这种一般人格利益的法律保护还需要一个正当性的考量。然而,就前述"被遗忘权第一案"中法官裁决理由中的利益正当性、保护的必要性,是否为裁判标准问题,笔者在此持保留意见。利益的正当性原本就是保护的必要性的前提,两者并非为并列的裁判准则,我国不是判例法国家,该案件中法官的判决理由并不必然成为以后相同或类似案件的裁判标准,并且利益的正当性、保护的必要性在权利法定化后是具体权利内容的应有之意,在权利尚未法定化之前,利益的保护可以从其所属的法律调整范围去判断,如对《侵权责任法》第2条中对"民事权益"的概括解释。所谓的"被遗忘权第一案"最大意义在于肯定了被遗忘权的人格利益属性,对以后我国相类似的个人信息侵权诉讼提供了借鉴。

(四)被遗忘权适用的审慎考量:理论和实践的双重尴尬

在 Web 2.0 崛起后,每个网络用户都可以是网络内容的创造者,可以说,人们遗留在互联网上的个人信息大部分都是自愿留下来的。因此,人们在享受宽阔的网络言论空间畅所欲言时,也要为网络的安全隐患买单。毫无疑问,被遗忘权的提出和在欧盟的法定化,迎合了保障当前互联网领域内个人信息安全的需要,至于这项权利是否应当走出欧盟国家,由其他国家结合国内现存的法律体系进行本土化的适用,还需要因地制宜的深度考虑。谷歌案落下帷幕后,根据欧洲法院的判决,谷歌和微软公司开始接受用户对"被遗忘权"的相关申请,

---

① 朱珍华、金孟伶:《论人格权与人格利益的立法保护模式选择》,《理论与改革》2013年第6期。

紧随其后的还有Facebook、Twitter等。①在谷歌案结束后的短短两个月内，其就已收到超过91000份信息删除申请，涉及超过328000个网络链接。②有不少学者和搜索引擎公司一样，认为被遗忘权适用范围的不明确化，会给搜索引擎公司带来较大的负担，即便是谷歌这样的互联网公司巨头，也疲于应付。而成本的加重必将影响网络服务的质量，甚至从经济学的角度而言，这些加重的成本最终还是由作为消费者的广大网络用户来承担。实则，不管是欧盟法还是美国法，基本上都接受基于尊重个人对其信息的管控而允许其删除自己所上传的内容③，只是在关涉到言论自由方面的认识上不一致，这与法治传统和政治环境有关，也是我国将来个人信息立法所要考虑的问题。

在大数据时代，就信息的传播和使用，处于圆形监狱下的我们没有哪个能够独善其身。中国作为互联网用户大国，立法立足于需求，自然不能完全无视被遗忘权的适用问题，而且我国司法实践中也已经有类似的案例出现。当前，就被遗忘权在我国的本土化问题，需要考虑两个层面的问题：

第一个层面是从理论层面考虑的。就个人信息的认定本就没有统一的定论，在被遗忘权调整区间的个人信息更难以明确。并且，个人信息的保存与删除绝非只关乎个人信息本身，往往还伴随着与信息自由、言论自由、知识产权等权利的冲突，个人信息处理结果往往也并非只关乎信息主体和信息控制者，还涉及他人或集体，甚至是国家的利益问题，利益的调和需要结合既有的立法和司法现状进行多方面的考量，不能仅从个人人格尊严角度着手就认可被遗忘权本土化的必要

---

① 伍艳：《论网络信息时代的"被遗忘权"——以欧盟个人数据保护改革为视角》，《图书馆理论与实践》2013年第11期。

② 参见 letter of 31.6.2014 from Google Global Privacy Counsel Peter Fleischer to Isabelle Falque-Pierrotin, Chair of the Article 29 Working Party,〈https://docs.google.com/file/d/0B8syaai6SSfiT0EwRUFyOENqR3M/edit〉accessed 14.2.2015, 11.

③ Jeffrey Rosen, "The Right to Be Forgotten", *Stanford Law Review*, 64, 2012.

性。另外,虽然我们一直在强调个人信息保护法、隐私权保护体系的缺失问题,但是立法总是紧跟着现实的需要而动,良好的法律作为上层建筑需要契合经济发展的需要,也要与现存的法律权利体系保持和谐状态。我国虽然没有被遗忘权的专项立法,但是并非没有类似的案例发生,以往的裁判经验是根据隐私权、名誉权、肖像权等类型化的人格权或者一般人格权权益保护范畴去进行解释的,即便未来的个人信息立法将被遗忘权纳入,依然要处理好与这些权利的关系。另外,被遗忘权作为一种个人信息主体的事后救济途径,信息主体通常只有在已经注意到不利于己的信息正在被处理时才能变得积极行动,一定程度可以从现存的侵权法体系中去找到寻求法律保护的依据。

第二个层面是从实践的角度考虑的。信息删除依现在的技术而言,由于信息储存、处理的多元化以及信息共享机制、共享范围的增多,将某些个人信息从信息储存、处理系统中完全抹除是很难做到的。即使信息在源端被删除,副本仍然可以保留在高速缓存(技术措施,以促进网络效率)或镜像网站[①]。虽然用户也可以请求缓存或内容供应商像从主网站删除信息一样从镜像网站将某些个人信息予以删除,但是对于普通网络用户而言,识别特定供应商、主机、副本难度较大。[②]为了确保这一点,舍恩伯格建议应当系统地设置信息的有效期限,最为关键的就是确立现有信息的权利保护和义务。借助可以设置存储期限的强制设备(如元信息)在信息存储期限到期后自动删除系统所储存的信息,这将确保

[①] 所谓"镜像网站"(Mirror sites),又译作"镜像站点",即把一个互联网上的网站数据"拷贝"到本地服务器,并保持本地服务器数据的同步更新,因此也称为"复制网络站点"。镜像通常用于为相同信息内容提供不同的源,特别是在下载量大的时候提供了一种可靠的网络连接。制作镜像是一种文件同步的过程,镜像网站站点与主站并没有太大差别,或者可算是为主站做的后备措施。有了镜像网站的好处在于如果不能对主站作正常访问(如某个服务器死掉或出了意外),但仍能通过其他服务器正常浏览。大多数搜索引擎都提供能够检测镜像站点的适当的过滤系统,一旦发觉镜像站点,则源站点和镜像站点都会被从索引数据库中删除。

[②] Bert-Jaap Koops, *Forgetting Footprints, Shunning Shadows: A Critical Analysis of the "Right to Be Forgotten" in Big Data Practice*, Social Science Electronic Publishing, 2011, p. 26.

个人信息主体可以在事前采取措施来行使他们的被遗忘权：在收集、存储或者分享信息之前，不用再担心没有他们的同意这些信息将会永远存留。① 但是，如何执行这些强制设备、需要投入的成本、具体执行的监管情况等都是需要互联网用户和政府、网络服务提供商进行协商、合作的问题。其次，我国没有完善的个人信息管制机构，并不像欧盟那样有着良好的信息审查和监督机制，又不能像美国那样系于行业自律，依靠市场来进行调控。我国关涉个人信息的立法数目并不少，但是多分散于各部门法中，不成体系，侵害个人信息的行为涉及面广、链条多，从个人信息收集、处理或使用的多个环节都有所体现，分散立法模式更是增加了个人信息法律保护的复杂程度。更为关键的是，我国目前没有统一的个人信息保护机构，对个人信息的管控主体没有明确的公私机构的权限、职责划分，只能通过事后的救济环节去弥补信息的不当收集、处理、使用带来的损害。可以说，配套设施的不完善，即便有法定化的被遗忘权，具体的执行情况依然令人担忧。

综合以上我国现在的个人信息的立法现状以及司法实践的情况，可知我国的法律体系不是完全不认可被遗忘权的存在和价值，只是在具体的适用层面，还需要进一步的研究，因此在完整的个人信息保护立法和监管、执行等配套设施建立起来之前，应该集中于从现行的立法和司法实践中去寻找个人信息利益的保护路径。对于被遗忘权的本土化适用问题，不能操之过急，应该审慎考量。

---

① 维克托·迈尔-舍恩伯格、肯尼思·库克耶：《大数据时代》，盛杨燕、周涛译，浙江人民出版社2013年版，第207—228页。

第八章 被遗忘权的保护标准问题[*]

一、引言

被遗忘权,即"删除权"[①],其基本含义为:信息主体有权要求信息控制者永久删除有关信息主体的个人信息,除非信息的保留有合法的理由。[②] 被遗忘权的兴起系针对数字时代出现的新问题。在网络时代,信息的流动变得比以往任何时代更为自由,所有社会成员通过一个全球性信息网络联系在一起[③],人们开始用极其便捷的方式分享资讯和展现自我。数字技术的发展,让人们得以用更新的方式记录自己的日常生活,各式各样的社交软件、App 也彻底改变了人们信息互换和交流的方式。[④] 一个人的过去再也不仅仅只通过几张照片、一本日记留下的褪色的回忆来体现,而是通过运用数字化技术而由永久、清晰的方式来记录。[⑤] 然而,互联网在带来这种便利的同时,却也无时无刻

---

[*] 本章的作者为李倩,西南政法大学民商法学院博士研究生。

[①] 2016 年生效的《欧洲议会和理事会关于保护自然人信息处理以及信息自由流通条例(一般信息保护条例)》第 17 条将"删除权"与"被遗忘权"视为同一概念。

[②] 郑远民、李志春:《被遗忘权的概念分析》,《长春师范大学学报》2015 年第 1 期。

[③] 王丽萍:《信息时代隐私权保护研究》,山东人民出版社 2008 年版,第 34 页。

[④] 贺栩栩:《比较法上的个人数据信息自决权》,《比较法研究》2013 年第 2 期。

[⑤] Cayce Myers, "Digital Immortality vs. 'The Right to Be Forgotten': A Comparison of U.S. and E.U. Laws Concerning Social Media Privacy", *Romanian Journal of Communication and Public Relations*, 16, 2014.

不在束缚着人们。关于人们信息片段的线索可能永远被保留在网络之上，而且通过搜索引擎触手可及。数字化信息能长久无损地保存，这使得有着不堪经历的人很难有重新开始的机会。① 现实生活中容易被遗忘的耳语，在互联网之中可以变成永久的生活史，人们从孩提时代便开始积累的详细记录将陪伴人们一生。过往一切皆会记录在案，网络上每个人都很难逃开自己的过去。从这个角度来看，互联网像是一位"残忍的历史家"②。面对信息社会中逐渐失控的个人信息，一个新的概念——"被遗忘权"悄然兴起。

2000年10月，阿根廷议会通过了Ley 25.326《综合信息保护法》，该法规定公共和私人的信息库如何被收集、处理，还包括个人信息的分类。该法第4条规定，信息应当准确、完整、相关，并且不能超出获取信息的目的。该条款还规定当信息没有必要性或收集信息的目的不存在时，该信息应当被删除。为了实施该法律，阿根廷的公正和人权司法部采取了一项Decreto 1558/2001规定，要求信息库删除那些对于收集时的意图没有用途的信息，甚至删除与之类似的信息。③ 这些规定与被遗忘权的内容基本一致，但这些法律中并未明确提出被遗忘权一词，阿根廷关于信息保护的一系列措施实际上是对公民被遗忘权的实质保护。在美国加利福尼亚州2013年9月通过的第568号法案（俗称"橡皮擦法案"）中，也有关于网络中信息删除权的规定。不过该法案将删除权的权利主体限定于未成年人，义务主体限定为以营利为目的的商事主体④，特别是Facebook、Twitter等社交网站，这实质上与欧盟删除权（被遗忘权）的价值定位与权利内容有

---

① 叶名怡：《真实叙事的边界：隐私侵权抗辩论纲》，《中外法学》2014年第4期。
② 丹尼尔·沙勒夫：《隐私不保的年代》，林铮顗译，江苏人民出版社2011年版，第18页。
③ Edward L. Carte, "Argentina's Right to Be Forgotten", *Emory International Law Review*, 27, 2013.
④ 薛前强：《论大数据时代未成年人被遗忘权的法律构建——兼评美国加州第568号法案》，《中国青年社会科学》2015年第5期。

所不同。另外，2015年7月，俄罗斯联邦议会官方公报发布了第264号联邦法律，该法案的主要内容是针对被遗忘权保护而对俄罗斯《信息、信息技术和信息保护法》、《俄罗斯联邦民法典》和《俄罗斯联邦民事诉讼法典》的修改，因此它也被称为"被遗忘权法"。该法案旨在限制搜索系统提供不准确的、不具有现实意义的或者违法传播的公民信息，但其中被遗忘权在规范结构上的设计侧重于明确和强调搜索系统管理者的义务，而不是直接确认公民的被遗忘权[①]，因此这也只是对被遗忘权的间接确立。

革新欧盟现有的个人信息保护框架一直是数字化欧洲日程表上的重要事项。[②]2012年1月，欧盟启动了个人信息保护改革，并公布了一系列改革方案。改革的核心举措之一，便是建立新的《欧洲议会和理事会关于保护自然人信息处理以及信息自由流通条例（一般信息保护条例）》（General Data Protection Regulation，以下简称"GDPR"），并以此取代《欧盟委员会个人信息保护以及信息流通95/46号指令》（European Data Protection Directive，以下简称《95/46号指令》）。2012年1月22日，欧洲委员会副主席雷丁（Viviane Reding）女士在"2012年欧盟个人信息改革：让欧洲成为信息时代中现代信息保护法律的领跑者"[③]的演讲中宣布，为了使人们能够控制自己的信息，有权撤回他们曾经给出的处理其个人信息的授权，欧盟委员会将在个人信息保护改革方案中提出一个新型权利——"被遗忘权"（the right to be forgotten）。自此之后，这一概念在欧盟引起热议。自GDPR草案发布以来，其中提出的被遗忘权条款饱受争议，在后来的立法程序中也曾历经数次修改。直至2016年5月4日，欧盟官方公

[①] 张建文：《俄罗斯被遗忘权立法的意图、架构与特点》，《求是学刊》2016年第5期。

[②] 罗浏虎：《欧盟个人资料保护改革研究》，西南政法大学2013年硕士学位论文，第4页。

[③] Viviane Reding, "The EU Data Protection Reform 2012: Making Europe the Standard Setter for Modern Data Protection Rules in the Digital Age", Speech 12/26 (January 22, 2012).

报发布了 GDPR 的最终版本，并于第 17 条明确规定信息主体享有被遗忘权。①至此，被遗忘权的基本内容及其在欧盟的法律地位终于尘埃落定。在 GDPR 中，被遗忘权作为一项法定权利被明确写入了法律条文，这是世界范围内被遗忘权规范保护领域的重大突破，具有重大研究价值。

对于中国人来说，互联网的出现是在 20 世纪 90 年代。二十余年后的今天，互联网的浪潮有增无减。在信息网络日益发达的今天，从网页搜索、在线聊天、收发邮件、电子商务到互联网金融，就像电灯满足了人们对光的需求一样，互联网极大地满足了人们对于信息的渴求。②与此同时，信息爆炸带来的信息删除的诉求不容忽视。从国际上的发展趋势来看，越来越多的国家和地区开始关注被遗忘权，也通过立法对该权利进行了不同程度的保护。③我国已是一个互联网大国，人们对于在互联网世界中的权利日渐重视。虽然我国已有个人信息删除的相关立法，在司法实践中也有相关判决，但其立法较为模糊，司法判决对被遗忘权的态度也不够明确。目前，学界已经逐渐认同网络中个人信息删除的重要性，但在具体删除标准，即究竟哪些个人信息应该被删除这一核心问题上，我国学界与司法实务界尚未形成成熟意见，值得进一步研究。

至今为止，我国以被遗忘权为主题的学术论文发表有三十余篇，暂无专著出版。现有的被遗忘权相关研究主要集中在以下几个方面：第一，被遗忘权在域外的演化进程及保护现状。被遗忘权是一个舶来品，我国对被遗忘权的研究主要是以欧盟被遗忘权为基础。现有研究成果大多追溯了被遗忘权在欧洲、美国等地区的演化进程并介绍

---

① 该条例于 2016 年 5 月 24 日生效，并于 2018 年 5 月 25 日在欧盟各国实施。
② 金京：《互联网产业现状与发展前景》，广东经济出版社 2015 年版，第 1 页。
③ 连志英：《大数据时代的被遗忘权》，《图书馆建设》2015 年第 2 期。

了其保护现状。① 总体来看,被遗忘权在域外的发展脉络已经相当清晰,但对于欧盟2016年最新的立法进展,而且是最重要的立法文本GDPR,目前的研究成果涉及尚少,因此有必要对欧盟GDPR做进一步研究。第二,被遗忘权的概念。现有的研究成果大多都对被遗忘权的概念进行了拟定,学界已经普遍认同,被遗忘权的内涵是个人信息删除;但被遗忘权针对的信息范围处于持续的争论之中,即被遗忘权的外延尚未厘清。个人信息删除标准的确立本质上是对被遗忘权外延的清晰化,因此个人信息删除标准,也即被遗忘权的保护标准亟待确立。第三,被遗忘权的权利属性。自被遗忘权进入中国学界以来,其法律性质之争一直存在。争议的主要焦点在于,被遗忘权究竟是属于隐私权还是个人信息权。目前较为主流的观点认为,被遗忘权在学理上应属于个人信息权的范畴,笔者赞同这一观点,并将立足这一前提展开探究。第四,被遗忘权与相关权利的冲突及其弥合。现有的研究已经注意到了被遗忘权与其他相关权利,如表达自由、知情权等权利的冲突,并试图通过适当限制被遗忘权的外延来弥合这些权利之间的冲突。但学界对被遗忘权的外延一直没有形成一致意见,因此被遗忘权的保护范围或标准仍是今后研究的重点。最后,被遗忘权中国本土化的可行性与必要性。基于我国已有的信息删除相关立法、我国公民对信息删除的需求以及网络服务提供者对个人信息的处理方式,我国学界基本赞同被遗忘权的中国本土化。但在我国未来被遗忘权保护的具体构建层面,现有研究成果涉及尚少,被遗忘权的保护目前还缺乏操作性。

总体而言,我国目前被遗忘权的相关研究日渐精微,并在相关问题上达成了一定共识,但尚有诸多争议之处与空白地带有待探讨。其中,被遗忘权的保护标准问题对于被遗忘权概念外延的确定、与相关

---

① 王茜茹、相丽玲:《被遗忘权的演化进程研究》,《现代情报》2015年第9期。

权利冲突的弥合具有重要意义，同时也是今后建立具体的被遗忘权保护规则时不可回避的难题，也是本章研究的重点。

本章中运用的研究方法主要有三种：第一，比较研究的方法。由于被遗忘权原非中国本土概念，因此对它的研究需要借鉴大量域外文献，特别是欧洲的文献。本章拟对被遗忘权在欧盟的法律基础上做深入分析，并结合中欧信息技术的发展程度、信息保护观念的差异，阐明我国在保护被遗忘权时应与欧盟有不同的态度和力度。第二，法社会学的方法。被遗忘权的本土化旨在解决我国互联网中的信息删除问题，该制度的必要性很大程度上取决于我国互联网发展现状以及言论自由保护现状。社会学的研究方法有助于合理地分析中国社会对被遗忘权的接纳程度。第三，法解释学的方法。被遗忘权的法律适用问题是其在本土化的过程中不能回避的问题。鉴于我国现有法律体系中暂无关于被遗忘权的直接法律依据，本章将通过解释学的方法归纳出我国现有法律、行政法规、司法解释中包含的被遗忘权保护标准。

在本章内容撰写之际[1]，恰逢我国"被遗忘权第一案"的判决书公布，又逢欧盟 GDPR 中被遗忘权条款的最终确立，这些资料为本章内容提供了源头活水，使本章内容具有较强的针对性和时效性。被遗忘权是否应该中国本土化这一问题已被广泛讨论，本章对此不再赘述，而是着重研究我国被遗忘权本土化过程中将会遇到的难题，即被遗忘权在我国的保护标准问题。在被遗忘权的性质认定和法律依据的问题上，本章不建议将被遗忘权纳入隐私权的范围，而是在现阶段，以我国已有的司法判决为基础，将个人信息删除界定为一种人格利益，并在满足一定的条件之后作为《侵权责任法》第 2 条的人身权益加以保护，具有较强的现实意义。

---

[1] 本章内容写作于 2016 年 8 月。

二、被遗忘权保护标准问题的提出

（一）被遗忘权的内涵：个人信息删除

从字面上看，"被遗忘权"这一概念似乎是把日常生活中"被遗忘"这种心理状态视为一种权利，不能清晰地反映出权利所指向的法益，因此不像是一种规范的权利类型。而实际上，这是一种较为形象的表述，它并不是指被主观上"遗忘"，而是指客观上"有权删除"。

我国对被遗忘权的关注主要源自欧盟 GDPR 草案[①]中的被遗忘权条款。2012年以来，随着 GDPR 草案在欧盟的出台与修改，被遗忘权的概念一直扑朔迷离。2016年5月，GDPR 最终版本得以确立并正式生效，其第17条被命名为"删除权（被遗忘权）"。在该条文中，被遗忘权与删除权被视为相同，并可以混用。同时，该条文主要阐述了被遗忘权的内容，即在条文列举的某些情形下，信息主体有权要求信息控制者立即删除与之相关的个人信息，信息控制者有义务立即删除该个人信息，此外还规定了若干例外情形。[②] 由此也可以看出，GDPR 第17条虽未给被遗忘权一个确切定义，但使人们对于该权利有了一个较为直观、明确的认识。在此之前，欧盟有学者将被遗忘权定义为：当个人信息对于收集目的而言不再必要时，自然人有权删除已被公开的信息，防止其进一步传播。[③] 与 GDPR 第17条类似，该定义也将被遗忘权解释为信息删除的权利，只是仅将信息删除的条件设定为"个

---

① 蔡雄山：《网络世界里如何被遗忘——欧盟网络环境下个人数据保护最新进展及对网规的启示》，《网络法律评论》2012年第2期。

② Proposal for a Regulation of the European Parliament and of the Council on the Protection of Individuals with regard to the Processing of Personal Data and on the Free Movement of Such Data (General Data Protection Regulation).

③ Antoon De Baets, "A historian's View on the Right to Be forgotten", *International Review of Law, Computers & Technology*, 30, 2016.

人信息对于收集目的而言不再必要"。也有学者将其定义为:个体将其特定信息从互联网上予以删除从而使第三人无法再对其进行追踪的一种主张。① 这一解释更为简洁,同样强调了被遗忘权是一种删除的权利,并说明该删除的后果是使得"第三人无法再对其进行追踪"。

我国学者们对被遗忘权的理解莫衷一是,较被认同的一个笼统定义为:信息主体有权要求信息控制者永久删除有关信息主体的个人信息,除非信息的保留有合法的理由。② 其他的定义方式也与之类似,如"信息主体有权要求信息控制者永久删除某些有关其个人信息的权利"③ 或"信息主体请求删除其个人信息(尤其是脱离情境的信息),并阻止该信息被进一步散播的权利"④ 等等,其核心内容都是个人信息删除,只是在删除条件的界定上有所不同。由此观之,被遗忘权的内涵是个人信息删除。同时,这种删除权并非毫无边界,信息主体只在某些情形下有权删除其个人信息,信息删除的具体范围构成了被遗忘权的外延。

同时值得注意,被遗忘权并不是真的让过往的个人信息被彻底忘却,而是避免其被重新提起和传播。毋庸讳言,虽然被遗忘权对不当信息的进一步传播有一定的预防作用,但它主要是一种救济性的权利。在删除的权利行使之前,相关信息早已在网络上传播,而由于网络信息的特殊性,它几乎可以被互联网用户随意地下载、复制和保存。在对搜索引擎行使删除权之后,虽然可以阻止信息的进一步传播,但这种阻止并不是绝对的,保存在 U 盘里的信息可以通过线下传播,当然,这种传播的范围和速度要比删除权行使之前小得多。无论如何,被遗

---

① Rolf H. Weber, "On the Search for an Adequate Scope of the Right to Be Forgotten", *JIPITEC*, June 2015.
② 郑远民、李志春:《被遗忘权的概念分析》,《长春师范大学学报》2015 年第 1 期。
③ 薛亚君:《数字时代个人信息的被遗忘权》,《情报理论与实践》2015 年第 4 期。
④ 罗渊虎:《被遗忘权:搜索引擎上过时个人信息的私法规制》,《重庆邮电大学学报(社会科学版)》2016 年第 3 期。

忘权之下的个人信息并不会真正被完全遗忘。① 实际上，要被所有人完全遗忘并不现实，个人信息可能被永远保存在一个不为人知的角落，不被人们随时翻出便是被遗忘权的胜利。

（二）被遗忘权的价值：个人信息自决

我国学界对被遗忘权的价值定位尚存争议，而对被遗忘权不同的价值定位实际上决定了信息删除的不同范围。若将被遗忘权视为对个人隐私的保护②，那么信息主体有权删除的信息范围应仅限于隐私信息。若将被遗忘权定位于使人们"摆脱过去的历史给他造成的阴影"③、"从零开始"④、"让社会接纳不断发展的人们"⑤，那么被删除的信息应仅仅为关于信息主体的负面、不当的信息。如果认为被遗忘权的价值追求在于保护公民的"信息自决权"⑥或"信息控制权"⑦，那么被遗忘权针对的个人信息范围应比前述两种大得多。

笔者认为，上述第三种理解更为合理。隐私信息和负面信息属于删除权对象的一部分，但并非全部。对于隐私信息的删除，实际上我国立法中早有体现。当公民隐私权受到侵害时，"消除影响"这一侵权

---

① 侯学宾：《网络世界里的"被遗忘权"》，《检察日报》2015年1月21日，第7版。
② 牛一心：《从"被遗忘权"看数字化节制》，《青年记者》2014年第33期；陈昶屹：《"被遗忘权"背后的欧美法律"暗战"》，《法庭内外》2014年第11期。
③ 陶乾：《论数字时代的被遗忘权——请求享有"清白历史"的权利》，《现代传播》2015年第6期。
④ Bert-Jaap Koops, *Forgetting Footprints, Shunning Shadows: A Critical Analysis of the "Right to Be Forgotten" in Big Data Practice*, Social Science Electronic Publishing, 2011, p. 26.
⑤ 李倩：《被遗忘权在我国人格权中的定位与适用》，《重庆邮电大学学报（社会科学版）》2016年第3期。
⑥ A. Rouvary, Y. Poullet, "The Right to Informational Self-Determination and the Value of Self-Development: Reassessing the Importance of Privacy for Democracy", in *Reinventing Data Protection*, edited by S. Gutwirth, P. De Hert, Y. Poullet, Springer, 2009, p. 56.
⑦ Jef Ausloos, "The 'Right to Be Forgotten'–Worth Remembering?" *Computer Law & Security Review*, 28, 2012.

责任承担方式往往隐含了删除被公布的隐私信息的意思。若被遗忘权针对的信息仅仅是隐私信息，那么这一新概念的意义便荡然无存。因此，将被遗忘权的价值定位于个人隐私保护这一观点过于狭隘。对于负面信息的删除，有学者提出，人们对于被遗忘的需求来源于希望自己过去的不当行为被社会宽恕的需求，被遗忘权旨在通过删除过时的、负面的信息给予曾经失败过的人第二次机会，让社会能够接受随着时间不断发展的人们。① 笔者也认为，删除网络中的负面信息能很大程度上减少它们的传播，避免产生更恶劣的影响，从而有助于信息主体融入未来的社会。从这个意义上讲，被遗忘权的提出意义重大。因此，笔者赞同被遗忘权的对象包括负面的个人信息，但其不限于此，被遗忘权有更广阔的适用空间，最终指向信息自决权。另外，从本章将要探讨的欧盟 GDPR 第 17 条中也可以看出，欧盟对被遗忘权行使条件的设定也反映了其对信息自决权的追求。

信息自决权，即自然人对个人信息自我决定的权利，其核心在于信息主体对其自身信息的选择与控制。换言之，即由信息主体自由地决定其个人信息可于何时、何地、以何种方式被收集、储存、处理和利用。② 个人信息控制权源于信息社会中个人信息大规模商业利用产生的风险，为抵制个人信息被滥用的行为，自然人对其个人信息的控制权尤为重要。③ 欧盟有学者明确提出，被遗忘权正是以最纯粹的形式提出了个人信息的所有权以及更加重要的信息主体的控制权，使得个人能够决定如何处理其信息，甚至在信息离开他后仍然保留这种控制权。④ 笔者认同这一观点，在信息时代，以信息自决权或控制权为价值

---

① 维克托·迈尔-舍恩伯格：《删除：大数据取舍之道》，袁杰译，浙江人民出版社 2013 年版，第 21 页。
② 姚岳绒：《论信息自决权作为一项基本权利在我国的证成》，《政治与法律》2012 年第 4 期。
③ 崔聪聪：《个人信息控制权法律属性考辨》，《社会科学家》2014 年第 9 期。
④ Jef Ausloos, "The 'Right to Be Forgotten'–Worth Remembering?" *Computer Law & Security Review*, 28, 2012.

定位的被遗忘权更符合人们对个人信息保护的需求。但也有学者提出了对信息自决权的质疑，认为个人信息自决权代表的是一种极其不确定的个人意志，这就导致了在保护这种意志时，权益的边界过于模糊，难以形成有效保护；同时，自决权理论一直忽略了社会个体之间信息交流的重要意义，一定程度上甚至会抑制信息交流的繁荣和人类社会的发展。[①] 笔者认为，这一观点是对个人信息自决权的误解。信息自决并不代表让人们牢牢控制自己所有的个人信息，它实质上仅仅是一种个人信息保护的理念。个人信息自决并非绝对，而是让人们有权在适当范围内决定自己个人信息的处理。

（三）被遗忘权的外延：基于保护标准的确立

被遗忘权的外延，即个人信息删除的条件和范围，是定义被遗忘权的难点。纵观欧盟被遗忘权的立法和司法历程，被遗忘权的外延一直处于变动之中。从前文所述的欧盟学者对被遗忘权的定义中，也可以看出他们对信息删除条件的不同界定。早在被 GDPR 所替代的 1995 年《95/46 号指令》中，被遗忘权的理念在欧盟已经存在。《95/46 号指令》第 12 条第 2 款规定，各成员国应该保证信息主体对于信息控制者的权利：当信息的处理违反本指令，特别是当信息不完全（incomplete）、不准确（inaccurate）时，信息主体有权纠正、删除或切断该信息。[②] 这一条款通常被认为是被遗忘权的雏形。但其确立的被遗忘权外延与 GDPR 中的并不完全一致，而这也导致了学界对被遗忘

---

① 杨芳：《个人信息自决权理论及其检讨——兼论个人信息保护法之保护客体》，《比较法研究》2015 年第 6 期。

② 原文为：Member States shall guarantee every data subject the right to obtain from the controller: as appropriate the rectification, erasure or blocking of data the processing of which does not comply with the provisions of this Directive, in particular because of the incomplete or inaccurate nature of the data.

权概念认知的混乱。《95/46 号指令》第 12 条将被遗忘权针对的信息界定为"违反《95/46 号指令》而处理的信息，特别是不准确、不完整的信息"，谷歌案的判决也主要援引该指令，这都与 GDPR 第 17 条中被遗忘权删除条件有诸多差异。我国现有研究成果也大多依据 GDPR 草案而来，而其草案几易其稿，造成了我国学界对被遗忘权外延理解的差异。2016 年 GDPR 生效之后，被遗忘权的概念在欧盟得以确定，其外延也开始明晰。

对于我国而言，学界对信息删除的条件尚未形成一致意见。我国目前较为权威的观点认为，被遗忘权针对的是"已被发布在网络上有关自身不恰当、过时的、继续保留会导致其社会评价降低的信息"①。笔者认为这种观点有可取之处，但其仅立足于对负面信息的遗忘，对信息删除的范围限定过窄，不利于对个人信息的全面保护。也有学者在对个人信息保护提出的立法建议稿中提出，个人信息删除的条件为该信息为"非法储存的信息"或"信息处理主体执行职责已无知悉该个人信息的必要"。②笔者认为这种观点更为合理，对信息删除的条件界定较为全面，但仍有待进一步考量。在司法实践中，备受关注的"被遗忘权第一案"虽提出了相关保护标准，但其较为模糊且操作性不强，目前尚未推广。

如果说我国之前的众说纷纭是由于欧盟学界自身对被遗忘权认知的混乱，那么在 GDPR 确立之后，我国是否应该与欧盟学界保持一致，这又是我们需要面对的新问题。笔者认为，被遗忘权的本质是个人信息删除权，这一点值得我国借鉴；但对于信息删除的标准，我国不应该亦步亦趋，而应设定符合我国信息保护现状的标准，以为今后的删除权保护打下基础。

---

① 杨立新、韩煦：《被遗忘权的中国本土化及法律适用》，《法律适用》2015 年第 2 期。
② 齐爱民：《中华人民共和国个人信息保护法示范法草案学者建议稿》，《河北法学》2005 年第 6 期。

另外，有学者在对被遗忘权进行定义时，直接把它放入互联网的背景之中，而把纸质的、非数字的信息排除在被遗忘权保护的范围之外。① 笔者认为这种定义稍显狭窄。不可否认，被遗忘权兴起于互联网时代。网络信息存储永久性、搜索即时性、传播广泛性等特点增加了人们被社会遗忘的难度，这使被遗忘权在个人信息保护的过程中愈加必要。而与网络信息相比，纸质信息的传播范围有限且不易搜索，而且随着时间的推移可能遗失或毁坏，它对人们的潜在威胁要小得多。同时，由于一些特殊的纸质信息记录涉及公共安全和国家档案管理制度，如刑事犯罪记录、人事档案等，因而不能轻易被删除，一般不属于被遗忘权的范围之内。但即便如此，过时、负面的纸质个人信息仍有被删除的必要。首先，虽然这种信息对信息主体的威胁较小，但并不是绝对安全，而复印、拍照、上传等技术的普及也增加了人们对纸质信息遗忘的难度。其次，从现有少量立法来看，删除过时个人信息的权利也不仅仅指向网络信息。如香港地区 2013 年修订的《个人资料信息（私隐）条例》第 26 条名为"删除不再需要的个人信息"规定② 中，并未把个人信息限定为网络中的信息。因此笔者认为，被遗忘权的适用范围不仅包括网络信息（即网络中流通的信息），还包括纸质信息（即存在于纸质载体上的信息），如会议记录、张贴的公告或处分记录，甚至纸质档案、犯罪记录等。

---

① 吴飞、傅正科：《大数据与"被遗忘权"》，《浙江大学学报（人文社会科学版）》2015 年第 2 期。

② 香港地区 2013 年修订的《个人资料（私隐）条例》第 26 条是关于"删除不再需要的个人信息"规定：凡信息使用者持有的个人信息是用于某目的（包括与该目的有直接关系的目的），但已不再为该目的而属有需要的，则除在以下情况外，该信息使用者须采取所有切实可行步骤删除该信息——(a) 该等删除根据任何法律是被禁止的；或 (b) 不删除该信息是符合公众利益（包括历史方面的利益）的。但严格来讲，不能将这条规定视为被遗忘权的内容，因为这里所指的可删除的个人信息范围较大，并不是专指过时的、可能引起信息主体社会评价降低的信息。

三、我国立法中隐含的被遗忘权保护标准

我国现有的法律体系中已有关于个人信息删除的相关内容，它们分散存在于法律、司法解释、行政法规之中。虽然这些规定可能与被遗忘权的内在精神不一定完全吻合，对个人信息的保护程度没有欧盟被遗忘权那样充分，但作为临时性的替代，这些规定有权利保护的作用。

（一）被遗忘权在我国立法中的间接体现

侵权行为法虽然没有确定权利的作用，但有保障权利的作用。[①]我国 2010 年开始实施的《侵权责任法》第 36 条[②]是关于互联网侵权的规定，根据该条规定，网络侵权中的被侵权人可以要求网络服务提供者采取"删除"措施，前提是网络用户的行为已经构成侵权。换言之，这里的删除措施是网络侵权救济的一种方式，而不是如欧盟 GDPR 中规定的被遗忘权相对应的义务。这一差异已经表明该条款与 GDPR 中的被遗忘权保护机制并不完全吻合。但有观点认为，在未来，若提供过时信息或经通知而不删除过时信息也构成侵权，这一规定便会成为保护被遗忘权的法律基础，因此该条款有望成为被遗忘权保护的"接口"。[③]但笔者认为，该观点对被遗忘权的理解比较狭隘，其只把删除作为侵权责任的承担方式，而不是作为一种民事义务。换言之，在被遗忘权的法律关系中，信息主体是权利主体，信息控制者是义务主体，其中不存在侵权关系。如果信息控制者仅仅在网络中处

[①] 姚辉：《人格权法论》，中国人民大学出版社 2011 年版，第 149 页。
[②] 该条前两款规定：网络用户、网络服务提供者利用网络侵害他人民事权益的，应当承担侵权责任。网络用户利用网络服务实施侵权行为的，被侵权人有权通知网络服务提供者采取删除、屏蔽、断开链接等必要措施。
[③] 杨立新、韩煦：《被遗忘权的中国本土化及法律适用》，《法律适用》2015 年第 2 期。

理某些个人信息,该处理行为本身其实并未侵犯被遗忘权(除非信息的处理本身违法,比如侵犯名誉权或肖像权等),只有在信息主体要求其删除相关信息而其未履行删除义务时,信息控制者的行为才构成对被遗忘权的侵害。

不过,根据欧盟 GDPR 第 17 条第 1 款(d)的规定,"当个人信息的处理违反法律规定时,信息主体有权要求删除该个人信息"。由此可以看出,"违反法律规定"(包括侵犯行为)本身就是删除的情形之一。而根据《侵权责任法》第 36 条,当网络用户利用网络服务实施侵权行为时,被侵权人可以要求网络服务提供者采取"删除"措施,这与 GDPR 第 17 条中的因果关系相同。从这个角度来看,当网络用户在网络中实施侵权行为时,在侵权法中,信息删除是侵权救济的方式;但从结果上看,也可以视为对删除权,即被遗忘权的实质保护类型之一。因此,这两个条文有相似之处,可以将《侵权责任法》第 36 条暂时视为被遗忘权实质保护的情形之一。

除此之外,2012 年出台的《关于加强网络信息保护的决定》第 8 条①与《侵权责任法》的规定类似,其中"删除有关信息"也仅仅是作为网络中侵权问题的救济途径。虽然蕴含了使信息主体"被遗忘"的目的,但与被遗忘权的外延有所不同。2014 年最高人民法院发布的法释〔2014〕11 号《关于审理利用信息网络侵害人身权益民事纠纷案件适用法律若干问题的规定》与《侵权责任法》第 36 条关系甚密,对网络中的信息侵权问题有更加详尽的规定,但其中的"删除"依然属于侵权救济的方式之一,还未达到欧盟被遗忘权对个人信息的保护程度。

我国的若干部门规章中也有关于被遗忘权的间接规定。除了工业和信息化部在 2011 年、2013 年先后公布的《规范互联网信息服务市场

---

① 该条规定:公民发现泄露个人身份、散布个人隐私等侵害其合法权益的网络信息,或者受到商业性电子信息侵扰的,有权要求网络服务提供者删除有关信息或者采取其他必要措施予以制止。

秩序若干规定》以及《电信和互联网用户个人信息保护规定》中对网络中的个人信息保护有所涉及以外，国家质量监督检验检疫总局、国家标准化管理委员会 2012 年批准发布、2013 年实施的《信息安全技术、公共及商用服务信息系统个人信息保护指南》（以下简称《指南》）对个人信息处理的不同阶段给予了不同的保护，并且同时涵盖网络信息和纸质信息，这是我国对个人信息保护为数不多的较为详细的规定。①《指南》第 5.5 条提出了需要删除个人信息的四种情形，即"个人信息主体有正当理由"、"收集阶段告知的个人信息使用目的达到后"、"超出收集阶段告知的个人信息留存期限"、"个人信息管理者破产或解散时，无法继续完成承诺的个人信息处理目的"。这四种情形较为详细，对公民个人信息保护的范围较广，更加接近欧盟 GDPR 中对被遗忘权的规定。但《指南》仅是国家质量监督检验检疫总局、国家标准化管理委员会发布的一个指导性技术文件，旨在为信息系统中个人信息处理不同阶段的个人信息保护提供指导，法律效力较弱。同时，《指南》是从公法的角度规定了公民个人信息删除的情形，并未直接赋予公民被遗忘权这种民事权利，其在民事司法实践中尚未引起足够重视。

2016 年 11 月，人大常委会审议通过了《网络安全法》，其第 40 至 50 条涉及网络中的个人信息保护。其中，第 40 条②明确了网络运营者"建立健全用户信息保护制度"的义务，是对网络运营者保护网络用户"个人信息、隐私、商业秘密"的总括性规定。该条把个人信息与隐私分开表述，赋予了个人信息保护的独立地位，为个人信息的保护提供了重要法律依据。第 41 条第 1 款③为网络运营者收集和使用

---

① 根据该指南的规定，在删除环节，在以下四种情形：个人信息主体有正当理由要求删除其个人信息；收集阶段告知的个人信息使用目的达到后；超出收集阶段告知的个人信息留存期限；个人信息管理者破产或解散时，若无法继续完成承诺的个人信息处理目的，要删除个人信息。
② 该条规定：网络运营者应当对其收集的用户信息严格保密，并建立健全用户信息保护制度。
③ 该条第一款规定：网络运营者收集、使用公民个人信息，应当遵循合法、正当、必要的原则，公开收集、使用规则，明示收集、使用信息的目的、方式和范围，并经被收集者同意。

公民个人信息的行为提供了一个概括性标准，即应遵循"合法、正当、必要"的原则，其类似于在我国公法中常用的"比例原则"。如果在网络中公开的个人信息可以被认为是"不正当"或"不必要"，那么网络运营者就不能继续在其网站上使用这些信息，信息主体可依法要求删除该信息，这与被遗忘权的保护理念一致。另外，该法第43条① 也提到了"删除"的权利，删除的条件是网络运营者"违反法律、行政法规的规定或者双方的约定收集、使用其个人信息"。这与前文提到的欧盟GDPR中因"个人信息的处理违反法律规定"而赋予公民信息删除权类似，也可视为被遗忘权实质保护的情形之一。

（二）个人信息删除具体标准的梳理

由上文可以看出，我国目前对于信息删除标准的规定较少，且统一性不足。其中，"违反法律规定"是行使个人信息删除权的最直接有力，也最易被认同的理由，这种情形在我国多部法律法规，如《侵权责任法》、相关司法解释以及《网络安全法》中都被明确提出。对此类信息的删除权属于被遗忘权的外延之一，也是我国立法中对被遗忘权实质保护的重要体现。除此之外，《指南》中还提出了四种个人信息删除的条件，即"个人信息主体有正当理由"、"收集阶段告知的个人信息使用目的达到后"、"超出收集阶段告知的个人信息留存期限"、"个人信息管理者破产或解散时，无法继续完成承诺的个人信息处理目的"。但如前文所述，该规定不能成为被遗忘权保护直接的请求权基础，至多可以作为司法机关参酌的裁判理由之一。

总体来看，我国相关法律文件中仅仅列明了对被遗忘权进行保护

---

① 该条规定：个人发现网络运营者违反法律、行政法规的规定或者双方的约定收集、使用其个人信息的，有权要求网络运营者删除其个人信息；发现网络运营者收集、存储的其个人信息有错误的，有权要求网络运营者予以更正。网络运营者应当采取措施予以删除或者更正。

的五种情形。其中，对个人信息的处理违反法律规定是最为直接。在《指南》中规定的个人信息删除的四种条件虽更为具体，但因其并非强行性规定，对公民个人信息的保护力度较弱。

（三）对现有个人信息删除标准的评价

有学者提出，在我国目前的法律基础之上，"完全可以实现被遗忘权的中国本土化"[①]。但笔者认为，这种观点言之尚早。根据前文的分析，信息删除在我国的法律中主要被视为侵权救济的手段之一，而不是一项积极的民事权利。从这个角度看，真正实现被遗忘权的本土化还有很长的路要走。同时，我国法律中规定的信息删除的情形较少，对个人信息保护的力度难以满足当今信息技术发展提出的挑战，对被遗忘权的实质保护尚不充分，相关法律规定有待于进一步完善。

但同时可以看到，《指南》中提出的信息删除规定虽仅仅是行业标准，却极具前瞻性。在被遗忘权保护的具体操作以及未来的立法中，《指南》第5.5条值得重视。与此同时，我国的司法机关在现有法律规定的基础上，加之对学界观点的借鉴，提出了确立被遗忘权保护标准的另一种思路。

四、我国司法实践中的被遗忘权保护标准

2015年12月9日，被称为"中国被遗忘权第一案"的"任某某诉北京百度网讯科技有限公司案"（以下简称"任案"）二审审结，案件一经公布便引起了高度关注。[②]在该案中，原告任某某因在百度搜索

[①] 杨立新、韩煦：《被遗忘权的中国本土化及法律适用》，《法律适用》2015年第2期。
[②] 刘勋：《被遗忘权案折射民事权利新要求》，《法制日报》2016年5月6日，第7版。

中键入其姓名后（于点击"搜索"键之前），在搜索栏下方的"相关搜索"列表中出现了与其以前的工作信息有关的、可能引起负面评价的关键词词条，故诉被告百度公司侵犯其姓名权、名誉权以及"一般人格权中的被遗忘权"。在此案的一审中，原告的诉讼请求被驳回，二审维持原判。

但事后，一审法官表示，该案的判决实际上并不代表我国法律否认被遗忘权。①对于被遗忘权的处理态度，该案中两审法官的意见基本一致，他们的主要立场为：第一，我国现行法律中并无对被遗忘权的明文规定，亦无被遗忘权这种权利类型。第二，原告依据一般人格权主张的被遗忘权应属一种人格利益②，该"不能涵盖到既有类型化权利之中的利益"要想成为"未被类型化但应受法律保护的正当法益"，必须具有"利益的正当性"及"保护的必要性"。③第三，由于该案件中原告的请求不具有"正当性"及"必要性"，因此其诉讼请求被驳回。正如一审法官所指，这一判决虽表面上表达了对该案中被遗忘权保护请求的拒绝立场，实则并未否定被遗忘权指向的人格利益，而是在叙明理由部分为该利益的保护提出了两个标准。因此从另一个角度看，该判决书相当于为今后对被遗忘权的实质保护提供了可能。换言之，该案中被遗忘权请求被驳回并不意味着法院不支持被遗忘权所代表的利益，而是由于此案的案情达不到相关保护标准，因此法官判决原告败诉反而让被遗忘权在中国的实质保护看到曙光。

在对被遗忘权的本土化问题的讨论如火如荼之际，此判决作为全国首例被遗忘权判决，为我国的被遗忘权研究提供了宝贵的分析样本。从法官的基本观点来看，此案确立了被遗忘权保护的新思路，即"不能涵盖到既有类型化权利之中的利益 + 符合两个标准（利益正当性、

---

① 高健、文海宣：《法院审结全国首例"被遗忘权"案》，《北京日报》2016年5月5日，第6版。
② 参见北京市第一中级人民法院（2015）一中民终字第09558号民事判决书。
③ 参见北京市海淀区人民法院（2015）海民初字第17417号民事判决书。

保护必要性）=未被类型化但应受法律保护的正当法益"。详细观之，法院在对被遗忘权的权利谱系的认定上，并未采纳学界广泛认为的"隐私权说"或"个人信息权说"，而是从"人格利益"的理论入手展开分析。笔者十分赞同法院这种态度，但是这一倾向与学界的多数观点相悖，而这一"顶层设计"问题在被遗忘权的本土化讨论中至关重要，因此值得对该案被遗忘权性质认定的合理性开展进一步研究。在说理部分，法官提出的两大标准也弥补了我国对于非典型人格权保护标准的空白，且合情合理，极具理论和实践意义。但同时，由于这一标准过于概括而缺乏现实可操作性，下文将讨论运用比例原则对该标准进行逻辑梳理的可能性及具体方法。

（一）被遗忘权属于未被类型化的人格利益

我国学界对被遗忘权的本土化问题已有诸多讨论，其中一个久争未决的问题便是被遗忘权在我国权利谱系中的法律定位问题。申言之，其争点主要集中在：从当前来看，在被遗忘权尚不独立之时，被遗忘权应该作为哪项权利的内容予以保护；从长远来看，被遗忘权是应成为一项独立的权利，还是作为其他权利的内容之一，若是后者，那么被遗忘权应该属于隐私权还是个人信息权的范畴。

目前学界对此问题莫衷一是，较为权威的观点认为，在现阶段的司法实务中，应采取"权宜之计"，将被遗忘权作为隐私权的内容；而在理论上，应当将被遗忘权认定为个人信息权的内容范畴，这种处理方案可以为今后的人格权法或者个人信息保护法的具体立法做好准备。[①]这一观点也是目前的主流观点。在我国目前的个人信息保护法缺失的情况下，隐私权与被遗忘权的联系最为紧密，追求的价值最为接

---

① 杨立新、韩煦：《被遗忘权的中国本土化及法律适用》，《法律适用》2015年第2期。

近，甚至有若干交叉，所以将被遗忘权的保护置于隐私权的羽翼之下不失为一个有效的办法。然而，一个不能忽视的问题便是，隐私权并不能够完全囊括被遗忘权的内容。换言之，两者不仅在权利内涵上有所不同，在权利外延上，被遗忘权也常常会超出隐私权的范围。隐私源于蕴藏于人性幽暗之处的羞耻之心。①尽管隐私权的含义随着时代的发展在不断地发展②，具体隐私的利益也越来越呈现出逐步扩大、日渐精细的特点③，但其权利的核心仍然在于生活安宁和私人秘密两个方面，而未来隐私权的内容的发展也应以此为基础④，因此很难说它已经扩大到可以将被遗忘权也纳入麾下的程度。就任案而言，即使是原告在起诉和上诉时的理由部分，也都未提到与隐私利益有关的论述。根据判决书的陈述，原告认为的信息删除的理由是"其已经结束了陶氏相关企业的教育工作，其不再与该企业有任何关系，此段经历不应当仍在网络上广为传播，应当被网络用户所'遗忘'；而且该企业名声不佳，在百度相关搜索上存留其与该企业的相关信息会形成误导，并造成其在就业、招生等方面困难而产生经济损失"，这样的利益诉求确实与隐私权无太大联系。

原告在起诉状中提出的诉讼请求为"一般人格权中的被遗忘权"，但实际上该表述并非一个规范的法律概念。一般人格权在我国仅仅是学理上的概念，它实际上是德国民法中，特别是德国判例中使用的说法⑤，而且它的原有含义实际上与我国的人格权体系难以契合。一般人格权这一概念兴起于德国，具有特定的法律背景。在德国，因为其民

---

① 马特：《隐私权研究——以体系构建为中心》，中国人民大学出版社2014年版，第302页。
② 阿丽塔·L.艾伦：《美国隐私法：学说、判例与立法》，冯建妹等译，中国民主法制出版社2004年版，第7页。
③ 张建文：《从王菲案看我国隐私权保护范围的扩展与保护方式的发展》，《河南财经政法大学学报》2012年第2期。
④ 王利明：《隐私权概念的再界定》，《法学家》2012年第1期。
⑤ 谢怀栻：《论民事权利体系》，《法学研究》1996年第2期。

法典中没有人格权一编，其已有的法律体系难以给予人格权充分的保护，在此背景之下才依据法院判例和法理探索创设了一般人格权的制度。而一般人格权实际上也缺乏清晰的内涵和外延，具有较大的不确定性。① 由于中国理论框架难以"消化"这一概念②，我国对一般人格权的理解也较为混乱③。因此，任案中原告将被遗忘权纳入一般人格权的诉讼思路乏善可陈。

相比之下，任案中确立的人格利益保护模式为被遗忘权的保护提供了更为合理的思路。这一思路的三个核心观点在于：被遗忘权目前在中国是一项人格利益，而且并不附属于某项具体人格权，而这一利益在满足两个标准之后将会受到法律的保护。笔者认为，较隐私权保护模式而言，这一思路更为妥当。一方面，在被遗忘权的定位问题上，法官选择这种以人格利益为依托的保护思路，而不是学者们提出的隐私权保护模式，避免了前文提到的隐私权保护模式的不周延性，也避免了再次陷入被遗忘权与个人信息权和隐私权之间的概念纠葛。而且在被遗忘权指向的人格利益被合法化之后，它将被归为《侵权责任法》第2条的"人身权益"而得到法律保护，充分做到了有法必依。另一方面，在具体的判断中，本案巧妙避开了对被遗忘权本身定义的困难（这一定义即使在欧盟 GDPR 中也未载明），而是直接提出对人格利益的保护标准，对案件进行了个案化的分析。这一思路超脱于被遗忘权的理论研究，而着眼于实际操作中的问题解决，同时开辟了被遗忘权保护的新视角，也为我国的被遗忘权理论研究注入了新鲜血液。总而言之，任案中采用的被遗忘权保护思路虽看似保守，仅从人格利益的高度展开讨论，但层层递进，有理有据，是我国当前较为可取的模式。

---

① 李新天、孙聪聪：《人格伦理价值的民法保护——以体系化视角界定人格权的内涵》，《法商研究》2014 年第 4 期。

② 薛军：《揭开"一般人格权"的面纱——兼论比较法研究中的"体系意识"》，《比较法研究》2008 年第 5 期。

③ 尹田：《论一般人格权》，《法律科学（西北政法大学学报）》2002 年第 4 期。

值得说明的是，在我国的理论及实务界，被遗忘权在字面上虽有"权"的外观，但目前并非客观法上的权利。因此，下文在提及欧盟的被遗忘权时，即指该法定权利，而涉及"我国的被遗忘权"时，则指的是被遗忘权所指向的一种利益。另外，欧盟与中国的被遗忘权不仅有法定与非法定的区别，在外延上，由于基本国情的差异，以及由此导致的保护标准的差异，中国最终所确立的被遗忘权的利益范围可能也与欧盟不尽相同。

（二）利益正当性与保护必要性标准的适用

对于"未被类型化的人格利益"的保护标准问题，在任案判决之前（《网络安全法》尚未通过），学界也提出了相关解决方案。有学者提出可以通过建立"人格保护"的基本原则，以期公开宣示未被类型化的人格利益的法律价值，同时为法官对此类权益的自由裁量提供授权与标准。[①]这一主张着眼于将来，虽然大有可取之处，但有赖于立法的修改，因此在当前不具有现实性。也有学者认为，人格利益要上升为人格权必须符合"自身具备为权属性，即正当性"、"符合社会经济发展需求和个体物质、精神要求"以及"获得国家法律的认可"[②]三个条件。实际上这一观点涉及的内容与本章探讨的内容有所不同，本章主要探讨被遗忘权从一般意义上的"人格利益"上升到受法律保护的"正当权益"的过程，尚未研究到"人格权"的高度。而其前两个条件实质上没有明显差别，因为一般符合第一个条件的也一定符合第二个条件，所以这两条其实都可以概括为"正当性"。但实际上，仅仅有正

[①] 薛军：《非典型人格利益的民法保护模式研究》，《暨南学报（哲学社会科学版）》2012年第3期。

[②] 朱珍华、金孟伶：《论人格权与人格利益的立法保护模式选择》，《理论与改革》2013年第6期。

当性显然不够，至少还应满足任案中的"保护必要性"标准，所以该观点的合理性还有待商榷。其他现有的相关研究中也几乎未提及非类型化人格利益的明确保护标准。而具体到被遗忘权的保护上，学者们的研究大都集中在对被遗忘权的价值、概念、主体、客体、权利内容以及救济方式的探究，却鲜有关于其保护标准方面的研究成果。在这一问题上，任案判决中提出了"利益正当性"与"保护必要性"标准，在某种程度上填补了这个空白，为当前被遗忘权的具体保护提供了有效方案。然而，这两个标准又过于宏观，而且在具体的判断过程中有缺乏操作性之嫌。

申言之，"利益正当性"标准中的"正当"与否的判断又需要一个标准，而且对"利益"的理解在被遗忘权的判断中也不止一种。被遗忘权又称删除权，其基本权能是要求信息控制者删除相关信息。从它的别名和权能可以看出，被遗忘权的价值主要不是目的性价值，而是工具性价值，即被遗忘权的价值主要在于满足某种更高层次的需要，这个需要在欧盟看来主要是指信息主体的自决权。那么，在对个案进行"利益正当性"的衡量时，究竟是应该考量自决权的正当性，还是删除行为本身的正当性，抑或是二者皆有呢？"保护必要性"就是一个更为宽泛的标准了，对于"必要性"的判断甚至要比"正当性"更难，后者至少还可以基于法官的朴素认知，但"必要性"需要有一个比照的对象。在被遗忘权的判断中，可以是指相对于自决权的保护是必要的，也可以指相对于这种保护所带来的负面后果是必要的，甚至是相对于这种保护对其他人格利益的损害而言是必要的。在任案中，法官通过论证原告请求删除的信息与其人格利益无关[①]而否

---

① 涉及的判决原文为："不同个人对企业商誉的评价往往是一种主观判断，而企业客观上的商誉也会随着经营状况的好坏而发生动态变化，因此不宜抽象地评价商誉好坏及商誉产生后果的因果联系。"此处法官认为百度搜索中的相关搜索并未损害原告的名誉权，与欧盟的自决权理论有所不同。参见北京市海淀区人民法院（2015）海民初字第17417号民事判决书。

认了其删除权的"利益正当性"①，通过阐明其诉求与教师的诚实信用以及客户或学生的知情权相互冲突而否认了其"保护必要性"②。且不论这一具体论证过程是否足够合理，毕竟这是一例个案，要想使这一个案确立的被遗忘权保护标准具有更强的实践意义，应当在运用"利益正当性"与"保护必要性"两大标准时辅以更加细致与规范的推论方法。

（三）比例原则对两大标准的完善

　　比例原则发源并适用于公法领域，主要着眼于"手段"与"目的"的关联性考察③，旨在将国家公权力限制在适度、必要的限度之内④。其精髓在于"禁止过度"。近年来，有学者提出它同样适用于民事立法、民事司法及民事行为领域⑤，特别是权利边界的划定⑥、对权利限制的限度控制⑦以及更为细致的无效合同判断⑧等问题。而在能否达到被遗忘权保护标准的判断中，同样夹杂着目的与手段的衡量，以及相互冲突的价值追求或利益之间的平衡。其中最棘手的问题可能在于，要求信息控制者删除信息这一诉求的正当性何在，以及如何衡量或减小删除信息所带来的对言论自由、他人知情权、公共利益等其他利益的损害，

---

　　① 此处也可以理解为否认了其"保护必要性"，一个理由的两种理解也恰恰证明了这两个标准的模糊程度。
　　② 此处涉及的判决原文为："包括任某某工作经历在内的个人资历信息正是客户或学生藉以判断的重要信息依据，也是作为教师诚实信用的体现，这些信息的保留对于包括任某某所谓潜在客户或学生在内的公众知悉任某某的相关情况具有客观的必要性。"参见北京市海淀区人民法院（2015）海民初字第17417号民事判决书。
　　③ 张红：《指纹隐私保护：公、私法二元维度》，《法学评论》2015年第1期。
　　④ 余凌云：《论行政法上的比例原则》，《法学家》2002年第2期。
　　⑤ 郑晓剑：《比例原则在民法上的适用及展开》，《中国法学》2016年第2期。
　　⑥ 王利明：《民法上的利益位阶及其考量》，《法学家》2014年第1期。
　　⑦ 马特：《隐私权研究——以体系构建为中心》，中国人民大学出版社2014年版，第306页。
　　⑧ 黄忠：《比例原则下的无效合同判定之展开》，《法制与社会发展》2012年第4期。

而这恰好是比例原则所要解决的问题。另外，比例原则本身主要适用于立法给法律运用者留有"行动空间"的情形之中①，而任案中提到的适用"利益正当性"与"保护必要性"的前提是某种人格利益"必须不能涵盖到既有类型化权利之中"，这也恰好是比例原则适用的重要前提。由此观之，比例原则与任案中两个标准有着高度的契合，而比例原则实际上也可以为两个标准提供更具逻辑性和严密性的推论过程。因此比例原则的适用范围不应当囿于公法领域，在我国司法实践中对被遗忘权保护与否的判断中也可以适用，从而有效弥补任案确立标准中逻辑性和操作性不强的缺陷。

主流的比例原则内容采"三阶说"，即妥当性原则，也称适当性原则、合目的性原则；必要性原则，也称最小伤害原则；均衡性原则，也称狭义的比例原则。②另外，这三个要件在逻辑上层层递进，适用时必须按照顺序进行逐一检测，方能得出科学的结论，这也是该学说被称为"三阶说"而不是"三要件说"的原因。在对被遗忘权保护问题的判断中，要深入领会比例原则的每一个子原则的特殊含义，不能仅仅依照字面意思进行理解。以妥当性原则为例，妥当与否的判断不是无的放矢，而是要求"信息删除"这一手段有助于"某一目的"的达成。而这又衍生出一个新的问题：对于删除权这种新型权利或者新的"手段"，对其正当性进行判断时是否应该考量其所追求的价值或"目的"的正当性？答案是肯定的。因为若被遗忘权的价值目标不值得保护，那么作为实现目标的手段，被遗忘权的保护当然没有任何意义。基于类似的考虑，我国有学者提出了"目的正当性"对比例原则的重

---

① 范剑虹：《欧盟与德国的比例原则——内涵、渊源、适用与在中国的借鉴》，《浙江大学学报（人文社会科学版）》2000 年第 5 期。
② 参见陈新民：《德国公法学基础理论》（下），山东人民出版社 2001 年版，第 368 页；姜昕：《比例原则释义学结构建及反思》，《法律科学（西北政法大学学报）》2008 年第 5 期；姜昕：《比例原则研究：一个宪政的视角》，法律出版社 2008 年版，第 33—36 页；张翔：《基本权利的规范建构》，高等教育出版社 2008 年版，第 72 页。

要作用①，甚至有学者提出对比例原则进行"四阶"重构时加入"目的正当性"原则②。笔者对此非常赞同，在比例原则中，至少在被遗忘权保护问题的判断中，为了利益保护的正义，在"三阶说"之前，应该加入对"目的正当性"这一要素的判断。

因此，笔者认为，在被遗忘权保护问题的具体判断中，比例原则的适用步骤如下：

第一步，目的正当性的判断，即个案中信息删除诉求的目的是否正当。如前文所述，被遗忘权的设立初衷在于信息主体的自我控制权，其中也可能涉及其他人格利益，如隐私、名誉，甚至是更为具体的"给曾经失败的人第二次机会"③、"让个体重新开始"④等等。由于我国对被遗忘权的终极目标还没有统一的认识，在具体个案中，有待法官结合我国宪法保护的公民基本权利范围，对案件中信息删除权的目的是否正当予以判断。

第二步和第三步均属于事实判断。第二步，合目的性的判断，即删除相关信息是否有助于正当目的的实现。对此法官根据案情进行推论即可。第三步，最小伤害性的判断，即在达到某正当目的的多种手段中，信息删除是否为伤害最小的手段。我国学界对此问题尚未涉足，司法实践中能动司法的不足也导致法官往往只判断原告请求是否合理合法，很少去寻求解决原告需求的其他方案。实际上，我国《指南》中已经提出了相应办法，即"匿名化处理"⑤，即不需要在收集阶段告知

---

① 参见谢立斌：《药店判决》，载张翔主编：《德国宪法案例选释（第1辑）：基本权利总论》，法律出版社2012年版，第66页；许玉镇：《比例原则的法理研究》，中国社会科学出版社2009年版，第55页。
② 刘权：《目的正当性与比例原则的重构》，《中国法学》2014年第4期。
③ 维克托·迈尔-舍恩伯格：《删除：大数据取舍之道》，袁杰译，浙江人民出版社2013年版，第21页。
④ 连志英：《大数据时代的被遗忘权》，《图书馆建设》2015年第2期。
⑤ 《信息安全技术、公共及商用服务信息系统个人信息保护指南》5.5.2：收集阶段告知的个人信息使用目的达到后，立即删除个人信息；如需继续处理，要消除其中能够识别具体个人的内容；如需继续处理个人敏感信息，要获得个人信息主体的明示同意。

的个人信息使用目的达到后立即删除信息，而是在继续处理的过程中"消除其中能够识别具体个人的内容"。另外欧盟 GDPR 对此也做了立法上的探索，其中第 18 条规定了"限制处理权"（right to restriction of processing）①，即在某些情形下信息主体有权限制信息的处理，而不是用一刀切的方式赋予信息主体要求删除信息的权利，这与被遗忘权相比，不失为一种更为缓和的个人信息保护方式。

第四步，均衡性地判断，即信息删除这一手段造成的伤害与目的效果之间是否相称。对被遗忘权而言，实质上是在行使删除权损及的其他利益和被遗忘权追求的利益之间的选择，这需要法官进行价值判断，在相互抵牾的利益之间进行衡量。利益衡量是新型案件中处理处于萌芽或者上升时期的利益与既有利益发生冲突时常常用到的裁判方法。②但在立法不足甚至空白的情况下，仅依照法官意志进行科学合理的价值判断并非易事。对于利益衡量的展开，学者们提出了"利益层次结构的规律"③、"实体性论证规则"④、"先例判决"和"利益衡量的程序性规范"⑤等应该遵循的方法，甚至提出利益衡量的具体步骤⑥。对于被遗忘权而言，我国学者也提出了利益衡量时应遵循的一些规则，如被遗忘权的保护不应损害"言论自由"、"公共卫生"、"科学研究"等利益。⑦但利益衡量归根结底是一种主观行为，既然由法官主观判断，

---

① 即在一定的条件下，信息主体可以限制信息控制者对个人信息的处理，而不是删除该信息。
② 孙光宁：《利益衡量方法在新型案件中的运作方式》，《法律适用》2013 年第 8 期。
③ 梁上上：《利益的层次结构与利益衡量的展开——兼评加藤一郎的利益衡量论》，《法学研究》2002 年第 1 期。
④ 王轶：《民法价值判断问题的实体性论证规则——以中国民法学的学术实践为背景》，《中国社会科学》2004 年第 6 期。
⑤ 李国强、孙伟良：《冲突解决中的利益衡量——从民法方法论的进化到解释规则的形成》，《法制与社会发展》2012 年第 1 期。
⑥ 包括"确定冲突的双方法益"，"对双方的法益予以评价"以及"衡量双方的法益"。参见马特：《权利冲突中的利益衡量与动态抉择——以罗伊诉韦德案为例》，《江西社会科学》2014 年第 8 期。
⑦ 郑志峰：《网络社会的被遗忘权研究》，《法商研究》2015 年第 6 期。

那么就无法彻底摆脱适用时可能出现的恣意。基于这一考虑，有观点甚至认为比例原则纯粹是"一纸空文"，因为它并不提供"具有客观性和规范性的判断标准"。① 所以即便比例原则具有严密的逻辑性，但其仍有固有的缺陷，即判断的结果缺乏一个确定的预期。因此，在被遗忘权的保护标准上，比例原则的运用固然重要，但依然有待于建立起更加详细、确定的判断规则。面对这一难题，我国可以适当借鉴欧盟 GDPR 中的被遗忘权条款，其中明确列举了其受到保护的情况与不受保护的情形，这对我国将来的司法解释或司法实践都有重要参考意义。

五、欧盟被遗忘权保护标准对我国的启示

（一）《一般信息保护条例》中的被遗忘权条款

2012 年 1 月 25 日，被遗忘权这一新概念在 GDPR 草案②中被正式提出③。2014 年 3 月 27 日，该草案经过欧洲议会一读程序之后做了些许改动，其第三章第三部分第 17 条标题由"被遗忘权和删除权"（right to be forgotten and to erasure）改为"删除权"（right to erasure），"被遗忘权"这一新概念未被采用。不过该条标题之下的具体内容（信息

---

① 转引自郑晓剑：《比例原则在民法上的适用及展开》，《中国法学》2016 年第 2 期。
② Proposal for a Regulation of the European Parliament and of the Council on the protection of Individuals with regard to the Processing of Personal Data and on the Free Movement of Such Data (General Data Protection Regulation).
③ GDPR 草案 2012 年 1 月首次发布时，其中第三章第三部分第 17 条（right to be forgotten or to erasure）第 1 款规定，信息主体有权要求信息控制者消除或不再继续扩散其个人信息，特别是信息主体在青少年时期公开的信息。这些情形主要包括：（a）对于信息收集和使用的目的而言，个人信息不再是必需的；（b）信息主体撤销信息采集授权、信息存储期限失效或者信息采取行为失去法律正当性；（c）信息当事人拒绝信息的处理；（d）信息的处理不符合本草案的其他规定。

删除的条件）只有较小的增减，与此前相比未做重大改动①。2014年5月13日，欧盟法院在"谷歌诉冈萨雷斯案"②中判令谷歌公司删除其网站上关于冈萨雷斯在十六年前因拖欠保险费而被政府强制拍卖房产的"不完整（inadequate）、不相关（irrelevant）、超出信息使用目的（excessive）"的搜索链接。这一创新性判决被认为实质上确认了被遗忘权的合法性与可诉性③，具有里程碑的意义。2016年5月4日，经过欧盟议会和部长理事会的二读程序之后，欧盟官方公报发布了最终版本的GDPR，其中第17条的标题定为"删除权（'被遗忘权'）"，即"right to erasure（'right to be forgotten'）"，这标志着被遗忘权在欧盟的正式确立。

虽然新的GDPR没有界定被遗忘权的定义，但第17条以被遗忘权为标题，并在条文中明确列举了被遗忘权行使的具体条件，为被遗忘权保护提供了较为清晰的法律预期。GDPR共11章，99条，其主要内容包括"一般条款"、"原则"、"信息主体的权利"、"控制者和处理者"、"个人信息向第三国或国际组织的流动"、"独立的监督机关"、"协作与一致"、"救济、责任和惩罚"、"特殊处理情形的规定"、"代表行为和执行行为"、"最后条款"。被遗忘权规定在第3章"信息主体的权利"中的第17条"删除权（被遗忘权）"，表面上看虽然只有一个条文，但条文中的概念和内容涉及GDPR的多个其他条款，在理解被遗忘权含义时，需要将其放入信息主体的"权利群"中进行解读。GDPR第17条规定了信息主体有权删除个人信息的情形，

---

① 该草案在2014年3月通过欧洲议会的一读程序后做了修正，第17条中除了标题删掉了"被遗忘权"之外，在内容上将最后一种情形（d）删去，并增加两种情形：（d）法院或其他管理机构下令删除；（f）信息采集行为非法。

② 参见Case C-131/12, Google Spain SL and Google Inc. v. Agencia Española de protección de Datos and Mario Costeja González.

③ 范为：《由Google Spain案论"被遗忘权"的法律适用——以欧盟数据保护指令（95/46/EC）为中心》，《网络法律评论》2013年第2期。

具体条文如下：

    1. 在下列情形下，信息主体有权要求信息控制者立即删除与之相关的个人信息，信息控制者有义务立即删除该个人信息：（a）该个人信息对于其收集和处理的目的而言不再是必要的；（b）信息主体撤回了根据本条例第 6 条第 1 款第 a 项①和第 9 条第 2 款第 a 项②的规定给出的信息处理授权，或者信息的处理没有其他的法律依据；（c）信息主体根据本条例第 21 条第 1 款③的规定拒绝信息的处理，并且对该信息的处理没有更合理的理由，或者信息主体根据本条例第 21 条第 2 款④的规定拒绝信息的处理；（d）该个人信息的处理已经违法；（e）删除个人信息是为了履行欧盟法律或信息控制者所在成员国法律中规定的义务；（f）该个人信息的收集与本条例第 8 条第 1 款⑤中规定的信息社会服务⑥的提供有关。

    2. 当信息控制者将相关个人信息公开，并且根据本条第 1 款

---

    ① 其内容为：当信息主体基于一个或多个特定目的授权其个人信息的处理时，该处理行为合法。

    ② 其内容为：当信息主体基于一个或多个特定目的授权其特殊的个人信息（反映种族或人种的信息、政治观点、宗教信仰、工会会籍、基因信息、用于唯一识别自然人的生物信息、健康信息、性生活、性取向）的处理时，该处理行为可不被禁止，除非欧盟法律或成员国法律规定该禁止不能被信息主体所解除。

    ③ 其内容为：当个人信息的处理或个人刻画（profiling）因其符合公共利益，或因属行使信息控制者被赋予的官方权力的行为，或因符合信息控制者、第三方的合理利益而被认定为合法处理时，信息主体有权根据其特殊情形而拒绝该处理行为。信息控制者将不能继续处理该个人信息，除非证明该处理有极其合理的理由或为了法律诉讼的提出、实施和防御。

    ④ 其内容为：当个人信息的处理用于直接的营销目的，信息主体有权随时拒绝该处理行为，包括与直接营销有关的个人刻画（profiling）。

    ⑤ 其内容为：当直接向未成年人提供社会信息服务时，该未成年人必须已满 16 周岁，该信息处理行为才合法。若向未满 16 周岁的未成年人提供该社会信息服务，必须得到其监护人的同意或授权。在欧盟成员国，该限制年龄可以低于 16 岁，但不能低于 13 岁。

    ⑥ 信息社会服务主要指以营利为目的，根据服务接收者的请求，通过电子方式远距离提供的服务。参见 directive (eu) 2015/1535 of the european parliament and of the council of 9 September 2015 laying down a procedure for the provision of information in the field of technical regulations and of rules on Information Society services (codification)，第 1 条第 1 款第（b）项。

的规定有义务删除该个人信息时,考虑到技术和实施成本的因素,该信息控制者应采取合理的行动,包括运用技术手段,通知正在处理该个人信息的其他信息控制者删除相关链接、拷贝或复制。

3.本条前两款规定不适用下列必要的个人信息处理的情形:(a)为言论自由权和信息自由权的需要;(b)为履行欧盟法律或信息控制者所在成员国法律中规定的义务,或为公共利益,或者是为行使信息控制者被赋予的公权力;(c)基于本条例第9条第2款第(h)、(i)项和第3款中的公共卫生目的[①];(d)基于本条例第89条第1款中的规定的档案目的、科学或历史研究目的、统计目的;(e)为了诉讼请求的提出、实施和防御。

从条款内容来看,第1款和第3款主要通过设立积极条件和消极条件来建构被遗忘权的保护标准,第2款是对信息控制者通知其他信息控制者义务的规定。该条款作为被遗忘权的确权条款,具有重大意义。从中可以看出,欧盟在设立被遗忘权保护的积极标准的时候,其着眼点已与二十余年前制定《95/46号指令》时大不相同,不仅仅关注个人信息本身的完整性、准确性,而是更多地考量信息处理必要性与合法性,以及信息主体的同意或拒绝这一因素,甚至考虑到信息社会服务(如网上购物)中的个人信息处理。这种思路综合了各种影响因素,最大可能地保护了信息主体的自决权,同时也紧紧跟随经济与科技的发展步伐。在消极标准的设立中,GDPR第17条明确列举了为言论自由权、信息自由权、公共卫生、档案目的、科学或历史研究目的、统计目的、履行法律义务、行使官方授权、满足法律诉讼需要这几类"必要"的信息处理情形作为被遗忘权保护的例外。此处穷尽了信息主体

---

① 公共卫生包括消除跨国健康威胁以及保障卫生保健、医药产品和医疗器械的质量和安全等。

不享有删除权的情形，给出了一个较为明确的法律预期，只是这里的"必要"仍是一个模糊用语，还有待于司法实践中法官的自由裁量。

该条款的另一个特点在于其中诸多款项都与 GDPR 的其他条例具有紧密的关联性。换言之，在对欧盟被遗忘权保护标准研究时，要将其放入整个信息主体的"权利群"中加以理解，诸如"更正权"（right to rectification）、"限制处理权"（right to restriction of processing）、"信息可携权"（right to data portability）、"拒绝权"（right to object）等等。这也在某种程度上说明，欧盟的个人信息保护已经逐渐走向体系化、成熟化。

（二）第 29 条信息保护工作组[①] 发布的删除标准

2014 年 11 月，在谷歌案判决做出以后，欧盟第 29 条信息保护工作组发布了《谷歌案（C-131/12）判决的适用指南》[②]，在对谷歌案判决进行解释的基础上，提出了个人信息删除的若干参考标准，旨在为信息保护机构应对此类删除请求时提供衡量的依据。文件中明确列举了 13 项个人信息删除的参照标准，并为每一条标准提供了详细解释。同时，工作组指出每一条标准的运用都必须以欧盟法院建立的原则为基础，同时应保证公众对信息的获取权。具体的参考标准如下：

1.搜索结果是否与自然人相关，以及当搜索一个人的名字时，是否会获得相关搜索结果。谷歌案的法官认为，基于个人姓名的搜索引擎结果对个人隐私有着重要影响。当个人发现自己网络搜索可以显示

---

① 该工作组于 1995 年在《欧盟委员会个人信息保护以及信息流通 95/46 号指令》中设立，是欧盟一个关于信息保护和隐私的独立咨询机构。

② Article 29 Data Protection Working Party, Guidelines on the Implementation of the Court of Justice of the European Union Judgment on "Google Spain and Inc. v. Agencia Española de Protección de Datos(AEPD) and Mario Costeja González" C-131/12., 2014.

其真实信息时，信息保护机构应该考虑在网络中使用个人的别名或化名，而不是真实姓名。

2. 该信息主体在公共生活中是否扮演一定的角色，其是否属于公众人物。欧盟法院认为，当一个人在社会公共生活中扮演一定的角色时，对他们信息的获知属于一种公共利益，因此要区别对待他们信息删除的请求。另外，"在社会公共生活中扮演一定角色的人"与"公众人物"不同，前者的范围更广。那么应该如何界定"社会公共生活中的角色"呢？这一概念没有确切的定义，一般而言，政治家、高级官员，甚至商人都可以被认为是在社会公共生活中占有重要地位，有人认为公众有权在网络中获知他们与公共活动有关的信息。但更好的标准应该是，只赋予公众对不当的公共行为或职业行为信息的知悉权，而不是关于这些人们的所有信息。另外，对于"公众人物"的界定也同样存在困难。本工作组认为，公众人物是指根据他们的职业，有一定媒体曝光度的人。

3. 该信息主体是否是未成年人。为了保护未成年人，信息保护机构倾向于要求对未成年人的相关搜索结果进行删除。

4. 该信息是否准确。当信息相对于真实情况不准确，或者当信息使人们对某人产生不准确、不充分或引人误解的印象时，信息保护机构可能会要求信息控制者删除该信息。

5. 该信息是否相关或不过分。这一标准的目的在于衡量搜索结果中包含的信息与一般大众的知情权的相关性。该相关性首先与信息发布的时间有关，15年前发布的信息显然不如1年前发布的信息相关性大。另外还需考量该信息是关乎私生活还是社会工作、是否为诽谤性言论、是个人观点还是既定事实等等。

6. 该信息是否是敏感信息。通常来讲，敏感信息比一般个人信息对个人生活的影响更大。信息保护机构一般会要求删除与敏感信息有关的搜索结果。

7. 该信息是否是最新信息，对于信息处理目的而言，是否保存得时间过长。信息保护机构通常会删除因过时而不准确的搜索结果。

8. 该信息是否会让人对信息主体产生偏见，是否会对信息主体的私隐有过于负面的影响。当某搜索结果会引起人们对信息主体的偏见时，信息保护机构将倾向于删除搜索结果列表。当某搜索结果是关于信息主体的一些琐碎轻微的不端行为，且这一行为已不再是公众讨论的话题，并且这一信息与公共利益无关时，该搜索结果可以被视为对信息主体的私隐有过于负面的影响。

9. 搜索结果列表中的信息是否会使信息主体置于风险之中。当网络中的搜索结果可能使信息主体有被盗或被追踪的风险时，删除该搜索结果列表较为合适。

10. 该信息被公开的具体情形。若信息主体同意其个人信息的公开，但后来又撤回其同意的，那么该信息的公开不具有合理基础。

11. 该信息最初的公开是否是为了新闻目的。新闻目的是信息公开时要考虑的因素之一，但不能单独根据这一因素来决定删除请求是否合理，还应考虑其他因素。

12. 该信息的公开者是否有合法的权力（legal power）或义务（legal obligation）来公开这些信息。某些公权力机关有义务将某些信息向公众公开。在这种情形下，信息保护机构可能不会支持相关信息删除的请求。但这要依具体案情而定，同时要考虑信息是否"过时"以及是否"相关"。

13. 该信息是否涉及刑事犯罪。对于罪犯以及犯罪信息能否被公众知悉这一问题，欧盟成员国的态度不尽相同。一般而言，信息保护机构更倾向于删除年代久远的、情节较轻的犯罪信息，而不删除新近发生的、情节较重的犯罪信息。这一问题需要慎重对待，需根据个案而定。

与 GDPR 第 17 条不同，欧盟第 29 号信息保护工作组公布的这 13 条标准更为具体，详细地归纳出了网络搜索结果中可能包含的与删除有关的信息特征。作为对谷歌案判决的分析,虽然并无直接的法律效力,但该标准的发布对于判例的适用有重要指导意义。

(三) 欧盟对我国被遗忘权保护标准的借鉴意义

法乃国之重器。成文法的变迁与社会的发展息息相关,特定时期的法律必定反映和维护了特定社会背景之下的价值,代表了一定的取舍和评价。[①] 而一个国家对于被遗忘权的态度,也一定涉及其法律背景、文化传统以及经济发展状况等等。从世界范围内看,对被遗忘权的保护程度关乎一国的网络信息产业发展状况,与国家利益息息相关[②]。

欧盟是世界上对个人信息保护最为严格的地区[③],其对个人信息的保护力度较大,对信息控制者和处理者有着较为苛刻的要求。有学者提出,由于欧洲各国在信息网络这一领域的技术创新相对美国较为落后,在世界范围内的影响力较弱,在互联网产业上的经济优势尚未显现,而其却是美国网络公司的核心市场,长期依赖美国的谷歌公司等网络巨头。因此,欧盟确立被遗忘权的动机不排除包含对美国网络公司的制衡。[④] 对于我国而言,国内互联网技术势头迅猛[⑤],已经成为提升中国国际话语权、文化软实力的重要传播途径,我国对互联网产业的发展也有诸多鼓励政策,而被遗忘权在某种程度上限制数据的流通,从而不利于互联网产业的发展。可见国内的信息技术产业发展状况与欧盟不尽一致,因此我国在对待被遗忘权的态度上不应照抄照搬,而

---

① 王刚:《伊斯兰继承制度的本土化及其对我国继承法的启示——以青海世居回族、撒拉族继承习惯为例》,《环球法律评论》2009 年第 3 期。
② 陈昶屹:《"被遗忘权"背后的欧美法律"暗战"》,《法庭内外》2014 年第 11 期。
③ 蔡雄山:《网络世界里如何被遗忘——欧盟网络环境下个人数据保护最新进展及对网规的启示》,《网络法律评论》2012 年第 2 期。
④ 杨乐、曹建峰:《从欧盟"被遗忘权"看网络治理规则的选择》,《北京邮电大学学报(社会科学版)》2016 年第 4 期。
⑤ 参见《第 38 次中国互联网络发展状况统计报告》。

应审慎对待，进行选择性地借鉴。

虽然我国学界的主流观点赞同被遗忘权的中国本土化，但反对的声音同样值得重视。有学者认为，从我国表达自由的实现程度来看，由于我国的宪法司法化尚未完全实现，目前的表达自由不能得到充分保护。这样一来，被遗忘权的中国本土化虽然有助于保障个人乃至国家的信息安全，但由它带来的负面影响也不容忽视：删除权的滥用或许会进一步影响社会中的公共表达环境，阻碍信息的发出和传播，使得被遗忘权成为"为审查提供正当性的工具"。[①]这一观点引人深思，但也有学者提出，被遗忘权能够消除人们对已有言论和行为的担忧，从而实际上强化了言论自由。[②]笔者认为，被遗忘权的保护对公民表达自由的影响并非想象中那么大，或者说对表达自由的影响主要取决于被遗忘权保护标准的设定。因此，出于对公民表达自由的保护，我国在制定被遗忘权保护标准时，应循序渐进，目前不宜制定过于严格的个人信息保护标准，应注重维护信息保护与表达自由之间的动态平衡。

六、被遗忘权保护标准在司法及立法中的应用

（一）司法层面：原则性标准与比例原则为裁判提供依据

在兼顾信息化发展与网络安全的背景之下，我国根据实际情况，新近通过了《网络安全法》。这一法律的出台对于个人信息保护，尤其是公民在网络中的个人信息保护起到了关键的指引作用，具有强烈的时代意义。根据前文所述，该法第41条提出了信息控制者在处理公民个人

---

① 李汶龙：《大数据时代的隐私保护与被遗忘权》，中国政法大学2015年硕士学位论文，第33页。

② 赵锐：《被遗忘权：理性评判与法律构造》，《北京理工大学学报（社会科学版）》2016年第5期。

信息时应遵守的"合法、正当、必要"原则，这与"任案"中法官提出的"未被类型化的人格利益"保护原则暗合，也佐证了该案法官观点的科学性与合理性。在我国的《个人信息保护法》出台之前，对被遗忘权的实质保护可以暂时依照我国"被遗忘权第一案"中确立的思路，以"正当性标准"与"必要性标准"辅以四阶比例原则来实现。

同时值得注意，《网络安全法》的行政法意味较为浓厚，根据该法第 64 条的规定，当网络运营者、网络产品或者服务的提供者违反第 41 条至第 43 条规定，侵害公民"个人信息依法得到保护的权利"时，可能被处以"警告"、"罚款"、"停业整顿"、"关闭网站"等相关行政处罚；而只有在"违反该法规定，给他人造成损害"时，根据该法第 74 条，侵权人才应依法承担民事责任。另外，《网络安全法》仅仅涵盖了网络中的个人信息删除权，而对于报纸、公告等纸质媒介中的个人信息保护未能涉及，这也有待今后进一步关注和研究。

（二）立法层面：列举式标准为将来个人信息立法提供基础

个人信息权是一种新型的、处于发展中的权利。对于个人信息权的本质，学界尚未达成统一意见，比较典型的看法有"所有权说"、"基本人权说"、"隐私权说"等[①]。笔者较为赞成齐爱民教授提出的"人格权说"。他认为个人信息具有人格利益属性，在个人信息上应建立区别于其他具体人格权的专门人格权制度，即"个人信息权"，并将其定义为"个人信息本人依法对其个人信息享有的支配、控制并排除他人侵害的权利，包括信息的决定权、保密权、查询权、更正权、封锁权、删除权和报酬请求权"[②]。由此可以看出，被遗忘权，即删除权在学理上应属于

[①] 刁胜先等：《个人信息网络侵权问题研究》，上海三联书店 2013 年版，第 4 页。
[②] 齐爱民：《个人信息与知识产权——个人信息数据库上的权利与限制》，载吴汉东主编：《中国知识产权蓝皮书》，北京大学出版社 2009 年版，第 409 页。

人格权、个人信息权的内容。在 2017 年 3 月通过的《中华人民共和国民法总则》第五章"民事权利"第 111 条列明,自然人的个人信息受法律保护。可见,对个人信息的保护已经引起了立法者的强烈关注,个人信息权的保护终于有了正式的法律依据。有学者更是认为,"将被遗忘权归为个人信息权的范畴,列入未来的民法典是必然的趋势"①。

学界对个人信息权的研究日趋成熟,并提出了若干个人信息保护法的立法建议稿②,而且在人格权法的立法建议稿中,也有个人信息权的身影③。杨立新教授在《〈中华人民共和国人格权法〉建议稿及立法理由书》中明确指出,被遗忘权并非独立人格权,亦非隐私权或者一般人格权保护的内容,而应当认定为个人信息权的内容。④笔者赞同这一观点。但该建议稿中把个人信息删除标准界定为"不恰当、不相关、过时的、继续揭载会导致自然人社会评价降低",前文已经讨论过这种观点,笔者认为这样的删除范围过窄,该删除标准有待商榷。

笔者认为,个人信息删除标准应结合我国实际情况进行界定,具体标准的制定可以参考我国的《指南》、《网络安全法》、个人信息法的立法建议稿以及欧盟 GDPR 的相关条款。若满足下列条件之一,信息主体即有权要求信息控制者立即删除与之相关的个人信息:

(1)该信息的处理违反法律的相关规定;

(2)该信息超出约定或法定的处理期限;

(3)该信息对于其收集和处理的目的而言已不再必要;

---

① 万方:《终将被遗忘的权利——我国引入被遗忘权的思考》,《法学评论》2016 年第 6 期。
② 目前公开的比较权威的有周汉华:《个人信息保护法(专家建议稿)及立法研究报告》,法律出版社 2006 年版,第 1—104 页;齐爱民:《中华人民共和国个人信息保护法示范法草案学者建议稿》,《河北法学》2005 年第 6 期。
③ 杨立新、扈艳:《〈中华人民共和国人格权法〉建议稿及立法理由书》,《财经法学》2016 年第 4 期。
④ 杨立新、扈艳:《〈中华人民共和国人格权法〉建议稿及立法理由书》,《财经法学》2016 年第 4 期。

（4）个人信息控制者破产或解散时，无法继续完成承诺的个人信息处理目的；

（5）因言论自由、社会公共利益、人文社会科学研究、数字经济发展而处理的个人信息不受上述规定限制。

（三）余论

在欧盟 GDPR 中，删除权被视为等同于被遗忘权，两者的内涵和外延相同。在我国立法中，"删除"一词早已出现，"被遗忘权"则属新生概念，而事实上，被遗忘权的出现并没有产生一种完全独立的权利[1]，它的内涵几乎与删除权无异。可是仅从字面上看，"被遗忘"其实不能表达出"删除"的意思，只是日常生活中的一种状态。假如用这一概念表达个人信息保护中的一项权利，很容易让大多数人不明就里，甚至产生误解。而"删除权"这一概念则较为规范，而且能直观反映出权利的内涵，更适合作为法律术语。因此笔者认为，在今后的相关立法中，没有必要使用"被遗忘权"这一说法，而应直接以删除权指代被遗忘权。

---

[1] 张建文：《被遗忘权的场域思考及与隐私权、个人信息权的关系》，《重庆邮电大学学报（社会科学版）》2017年第1期。

附录一：欧洲法院"谷歌公司诉冈萨雷斯案"判决书（节译）

罗浏虎　李红玲　赵自轩　潘林青
于永强　刘柯柯　刘琳妍　段恒照　译*

法庭判决书（大法庭）

2014年5月13日

（个人信息——涉及信息处理的个人保护——《欧盟委员会个人信息保护以及信息流通95/46号指令》——第2条、第4条、第12条和第14条——适用范围和地域范围——互联网搜索引擎——相关网站的信息处理——搜索、索引编辑和信息储存——搜索引擎运营商的责任——成员国范围之内设立——运营商的义务范围和信息主体的权利界限——《欧盟基本权利宪章》——第7条和第8条）

在 C-131/12 一案中，

---

* 译者简介：罗浏虎，荷兰马斯特里赫特大学法学博士候选人，马斯特里赫特大学信息保护专员。李红玲，烟台大学法学院讲师，法学博士。赵自轩，西南政法大学民商法学院讲师，法学博士。潘林青，西南政法大学民商法学院博士研究生。于永强，西南政法大学法学硕士。刘柯柯，西南政法大学法学硕士。刘琳妍，西南政法大学法学硕士。段恒照，中央民族大学法学硕士。

西班牙国家法院（Audiencia nacional）根据《欧盟运行条约》（TFEU）第267条，就一个于2012年2月27日做出的决定向欧洲法院申请先决裁定（preliminary ruling），欧洲法院在2012年3月9日进行受理。

谷歌西班牙子公司（Google Spain SL），
谷歌总公司（Google Inc）
诉
西班牙信息保护机构（AEPD），
马里奥·格斯蒂亚·冈萨雷斯（Mario Costeja González）

欧洲法院（大审判庭）

审判庭的成员有：院长 V. 斯卡利斯（V. Skouris）、副院长 K. 莱纳茨（K. Lenaerts）、记录员 M. 伊莱（M. Ilešič）；法院的各位庭长：L. 巴伊·拉森（L. Bay Larsen）、T. 冯·丹维茨（T. von Danwitz）、M. 萨菲安（M. Safjan）；各位法官：M. 马莱诺夫斯基（M. Malenovský）、E. 列维茨（E. Levits）、A. 欧考伊米（A. Ó Caoimh）、A. 阿拉巴吉夫（A. Arabadjiev）、M. 贝格尔（M. Berger）、A. 普雷希尔（A. Prechal）和 E. 亚拉修纳斯（E. Jarašiūnas）。

法律总顾问（Advocate General）：N. 耶斯基宁（N. Jääskinen）

登记员（Registrar）：主要行政负责人 M. 费雷拉（M. Ferreira）

考虑了书面审程序和2013年2月26日所进行的庭审，并考虑了以下机构所提交的意见书（observation）：

谷歌西班牙子公司和谷歌总公司，代理律师为 F. 冈萨雷斯·迪亚斯（F. González Díaz）、J. 巴尼奥·福斯（J. Baño Fos）和 B. 霍莱什（B. Holles）

格斯蒂亚·冈萨雷斯（Costeja González）先生，代理律师为 J. 穆尼奥斯·罗德里格斯（J. Muñoz Rodríguez）

西班牙政府，代理人（Agent）为 A. 鲁维奥·冈萨雷斯（A. Rubio González）

希腊政府，代理人为 E.-M. 马穆纳（E.-M. Mamouna）和 K. 博什科维奇（K. Boskovits）

意大利政府，代理人为 G. 帕尔米耶里（G. Palmieri）和律师 P. 真蒂利（P. Gentili）

奥地利政府，代理人为 G. 库纳特（G. Kunnert）和 C. 佩森道夫（C. Pesendorfer）

波兰政府，代理人为 B. 迈茨纳（B. Majczyna）和 M. 什普纳尔（M. Szpunar）

欧盟委员会，代理人为 I. 马丁内斯·德尔·佩拉尔（I. Martínez del Peral）和 B. 马腾茨科（B. Martenczuk）

在 2013 年 6 月 25 日听取法律总顾问的意见后，欧洲法院作出以下判决。

申请与争议

1. 对先决裁定的申请涉及欧洲议会《欧盟委员会个人信息保护以及信息流通 95/46 号指令》（以下简称《指令》）第 2 条 b 款和 d 款、第 4 条第 1 款 a 项和 c 项、第 12 条 b 款和第 14 条 a 款和《欧盟基本权利宪章》第 8 条的解释。

2.该项申请所涉及的诉讼当事人有两方:一方是谷歌西班牙子公司和谷歌总公司,另一方是西班牙信息保护机构(AEPD)和格斯蒂亚·冈萨雷斯先生。所争议的事项是西班牙信息保护机构所做出的一项决定。格斯蒂亚·冈萨雷斯先生请求西班牙信息保护机构命令这两家公司采取必要措施将关于格斯蒂亚·冈萨雷斯的一些信息从搜索引擎的索引中撤下,并阻止网络用户在未来再次对这些信息进行访问。

法律文本

(一)欧盟法

3.《指令》第1条规定了保护自然人基本权利和自由(特别是个人信息处理过程中的隐私权保护)的目标,同时致力于移除信息自由流通的障碍。该指令的序言的第2、10、18、19与20段分别对此进行重申:

(2)……设计信息处理系统的目的是服务人类;……不管面对何国籍或地域的个体,这些系统必须尊重他们的基本权利和自由(尤其是隐私权),并促进……个体的幸福;

……

(10)……国家法在个人信息处理方面的目的是保护基本权利和自由(尤其是隐私权),因其经《欧洲人权与基本自由保护公约》(ECHR)第8条(1950年11月4日签订于罗马)和《共同体法律》基本原则确认;……因此,对这些法律的趋同不能降低保护的水平,恰恰相反,它们应确保在欧盟提供一种高水准的保护;

……

(18)……为确保个体依据本指令所享有的权利不被剥夺,在欧盟范围内实施的个人信息处理行为必须遵从成员国法律;……在这一点上，设立于成员国的信息控制者在进行处理行为时的义务，应受成员国法律规制；

（19）……设立于成员国境内，这意味着这些信息控制者可以借助常规的安排实施有效和真正的运营活动；……设立的法律形式——无论是分部（branch）抑或子公司（subsidiary）——并不是这方面的决定因素；……当单一的信息控制者在数个成员国皆有住所（特别是以子公司的形式），则其必须确保，不存在规避成员国法律的行为，而且每个子公司均需就其行为遵从成员国法律所设定的义务；

（20）……即使是一个设立于第三国的主体，其所施行的信息处理行为也不能违背本指令关于个体保护的规定；……在这种情形下，它的信息处理行为应受实施地的成员国法律的制约，同时该主体必须采取相应措施确保在实践中享有或遵守本指令所规定的权利义务；

……

……保护信息的原则必须被反映于以下方面：一是，施加于信息处理人之上的义务……特别是信息质量、技术保障、对监督机构的通知、可以对信息进行处理的条件等方面；二是，个人所被授予的各种权利，比如告知所处理的是何人的信息、告知信息主体其信息正被处理、允许查阅信息、允许更正乃至在特定情况下允许拒绝相应信息处理行为。

4.《指令》第 2 条重申，基于本指令的意旨：

（a）"个人信息"（personal data）应指所有被识别的和可被识别的自然人（"信息主体"）相关的信息；可被识别的人是指能够直接或者间接地被识别，特别是通过参考身份证号码或更多关于其身体、生理、精神、经济、文化或社会身份上的特别的因素来进行识别；

（b）"个人信息的处理"（processing of personal data）（"信息处理"）是指任何施加于个人信息的操作（无论是否通过自动化的形式），例如收集、记录、组织、储存、改编或变更、恢复、查阅、使用、披露传播、散播或使其可被获取、排列或组合、限制、消除或破坏；

……

（d）"控制者"（controller）指自然人或者法人、公共机关、中介或其他形式主体独自或共同地决定个人信息处理的目的和方法；如果成员国或欧盟法律或规定对个人信息处理的目的和方法有规定的，则可依成员国或欧盟法律来判定信息控制者以及依循其具体判断标准；

……

5.《指令》第3条标题为"范围"（scope），而其第1款规定：

"该指令适用于全部或部分经由自动化手段进行的个人信息处理行为，并适用至非经自动化处理而是将个人信息进行归档或打算将之制作为档案的一部分的信息处理行为"。

6.《指令》第4条标题为"可适用的国家法律"（national law applicable），并规定：

（1）每个成员国都应将根据本指令制定的内国法适用至个人信息处理行为，这些情形有：

（a）信息处理行为发生于成员国信息控制者所下辖的分支机构的活动之中；若同一信息控制者同时在数个成员国拥有住所，其必须采取必要措施保证每个分支机构均遵守该国法律所规定的义务；

（b）虽然信息控制者的住所位于欧盟成员国之外，但是依据国际公法而应在该地适用某欧盟成员国的法律；

（c）尽管信息控制者在欧盟没有住所，但是为了处理个人信息而需使用位于欧盟成员国的自动或其他设备，除非这些设施只服务于在欧盟内进行传输的目的。

在第1款c项所提及的情形下，信息控制者必须在成员国领域内指定一个代理人，使其不受自身的法律行为结果的损害。

7.在本指令第二章第一部分（题为"信息质量相关原则"），其第6条内容如下：

（1）成员国对个人信息应做如下规定：

（a）信息处理行为须公平与合法；

（b）基于具体、明确与合法之目的而为信息采集行为，而且不应基于与此相反的目的进一步处理信息。只要成员国提供了恰当的保护措施，那么不应将出于历史、统计或科学目的而继续进行的信息处理行为视为违反本款规定；

（c）就采集或进一步处理信息的目的而言，信息应是充分、相关和不过度的；

（d）信息是精确的，并在可能之时保持更新；在考虑了信息采集与进一步处理的目的之后，应采取合理步骤将不精确或不完整的信息予以删除（erased）或更正；

（e）在保存个人信息时，对信息主体的识别不应超过达致采集或进一步处理信息的目的所需要的时间长度。在长期的存储用于历史、统计和科学研究用途的信息时，成员国应规定合理的保护措施。

信息控制者有义务保证遵守第 1 款的相应规定。

8.在《指令》第二章第二部分（题为"信息处理程序的合法准则"），第 7 条规定：

成员国应规定只有在以下情形方能进行信息处理：

……

（f）对于信息控制者、第三方或接受信息的第三方所追求的合法目的而言，有必要对个人信息进行处理。例外情形是，他们的合法利益须让位于本法第 1 条第 1 款所规定的信息主体所享有的基本权利与自由。

9.《指令》第 9 条（题为"个人信息保护与言论自由"）规定：

就仅仅基于新闻、艺术或文学表达目的而进行的个人信息处理行为而言，成员国应对本章、第 4 章和第 6 章的相应条款设置一些豁免或克减（derogation）条款，如果这种豁免对协调隐私权和言论自由权的规定是必要的。

10.《指令》第12条（题为"信息获取权"）规定：

成员国应保证每个信息主体有权请求信息控制者：

……

（b）存在与本指令规定不符的情形（特别是信息本身不完整或不精确），对信息进行更正、消除或限制信息传播；……

11.《指令》第14条（题为"信息主体的拒绝权"）规定：

成员国应授予信息主体以下权利：

（a）依据第7条e款和f款，信息主体在有正当理由的特定情况下，得为拒绝关于其信息的处理行为，而各国可对此进行规定。在存在正当理由的情况下，信息控制者不能再对这些信息进行处理；……

12.《指令》第28条（题为"监管机构"）规定：

（1）每个成员国都应设立一个或多个公共机构负责监督依据本指令所制定的相关法规在该国的实施。

……

（3）特别是每个机构都应当被授予以下权力：

——调查权，例如获取所处理的信息客体的情况，以及获取其履行监管职责所需要的信息，

——有效干预权，例如……下令限制、消除或销毁信息的命令，或发布信息处理方面的暂时或确定的禁令……

就监管机构的决定所引发的投诉而言，当事人可以向法院提起诉讼。

（4）考虑到信息处理程序中对个体的权利和自由的保护，每个监管机构都应听取当事人或代表协会所提起的投诉。而且，投诉人应当被告知处理结果。

……

（6）不管成员国法律如何规定，每一监管机构都有权在其本国范围内行使第3款所赋予其的权力。另一成员国的监管机构有权请求该

监管机构行使职权。

各监管机构要互相合作以善尽职责，尤其在有用的信息交流方面。……

（二）西班牙法

13. 西班牙在 1999 年颁行《个人信息保护组织法》，以实现将《欧盟委员会个人信息保护及信息流通 95/46 号指令》转化为国内法的目标（BOE No. 298 of 14 December 1999, p. 43088）。

主要纠纷与申请先决裁定的问题

14. 2010 年 3 月 5 日，格斯蒂亚·冈萨雷斯先生（一个西班牙公民）向西班牙信息保护机构（AEPD）投诉西班牙《先锋报》（La Vanguardia Ediciones SL）、谷歌西班牙子公司与谷歌总公司。该报是西班牙一家发行量很大的日报，特别是在西班牙加泰罗尼亚地区。投诉是基于以下事实：当互联网用户在谷歌搜索中输入格斯蒂亚·冈萨雷斯先生的姓名时，他将获取《先锋报》于 1998 年 1 月 19 日和 1998 年 3 月 9 日分别出版的两页版面的链接。在其中的一则公告中提及，格斯蒂亚·冈萨雷斯先生因为拖欠社会保险费用而被强制拍卖房产。

15. 在投诉中，格斯蒂亚·冈萨雷斯先生做出以下请求。第一，他请求《先锋报》移除或更改这些页面，以使其个人信息不再出现；或通过利用一定的工具使其不能再被搜索引擎检索，以保护其个人信息。第二，他请求谷歌西班牙子公司或谷歌总公司移除或隐匿关于他的信息，以使相关网页不再出现于谷歌的检索结果中，并不再出现于《先锋报》的索引页面中。格斯蒂亚·冈萨雷斯先生认为十几年前所进行的拍卖程序已经彻底成为过去,而现在的旧事重提并不能反映其目前的情况。

16. 2010 年 7 月 30 日,西班牙信息保护机构驳回了冈萨雷斯对《先锋报》的投诉。理由是其对这些信息的公布是合法的,因为《先锋报》是执行劳动和社会事务部(Ministry of Labour and Social Affairs)的命令,目的是尽可能的广而告之以吸引足够多的竞拍者。

17. 另外一方面,冈萨雷斯对谷歌西班牙子公司和谷歌总公司的投诉却获得西班牙信息保护机构的支持。其认为,搜索引擎运营商既存在信息处理行为,也充当信息社会的媒介,应当受到信息保护立法的规范。西班牙信息保护机构认为,在信息的定位与散播有很大的可能侵害信息保护的基本权利及广泛意义上的个人尊严时,它有权要求搜索引擎运营商撤下(withdraw)信息并禁止访问某些信息,以实现信息主体希望这些信息不为第三人所知的诉求。西班牙信息保护机构认为搜索引擎运营商应当直接负有以上义务,不需要将数据或信息从其所出现的网站上删除,特别是在网站可以依据法律规定而保留相应信息之时。

18. 在西班牙信息保护机构做出决定后,谷歌西班牙子公司和谷歌总公司向西班牙国家法院提起诉讼。

19. 西班牙国家法院在向欧洲法院所提交的先决裁定申请中认为,该案提出了一个问题:搜索引擎运营商在保护个人信息方面负有何种义务?这些信息主体并不希望第三方网站公开某些与之相关的信息,特别是这些信息将揭示与当事人的关联、对当事人进行定位、被编成索引并提供给不确定的网络用户。对于以上问题的回答将取决于如何在这种技术环境下对《指令》进行解释,因为这些技术是在该指令颁行之后才出现的。

20. 有鉴于此,西班牙国家法院裁定中止诉讼,并且就以下问题请求欧洲法院作出先决裁定:

(1)就《指令》以及西班牙信息保护法的适用范围而言:

(a)在存在以下一个或数个情形之时,是否应将相应主体解释为《指令》第4条1款a项所规定的"机构"(establishment):

搜索引擎运营商在欧盟成员国成立营业活动专门面向该国民众的营业处或子公司,以实现在搜索引擎上推广和销售广告空间的目的;

或者,当母公司指定位于该成员国的子公司作为其代表,并指定其作为两个包含与公司签订广告合同的顾客信息的特定归档系统的控制者;

或者,当设立在成员国的营业处或子公司将信息主体或负责监督信息保护的机构的申诉或要求转发至位于欧盟以外的母公司,即使这种协作是自愿的?

(b)在以下情形,应否将《指令》第4条1款c项理解为:"所使用的设备……位于该成员国领土范围内":

当搜索引擎使用网络爬虫(crawler)或机器人来对位于该成员国服务器上的网页中包含的信息进行定位并编辑信息索引;

或者,当它使用附属于该成员国的域名,并基于该成员国的语言安排搜索技术以及展示搜索结果?

(c)依据《指令》第4条1款c项,可否将通过互联网搜索引擎暂时存储的索引信息视为对设备的使用?如果答案是肯定的,那么在特定企业以商业竞争为由拒绝披露信息存储的地点之时,可否认为此时出现了连接点(connecting factor)?

(d)无论如何回答上述问题,特别是如果欧洲法院……认为《指令》中第4条所规定的连接点不存在之时,是否必须适用《指令》——依据《宪章》第8条,冲突的重心位于成员国内,并有可能更有效地保护欧盟公民的权利?

(2)就搜索引擎作为内容提供者而言:

(a)就谷歌搜索的活动而言,作为内容提供商,其活动包括获得第三方发布或措置在互联网上的信息、自动编辑信息索引、暂时储存信息并最终依照特定顺序来为网络用户提供此类信息。是否应将此类活动解释为《指令》第2条b款下的信息处理行为？

（b）如果对上述问题的回答是肯定的，应否依据《指令》第2条d款将谷歌搜索视作其包含在其所编辑索引的网页上个人信息的控制者？

（c）如果对上述问题的答案是肯定的，西班牙信息保护机构可否依据《指令》第12条b款与第14条1款a项所规定的权利规则，直接命令谷歌搜索将第三方所发布的某一信息从其索引中删除，而无须事先或同时联系信息所刊载的网页的所有者？

（d）如果对上述问题的答案是肯定的，那么当第三方是基于合法理由在网页上发布并保存包含个人信息的信息时，可否豁免搜索引擎保护这些权利的义务？

（3）就删除权（right of erasure）或拒绝权（right to object）的范畴及其与被遗忘权（the right to be forgotten）的关系而言，存有疑问的是：

《指令》第12条b款规定了删除或限制信息（erasure and blocking of data）的权利，而第14条1款a项规定了拒绝权。应否将上述权利扩展适用，以使信息主体能够在其认为某些信息对其存有偏见或其希望外界遗忘这些信息之时，得以阻止搜索引擎对发布于第三方网页而与信息主体相关的信息进行索引的编辑，即使争议信息在第三方网站上的发布是合法的？

关于所请示问题的考虑

（一）2（a）与2（b）这两个问题涉及《指令》的适用范围

21. 就2（a）与2（b）这两个问题而言，西班牙法院首先对以下问题进行检视是否是适宜的？在本质上，《指令》第 2 条 b 款是否应被解释为作为内容提供者的搜索引擎所实施的以下行为是否是该条款所规定的对个人信息的处理行为，特别是搜索引擎提供的信息包含个人信息之时？搜索引擎所实施的行为包括：获得第三方发布或措置在互联网上的信息、自动编辑信息索引、暂时储存信息并最终依照特定顺序来为网络用户提供此类信息。如果答案是肯定的，西班牙法院进而请求查明是否应依据《指令》第 2 条 d 款将搜索引擎运营商视作信息处理行为的控制者？

22. 谷歌西班牙子公司和谷歌总公司辩称，尽管搜索引擎对出现在第三方的网页上的信息进行处理，并以搜索结果列表的形式进行展示，然而这种活动不能被视为信息处理行为。这是因为搜索引擎是对互联网上所有的信息进行处理，而没有在个人信息与其他信息之间进行特意挑选。而且，即使此类活动被归类为"信息处理"行为，也不能将搜索引擎运营商视作信息处理过程的控制者，因其对这些信息不知情，而且没有对之施加控制力。

23. 另一方面，格斯蒂亚·冈萨雷斯先生，西班牙、意大利、奥地利、波兰政府和欧盟委员会认为搜索引擎的行为明显属于《指令》所规定的信息处理行为，这种信息处理不同于网站发布者的信息处理行为，二者追求的目标不同。就信息处理行为而言，搜索引擎运营商也是控制者，因为正是运营商决定了信息处理过程的目的与方法。

24. 希腊政府的意见是，此类行为构成信息处理行为，但认为搜索引擎只是中间媒介，搜索引擎的经营者很难被定性为控制者，除非它在中间存储器（intermediate memory）或高速缓冲存储器（cache memory）中存放这些信息超过了技术上的必需。

25.《指令》第 2 条 b 款将"个人信息的处理"定义为对个人信息所进行的任何操作或一系列操作，而不管是否通过自动方式进行以下处理，比如收集、记录、组织、存储、改编或变更、检索、咨询、使用、通过传送、散播或其他方式进行披露、校准或组合、阻止、消除或销毁。

26. 至于互联网,欧洲法院在此前的判例中认为,将个人信息加载到互联网页面的行为即为《指令》第 2 条 b 款所称之"处理"(processing)(参见 Case C-101/01 Lindqvist EU : C: 2003: 596,第 25 段)。

27. 就该案来看,毫无争议的是,搜索引擎所获取、编辑索引、存储并向用户提供的信息中包含被识别的或可识别的自然人信息,因此符合《指令》第 2 条 a 款所称之个人信息(personal data)。

28. 因此,可以明确的是,就自动、持续而系统的搜索互联网上已然公开的信息而言,搜索引擎运营商收集这些信息,并随后在其索引框架下对之进行"检索""记录"和"组织",将之存储于服务器,并视具体情形将之披露,以使用户可在搜索结果列表中获取。尽管搜索引擎也对其他类型的信息进行同样的操作,而且没有对此类信息与个人信息进行区分,然而这些操作明显而无附加条件的契合《指令》第 2 条 b 款所规定的"处理"(processing)一语的内涵。

29. 尽管这些信息已然在互联网上发布而搜索引擎亦无对之进行更改,然而这也不影响前述第 28 段所做出的判断。

30. 西班牙国家法院已经裁决,就那些以未被更改的形式发表在媒体上的材料而言,此类操作是契合《指令》第 2 条 b 款中所界定的处理行为的。事实上,此前的判例已经表明,若是损害《指令》的适用性,这将极大地破坏《指令》的实际效果。关于具体效果,可以参见以下判例的第 48—49 段:Case C-73/07 Satakunnan Markkinapörssi and Satamedia EU : C: 2008: 727。

31. 此外,依据《指令》第 2 条 b 款的定义,尽管对个人信息的更改在事实上构成《指令》所规定的信息处理行为,然而《指令》所提及的相关操作并没有要求对个人信息进行任何形式的改变。

32. 就搜索引擎运营商是否应被视为个人信息处理的控制者这一

问题而言，一个引擎活动内容如在主程序的问题，需要注意的是，《指令》第2条d款将"控制者"定义为"自然人或法人、公共机构、中介或单独或联合他人决定个人信息处理之目的与手段的任何其他机构"。

33. 正是搜索引擎运营商决定着活动以及在该活动框架下所进行的信息处理的目的与手段，因此必须将搜索引擎运营商认定为第2条d款中所规定的信息控制者。

34. 再者，如果有人以搜索引擎运营商不对发布于第三方网页上的个人信息施加控制为由，将搜索引擎运营商从信息控制者的外延中排除。那么，这不仅与《指令》条文的文义相抵牾，亦与条文的意旨相冲突。立法者的意旨在于通过规定控制者在内涵上的广义性来确保对个人信息主体进行有效而完整的保护。

35. 就此而论，应予指出的是，搜索引擎所开展的个人信息的处理活动与网页出版者所进行的相应活动（比如在网页上加载那些信息）具有可分性与补充性。

36. 此外，毫无疑问的是搜索引擎的活动在整体传播那些信息时起着决定性作用，因为它为任何网络用户提供了获取信息的途径。只要他们以信息主体的姓名进行搜索，即可获得相应信息。

37. 与此同时，搜索引擎基于促进用户获取信息的目的而编排与聚集信息。当用户以个人的姓名为据进行搜索时，他们也许会通过搜索引擎的搜索结果列表获得关于该个体的结构化的信息轮廓。借助于互联网上的信息，网络用户可以在一定程度上建立关于信息主体的详细的轮廓。

38. 相较于网站信息发布者，搜索引擎的活动对隐私权利与个人信息保护所产生的影响更为重大。在此情境下，作为确定活动目的和手段的搜索引擎运营商，必须在其义务、权限和能力范围内确保其行为契合《指令》的要求。这是为了确保《指令》所规定的保障措施全面发挥效力，并有效而全面保护信息主体的权利尤其是隐私的权利。

39. 最后，借助于诸如"robot.txt"等排除协议（exclusion protocol）与"noindex"或者"noarchive"代码，网站的发布者可以选择提示搜索引擎运营商其是否希望其网站发布的特定信息被完全或部分排除在搜索引擎的自动化索引之外。然而，这并不意味着，如果网站的发布者不这么提示，搜索引擎运营商就无须对在引擎的环境下进行的个人信息处理活动予以负责。

40. 以上事实不会改变搜索引擎运营商决定信息处理的目的和手段的事实。就算网站发布者所享有的选项意味着它们与搜索引擎运营商共同决定信息的处理方式，这也不会去除后者应负的责任。因为《指令》第2条d项明确规定，可单方或联合决定信息处理的方式。

41. 依据上述考虑，就西班牙国家法院所提出的问题2（a）和（b）而言，应对《指令》第2条b款和d款做以下诠释：其一，搜索引擎的活动包括寻找由第三方发布或措置于互联网的信息，自动编辑相应索引、暂时储存并且最终依据特定的优先顺序为互联网用户提供信息。在搜索引擎的活动涉及个人信息时，此类活动必须被归类为《指令》第2条b款下"个人信息处理行为"（processing of personal data）。其二，应依《指令》第2条d款将搜索引擎运营商视作信息控制者。

（二）问题1（a）到（d）涉及《指令》的管辖范围

42. 通过提出1（a）至（d）项问题，西班牙国家法院寻求欧洲法院确认其是否有可能将已然转化了《指令》的国内法适用至系争案件。

43. 在此层面，西班牙国家法院认可了以下事实：

谷歌搜索通过"www.google.com"网站向全世界提供搜索，在许多国家，谷歌依据该国语言开发了当地版本。谷歌西班牙公司通过2003年9月16日注册的"www.google.es"网站提供西班牙语的搜索版本。谷歌搜索是西班牙使用率最高的搜索引擎之一。

谷歌搜索由谷歌公司运营，该公司是住所地位于美国的谷歌集团的子公司。

谷歌搜索对世界各地的网站（包括西班牙的网站）进行索引编辑。索引信息是通过网络爬虫或机器人来编辑的。也就是说，谷歌搜索通过计算机程序有系统地自动地定位与收集网页内容，这些程序是被暂时存储于匿名地区的服务器上的。因为商业竞争的原因，这些服务器的信息是秘而不宣的。

谷歌搜索并非仅仅为用户提供被索引的网页的内容，而且利用信息处理活动而得以根据网络用户的搜索用语，为那些希望利用网络来为网络用户提供产品或服务的公司进行广告投放，进而获利。

谷歌集团诉诸子公司西班牙谷歌来推广出售"www.google.com"网站上产生的广告空间。谷歌西班牙子公司成立于2003年9月3日，具有独立法人资格，住所地在马德里（西班牙）。其经营活动主要面向设立于西班牙的公司，同时充当谷歌集团在西班牙的商务代理商。其目标在于向第三方推广和实施在线广告产品和服务的销售。

谷歌总公司（Google Inc.）指定谷歌西班牙子公司作为在西班牙信息保护机构（AEPD）登记的两个归档系统（filing system）的控制者。这些归档系统存储着曾经与谷歌总公司签订广告服务合同的顾客的个人信息。

44.特别地，西班牙国家法院甚为关注的一个主要问题是《指令》第4条1款a项下规定的"机构"（establishment）的概念以及《指令》第4条1款c项下规定的"使用位于成员国领土范围内的设备"的含义问题。

《指令》第4条1款a项

45.就《指令》第4条1款a项而言，西班牙国家法院询问：依据该条款之实质，在满足以下三个条件中一个或多个条件时，该条款是否可被解释——个人信息的处理是通过设立在成员国领土内的控制者的行为来实现的?

(1)搜索引擎运营商在成员国内设立分支机构或子公司,目的是促进和出售该引擎提供的广告空间,而且这些公司是专门面对该成员国的国民的;或

(2)母公司指定位于该成员国的子公司作为其代表,并让其充当两个涉及签订了广告合同的顾客信息的具体的归档系统的控制者;或

(3)在成员国设立的分支机构或子公司向位于欧盟以外的母公司,转发信息主体或负责监督个人信息保护权利的机构对其提出的申请或要求,或者是其自愿进行这种合作的。

46. 就以上三项条件而言,西班牙国家法院强调,谷歌搜索是由谷歌总公司运营和管理的。不过,尚无直接证据表明谷歌西班牙子公司在西班牙直接从事对第三方的网页进行索引与存储的活动。尽管如此,根据西班牙国家法院的发现,谷歌西班牙子公司所致力于推广和销售的广告业务是谷歌集团的核心商业活动,因而可被视作与谷歌搜索密切相连。

47. 格斯蒂亚·冈萨雷斯先生与西班牙、意大利、奥地利和波兰政府以及欧盟委员会提出,有鉴于谷歌总公司运营的搜索引擎活动和谷歌西班牙子公司活动之间不可分割的联系,必须将后者视为前者的一个机构,且个人信息的处理应该从属于该机构的活动范围。另一方面,根据谷歌西班牙子公司、谷歌总公司和希腊政府的意见,就西班牙国家法院所列出的三项条件中的第一项来说,《指令》第 4 条 1 款 a 项在此并不适用。

48. 在这方面,首先要注意的是《指令》序言中的第 19 段强调道:"建立在成员国境内的机构意味着通过稳定的安排来开展有效和实际的活动",而且"该机构的法律形式——无论是简单的分支形式还是具有法人资格的子公司形式——都不是决定性因素"。

49. 毫无疑问的是，谷歌西班牙子公司通过稳定的安排开展了有效和实际的活动。此外，由于它具有独立的法人资格，其构成谷歌总公司在西班牙的子公司，故而契合《指令》第 4 条 1 款 a 项所规定的"机构"的含义。

50. 满足该条款规定的标准的另外一个必要条件是，控制者所实施的个人信息处理行为是在成员国境内所设的控制者所属机构所实施的。

51. 谷歌西班牙子公司和谷歌总公司抗辩称，由于个人信息的处理完全由谷歌总公司进行，而谷歌西班牙子公司对谷歌总公司经营的谷歌搜索并未施加任何干预，其活动仅限于向谷歌集团的广告业务提供帮助，因此独立于搜索引擎服务。

52. 不过，诚如西班牙政府和欧盟委员会所言，《指令》第 4 条 1 款 a 项对个人信息的处理系由机构自身所进行，而仅需属于机构自身"活动范围"即可。

53. 此外，鉴于《指令》的目标是确保能够有效而全面地保护自然人的基本权利和自由，尤其是他们的隐私权，当对个人信息进行处理时，这些词语不能被限制性的进行解释（以此类推，见案例 C-324/09 欧莱雅和其他欧盟：C: 2011: 474，第 62 和 63 段）。

54. 在这种情况下，应当注意到，从《指令》序言第 18 至 20 段与第 4 条可以明显看出欧盟立法者寻求防止个人被剥夺《指令》所保障的保护，并通过规定一个特别宽广的地域范围来防止他人规避相应规则。

55. 鉴于《指令》的这一目标以及第 4 段 1 款 a 项的措辞，为获取诸如谷歌搜索等搜索引擎的服务而进行的个人信息的处理——这些搜索引擎是由住所地在第三国而分支机构在欧盟成员国的企业来运营的——属于该机构的活动范围。条件是：该机构致力于在此成员国内推广和销售能够提供促使搜索引擎服务获利的广告空间。

56. 在这种情况下，搜索引擎运营商的活动和其在成员国内设立的有关机构的活动是密不可分的，因为涉及广告空间的这些活动是促使搜索引擎获得经济利益的手段。与此同时，正是这些手段使得这些活动得以执行。

57. 正如前述第 26 至 28 段所陈述的，将个人信息展示于搜索结果页面上构成了信息处理行为。在同一页面上，搜索结果、与搜索关键词相连的广告这二者同时出现。很显然，对个人信息的处理是在位于成员国内（本案为西班牙）的控制者的机构在开展商业和广告活动时所进行的。

58. 有鉴于此，如果基于运营搜索引擎的目标而进行的个人信息处理活动可以逃避《指令》所规定的义务和保障措施的话，这将危及《指令》的效力以及对自然人基本权利和自由全面而有效的保护。（类似案例，可参见 L'Oreal and Others EU：C: 2011: 474，第 62 和 63 段）《指令》所特别追求的也正是保护个人的隐私权，而这亦为《指令》第 1 条第 1 款、序言第 2 段以及第 10 段所确认。（参见 Joined Cases C-465/00，C-138/01 and C-139/01 Österreichischer Rundfunk and others EU：C: 2003: 294，第 70 段；案例 C-553/07 Rijkeboer EU：C: 2009: 293，第 47 段；案例 C-473/12 IPI EU：C: 2013: 715，第 28 段及其所引用的判例）

59. 由于西班牙国家法院所列的三项条件中的第一项本身就足以断定，诸如谷歌西班牙子公司此类的机构符合《指令》第 4 段 1 款 a 项规定的标准，故而没有必要检视其他两个条件。

60. 随之而来的是，对问题 1（a）可做以下解答。《指令》的第 4 条 1 款 a 项的内涵是：当搜索引擎运营商在一个成员国设立分支或子公司，以推广和销售由搜索引擎提供的广告空间，而该分支或子公司的活动是面向该成员国的居民，那么个人信息的处理就是属于位于成员国内的控制者的机构所开展的活动。

问题1（b）至（d）

61. 鉴于对问题1（a）所做出的回答，没有必要回答问题1（b）至（d）。按照《指令》，问题2（c）和问题（d）与搜索引擎经营者的责任范围有关。

（三）问题2（c）和（d）涉及搜索引擎运营商依据《指令》应承担的责任范围

62. 至于问题2（c）和（d），西班牙国家法院询问，在本质上，《指令》第12条b款与第14条第1款（a）项是否应被解释为：搜索引擎运营商是否有义务将搜索结果中基于个人姓名搜索而出现的由第三方发布并包含相关个人信息的网络链接予以删除？在没有事先或同时将名字或个人信息从这些网页上删除时作何处理？当这些信息的发布本身是合法的又如何处理？

63. 谷歌西班牙子公司和谷歌总公司辩称，依照比例原则，任何删除信息的请求须向相关网站提出，因为他们承担着公开信息、评估公开行为的合法性的义务，而且他们掌握着让信息不可访问的最高效的和最低限制的手段。此外，要求搜索引擎的运营商从其索引中删除在网上发表的信息这种行为，没有充分考虑到网站发布者、其他网络用户和运营商本身的基本权利。

64. 奥地利政府认为，只有在所争议的信息在先前就被发现是不合法的、错误的或者当信息主体成功拒绝在此类第三方网站发布相关信息之时，成员国监督机构才可以命令搜索引擎运营商从其归档系统删除此前发布于第三方网站的信息。

65. 格斯蒂亚·冈萨雷斯先生、西班牙、意大利、波兰以及欧盟委员会认为，国际机构无须事先或同时接触信息所刊载网页的发布者即可直接命令搜索引擎运营商从其索引与中间存储器（intermediate

memory）中删除相应个人信息。此外，格斯蒂亚·冈萨雷斯先生、西班牙、意大利以及欧盟委员会认为，信息虽被合法地发布并仍存在于原始网页上这一事实对搜索引擎运营商依据《指令》所需承担的义务没有影响。然而，波兰政府认为这一事实足以免去了运营商承担的义务。

66. 首先，应当注意的是，从《指令》第 1 条与序言第 10 段可以看出，《指令》致力于保障自然人基本权利和自由（尤其是涉及个人信息处理的隐私权）获得高水平的保护（参见 IPI EU: C: 2013: 715，第 28 段）。

67. 依据《指令》序言第 25 段，该《指令》所规定的信息保护原则，一方面体现在负责处理信息者须承担的义务上，尤其体现在关于信息质量、技术安全、通知监督机构与信息处理可被进行的环境等方面。另一方面体现在信息主体所享有的个人权利上，包括通知其信息处理已经开始、信息查阅、信息更正以及在特定情况下反对处理其信息等权利。

68. 欧洲法院已然表明，《指令》中的条款必须以基本权利为基础进行解释，因为这些条款适用于对个人信息的处理会侵犯基本自由特别是隐私权的情形。依据既定的判例法，这些基本权利构成了法律的一般原则的不可分割的部分，法院有义务确保这些原则得到遵守，并且这些原则在《宪章》中已有所规定（特别参见 Case C-274/99 P Connolly v Commission EU : C: 2001: 127，第 37 段，以及 Österreichischer Rundfunk and Others EU : C: 2003: 294，第 68 段）。

69. 《宪章》的第 7 条规定了尊重私人生活的权利，而《宪章》第 8 条也明确规定了对个人信息的保护。第 8 条第 2 款和第 3 款详细规定：只有获得相关人士的同意或者其他法律规定的合法的依据，才能为了特定的用途，对个人信息进行妥当的处理；每个人都有访问和更正被收集的与其相关的信息的权利；独立的机构监督对这些规则的遵守。《指令》的第 6、7、12、14 和 28 条特别执行了这些要求。

70.《指令》的第 12 条 b 款规定，根据具体情况，成员国应确保每个信息主体从个人信息控制者手中获得更正、删除或者禁止不符合《指令》规定的个人信息的权利——特别是在个人信息不完整或失真之时。《指令》第 6 条第 1 款 d 项未通过举例来说明且并未穷尽说明具体的适用情形，因而信息处理者不遵循《指令》所规定的其他合法性要求，也有可能导致信息处理过程违反《指令》规定，进而促使信息主体依据《指令》第 12 条 b 款获得删除信息的权利。

71. 在这方面，应当注意的是，依据《指令》第 13 条所规定的例外情形，所有对个人信息的处理行为都必须遵守《指令》第 6 条规定的信息质量（data quality）相关原则，必须遵守《指令》第 7 条列举的信息处理合法化的标准（参见 Österreichischer Rundfunk and Others EU: C: 2003: 294，第 65 段；Joined Cases C-468/10 and C-469/10 ASNEF and FECEMD EU: C: 2011: 777，第 26 段；and Case C-342/12 Worten EU: C: 2013: 355，第 33 段）。

72. 依据《指令》第 6 条，且纵观各国制定的基于历史的、统计的、科学的目的处理信息的特别条款，个人信息控制者有以下义务：确保私人信息被公平、合法的收集和处理；确保搜集这些信息的目的是特定的、明确的、合法的，并且进一步处理这些信息的方式也不能同这些目的相违背；确保这些信息是充分的、相关的、不能过度、不能超越目的范围；确保这些信息是完整准确的并保持最新状态；确保对可识别的信息的存储不超越信息采集目的以及继续处理所需的程度。在这种情况下，个人信息管理者必须采取每一个合理的步骤，以确保不符合该规定的信息被删除或纠正。

73. 依据《指令》第 7 条，对于合法化处理信息（比如本案中搜索引擎运营商所进行的信息处理）的问题，第 7 条 f 款进行了规定。

74. 依据这一条款，在个人信息控制者或获得信息的第三方对所追求的目的具有合法利益时，他们可对个人信息进行处理。除非这种利益在优先性上须让位于信息主体的基本权利与自由（尤其是关于个人信息处理的隐私权）。《指令》的第1条第1款对此进行了规定。因此，在适用第7条第f款时，需要在相关权益之间进行平衡，在这种情况下必须考虑到《宪章》第7条和第8条规定的信息主体的权利的重要性（参见 ASNEF and FECEMD, EU: C: 2011: 777，第38和40段）。

75. 就处理信息的行为是否符合《指令》的第6条和第7条f款而言，这可以通过信息处理者是否依据《指令》第12条b款的规定为信息主体行使信息删除等权利的便利来判断。此外，在特定情况下，信息主体亦可依据该《指令》第14条第1段a项中规定的拒绝权（right to object）来行使相关请求。

76. 依据《指令》第14条第1段a项，成员国至少须在《指令》第7条第e款和第f款提到的情况下，赋予信息主体在任何时候基于正当的法律原因（依据其客观情况而定）反对处理与之相关的个人信息的权利，成员国法律有特别规定的依其规定。《指令》第14条第1段a项所规定的利益平衡，能够促使人们将环绕信息主体的特定情形进行更为具体的考量。在信息主体的拒绝权是合理之时，个人信息控制者便不能再处理相关信息。

77. 依据该《指令》的第12条b款以及《指令》第14条第1段a项，信息主体可以直接向控制者提出相应请求。个人信息控制者必须及时地审视它们的价值，并且视乎具体情形停止信息处理活动。如果个人信息控制者不同意这样的请求，信息主体可以向监管机构或者司法机关投诉或起诉，以促使相应机构进行必要的审视并命令信息控制者采取相应的措施。

78. 在这一点上，应当注意的是，从该《指令》的第28条第3款和第4款可以看出，每个监管机关都审理任何个体提出的涉及其个人信息处理方面的权利和自由的投诉，并拥有调查权和有效的干预权力，以在必要时阻止、删除或销毁相关信息，或对信息处理行为施加一个暂时或终局的禁令。

79. 基于这些考虑，当信息主体向监管机关或司法机关投诉或起诉时，有必要对《指令》涉及信息主体权利的条款进行解释和应用。

80. 从一开始就应该指出，就像在本判决书中的第 36 到 38 段中所显示的，当搜索是基于信息主体的名字之时，搜索引擎运营商对个人信息的处理极有可能严重影响基本隐私权利和个人信息保护。因为这种处理方式使任何互联网用户可以从搜索列表中获知，以互联网上关于该主体的信息所建立起来的结构化的人物轮廓。这些信息可能涉及私人生活的很多方面，也涉及了一些若没有搜索引擎则不能联系起来的或者很难联系起来的信息。这就使得用户可在一定程度上建立起来一个详细的个人轮廓。此外，随着网络和搜索引擎在现代社会中具有越来越重要的作用，信息主体的权利也受到越来越多的干扰，并使搜索列表所包含的信息变得无处不在（参见 Joined Cases C-509/09 and C-161/10 eDate Advertising and Others EU: C: 2011: 685，第 45 段）。

81. 由于这种干预的潜在严重性，很明显不能仅仅只凭借搜索引擎的运营商在处理信息的过程中获得的经济利益来说明信息处理活动的正当性。然而，在移除搜索列表中的链接将会给对获得此类信息饶有兴趣的网络用户的合法利益带来消极影响时（如在本案中），人们有必要在网络用户利益以及《宪章》的第 7 条和第 8 条所规定的信息主体的基本权利之间寻求一个公正的平衡。作为一般原则，与网络用户的利益相比，这些条款保护的信息主体的权利具有优先性。尽管如此，在个案中进行的利益衡量所要考量的因素包括：信息的性质、信息之于信息主体私生活的敏感性、该信息所承载的公共利益以及根据信息主体在公共生活中所扮演的不同角色而引起的利益变化。

82. 在对《指令》的第 12 条 b 款的估量，并对依据《指令》第 14 条第 1 款 a 项提起的投诉进行衡量后，监管机构与司法机关可以命令搜索引擎运营商从利用搜索人名而得来的结果清单中删除指向第三方的、包含相应个人信息的网页的链接。它们无须事先或同时从第三方网页上删除相应名字与信息，无论信息删除行为是出于发布者自我意愿抑或由于有权机构的命令。

83. 就像本判决书的第35段到第38段所表明的那样：只要信息处理行为是在搜索引擎的活动语境下做出的，并且与网站发布者的信息处理行为可以互为区别、互为补充，并有影响信息主体的基本权利之虞，那么，作为信息处理行为的控制者，搜索引擎运营商必须在其义务、权限和能力范围内确保信息处理行为符合《指令》的要求，以使《指令》所规定的保障措施得以发挥作用。

84. 鉴于在网站上发布的信息被其他网站复制的容易性，负责其内容发布的人并不总是受欧盟法律管辖。如果信息主体必须首先或同时从网站的内容发布者处获得删除与之相关的信息的准允，那么将无法为信息主体提供有效而完整的保护。

85. 此外，在一些情况下，网页发布者可能是单纯基于"新闻目的"而处理个人信息（比如发布与信息主体有关的个人信息），因而可依据《指令》第9条获得相关豁免。然而，当信息处理行为是由搜索引擎做出时，情况变得不同。不能排除在某种情况下，信息主体可以依据《指令》第12条b款和第14条第1款a项所赋予的权利来对抗运营商，不过不能对抗网页的发布者。

86. 最后，必须阐明的是，《指令》第7条，证明网站发布个人信息的正当性的理由并不必然与用来证明搜索引擎活动的正当性的理由相一致。即使是这样，依据《指令》的第7条第f款和第14条第1款a项所进行的利益衡量，也可能会因为信息处理行为是搜索引擎运营商抑或网页的发布者所做出的而有所不同。首先，证明信息处理行为合法性的法律利益可能不同。其次，处理信息的结果对于信息主体尤其是他们的私人生活的影响可能不同。

87. 事实上，对于任何一个搜索特定个人信息的网络用户来说，只要在搜索引擎上键入某人名字，即可获得一系列相关网页的搜索列表，这给网络用户带来极大便利，并可能对信息的传播起到决定性的作用。所以，搜索引擎可能比网页发布者更对信息主体基本隐私权产生严重干预。

88. 有鉴于上述考虑，对问题2（c）和（d）可作如下解答。在解释《指令》第12条b款和第14条第1款a项时，为了遵守这些条款规定的权利，并在实际上满足这些条款所规定的要件，搜索引擎运营商有义务将基于搜索名字而获得的搜索结果列表中展示的、第三方所发布的、含有个人信息的网页的链接予以删除。就算没有事先或同时让第三方网页删除这些名字或信息，就算这些网页是基于合法理由而被发布，这也不妨碍搜索引擎删除相关网页链接。

（四）问题3涉及《指令》所保障的信息主体的权利范围

89. 在问题3，西班牙国家法院咨询：在本质上，可否对《指令》第12条b款和第14条第1款a项做以下解释？亦即信息主体可否以信息可能造成偏见或其个人希望在特定时间之后将信息"遗忘"为由，请求搜索引擎将基于搜索名字而获得的搜索结果列表中展示的、第三方所合法发布的、含有个人真实信息的网页的链接予以删除？

90. 谷歌西班牙子公司、谷歌总公司和希腊、奥地利、波兰政府与欧盟委员会认为答案是否定的。谷歌西班牙子公司、谷歌总公司、波兰政府与欧盟委员会认为，《指令》第12条b款和第14条第1款a项仅仅在信息处理行为同指令相抵触或者信息主体具有优先性合法事由之时，方能行使信息删除权。不能仅仅因为他们认为信息处理行为可能对其存在偏见或者他们希望他人遗忘这些信息，而赋予信息主体删除信息的权利。希腊和奥地利政府认为信息主体必须向相关网站的发布者而非搜索引擎主张权利。

91. 格斯蒂亚·冈萨雷斯先生、西班牙与意大利政府认为，如果通过搜索引擎索引所传播的信息是存在偏见的，并损害其与个人信息相系的基本权利与隐私（包括被遗忘权），那么信息主体可以反对搜索引擎编辑与其个人信息相关的索引。在这时，信息主体的权利比搜索引擎运营商的合法利益以及信息自由（freedom of information）等一般利益更具有优先性。

92. 至于《指令》的第 12 条 b 款，它的应用需要满足以下条件：个人信息处理行为与《指令》相抵触。如同本判决书的第 72 段所言，这种不一致性可能是因为信息不精确造成的，也可能因为它们是不充分的、不相关的、过度超出信息处理目的的、陈旧的、保存时间超越了必要性的。除非，它们是基于历史的、统计的、科学的目的而被长期保存。

93. 依据《指令》第 6 条第 1 款第 c 项到第 e 项的规定，随着时间的推移，即使最初是合法处理的精确的信息，也可能变得不符合该指令的内容——特别是就信息收集和进一步处理的目的而言，这些信息不再是必须的。在信息是不充分的、不相关的或不再相关的，或者因为时间经过或目标问题而变得过量之时，这尤其明显。

94. 因此，在考虑了所有情形之后，如果基于搜索名字而获得的搜索结果列表中展示的、第三方所合法发布的、含有个人真实信息的网页的链接在此时不符合《指令》第 6 条第 1 款第 c 项到第 e 项的规定——信息是不充分的、不相关的或不再相关的，或者就搜索引擎处理信息的目的而言是过量之时——那么信息以及相关的链接必须被删除（如果信息主体依据《指令》第 12 条 b 款提出删除申请）。

95. 到目前为止，就信息主体根据《指令》第 12 条 b 款与第 7 条第 f 款所规定的事由提出的申请，或者依据第 14 条第 1 款 a 项所提出的删除申请而言，必须指出的是，在每个案例中，关于个人信息的处理都应全程获得《指令》第 7 条的授权。

96. 鉴于以上考量，在评估关于反对信息处理行为的申请时，尤其应当审视信息主体是否有权利决定，与其相关之个人信息在此时不再与籍由搜索其名字而获得之信息列表中的名字相联系。在这方面，必须指出的是，对于信息主体来说，没有必要证明搜索引擎将这种信息涵摄入搜索结果列表是对信息主体的偏见，才能获得该种权利。

97. 依据《宪章》第 7 条和第 8 条关于基本权利的规定，信息主体可以主张不再以搜索列表的方式将某种信息公之于众。如同本判决第 81 段所言，应该认为信息主体的这些权利优先于搜索引擎运营商的经济利益以及大众依据信息主体姓名搜寻相关信息的利益。然而，特殊情况下也有例外。比如，这种特定的原因包括：信息主体在公共生活中所扮演的角色、公众因为搜索引擎结果列表的涵摄而获得相应信息的权益具有优先性，从而说明了对信息主体的基本权利进行干预的正当性。

98. 至于本案中的情形，信息主体不满于网络用户通过谷歌搜索其名字即可获得一系列指向一家日报的网络档案文件（内含关于信息主体名字与扣押、拍卖房产以清偿社会保险费的公告）的链接。理应裁判如下：在考虑了这些公告所包含的个人信息之于信息主体私生活的敏感性、报纸公告首次发布是在 16 年前等事实后，欧洲法院认为信息主体有权认为这些信息不应再以搜索引擎列表的形式与其名字相关联。在本案中，似乎没有特定理由足以证明在此搜索过程中，公众获取信息的利益具有优先性。不过，是否具有相应证据应该由西班牙国家法院具体审查。在本案中，信息主体可以根据《指令》第 12 条 b 款以及第 14 条 1 款 a 项要求搜索引擎运营商从搜索结果列表中删除相关链接。

99. 基于以上考虑，就问题 3 而言，可对《指令》第 12 条 b 款以及第 14 条第 1 款 a 项做以下解释。在评估这些条款的适用条件时，尤其需要审视信息主体是否有权利决定，与其相关之个人信息在此时不再与籍由搜索其名字而获得之信息列表中的名字相联系。信息主体没有必要证明搜索引擎将这种信息涵摄入搜索结果列表是对信息主体的偏见,才能获得该种权利。因为信息主体可依据《宪章》第7条和第8条规定的基本权利,来请求不再以搜索列表的方式将与之相关的某种信息公之于众。作为一项规则,信息主体的这种权利优先于搜索引擎运营商的经济利益以及公众以信息主体名字为搜索词汇以获知信息的权益。然而,在特殊情况下也有例外。这些情形包括:信息主体在公共生活中所扮演的角色、公众因为搜索引擎结果列表的涵摄而获得相应信息的权益具有优先性,从而说明了对信息主体的基本权利进行干预的正当性。

诉讼费用

100. 诉讼费用是由西班牙国家法院决定的,因为对于本案当事人来说,欧洲法院的裁决是先决裁定,而西班牙国家法院的程序只是暂时中止。向欧洲法院提交观察意见(observations)所支付的费用(并非其他当事人的诉讼费用)是不可返回的。

基于以上理由,法院(大审判庭)因此判决:

(1)可对《指令》第2条b款与d款作以下解释。首先,在搜索引擎所处理的信息包括个人信息时,必须将搜索引擎所实施的以下行为解释为《指令》第2条b款下的"信息处理行为"(processing of personal data):获得第三方发布或措置在互联网上的信息、自动编辑信息索引、暂时储存信息并最终依照特定顺序来为网络用户提供此类信息。其次,依据第2条d款,应将搜索引擎运营商视作信息处理的控制者(controller)。

(2)《指令》的第4条1款a项的内涵是:当搜索引擎运营商在一个成员国设立分支或子公司,以推广和销售由搜索引擎提供的广告空间，而该分支或子公司的活动是面向该成员国的居民，那么个人信息的处理就属于位于成员国内的控制者的机构所开展的活动。

（3）在解释《指令》第12条b款和第14条第1款a项时，为了遵守这些条款规定的权利，并在实际上满足这些条款所规定的要件，搜索引擎运营商有义务将基于搜索名字而获得的搜索结果列表中展示的、第三方所发布的、含有个人信息的网页的链接予以删除。就算没有事先或同时让第三方网页删除这些名字或信息，就算这些网页是基于合法理由而被发布，这也不妨碍搜索引擎删除相关网页链接。

（4）可对《指令》第12条b款以及第14条第1款a项作以下解释。在评估这些条款的适用条件时，尤其需要审视信息主体是否有权利决定，与其相关之个人信息在此时不再与籍由搜索其名字而获得之信息列表中的名字相联系。信息主体没有必要证明搜索引擎将这种信息涵摄入搜索结果列表是对信息主体的偏见，才能获得该种权利。因为信息主体可依据《宪章》第7条和第8条规定的基本权利，来请求不再以搜索列表的方式将与之相关的某种信息公之于众。作为一项规则，信息主体的这种权利优先于搜索引擎运营商的经济利益以及公众以信息主体名字为搜索词汇以获知信息的权益。然而，在特殊情况下也有例外。这些情形包括：信息主体在公共生活中所扮演的角色、公众因为搜索引擎结果列表的涵摄而获得相应信息的权益具有优先性，从而说明了对信息主体的基本权利进行干预的正当性。

附录二：任某某与北京百度网讯科技有限公司人格权纠纷一审民事判决书

北京市海淀区人民法院
民事判决书

（2015）海民初字第 17417 号

原告：任某某。
委托代理人：李某某，北京方亚律师事务所律师。
被告：北京百度网讯科技有限公司。
法定代表人：梁某某，董事长。
委托代理人：程某。
委托代理人：望某某，北京市天银律师事务所律师。

原告任某某诉被告北京百度网讯科技有限公司（以下简称百度公司）侵犯名誉权、姓名权、一般人格权纠纷一案，本院受理后，依法由本院审判员陈昶屹独任审判，公开开庭进行了审理。原告任某某及委托代理人李某某与被告百度公司委托代理人程某、望开雄到庭参加了诉讼。本案现已审理终结。

原告任某某诉称：原告任某某系国家高级人力资源师，是中国著名管理设计大师，中科院中科博大特聘高级工程师，邀选《中国世纪专家》、《新世纪功臣大典》、《中国国情报告·专家学者卷》等。原告在教育及管理领域均享有极高的声誉。从 2015 年 2 月初开始,原告陆续在被告的网站上发现"陶氏教育任某某"、"无锡陶氏教育任某某"等字样的侵权内容及链接,原告未曾在陶氏教育公司上班,也从未在网上上传过"陶氏教育任某某"、"无锡陶氏教育任某某"等信息,由于陶氏教育在外界颇受争议,"陶氏教育任某某"、"无锡陶氏教育任某某"等侵权信息给原告名誉造成极大侵害,原告曾多次发邮件给被告要求删除相关内容,也多次亲自从山东跑到被告处要求删除,但是至今被告仍没有删除或采取任何停止侵权的措施。同年 3 月,原告曾应聘多家公司,但均由于"陶氏教育任某某"和"无锡陶氏教育任某某"等负面信息严重影响原告取得公司信任而无法工作,每月造成至少五万元的经济损失。原告为维护权益,到处联系删帖公司,花钱删帖,浪费时间、财力、精力,并且找寻律师维护权益,自费到无锡、北京等地维护权益,不能正常的工作生活。被告的侵权行为已给原告精神、经济和健康上造成极大的伤害。此外,原告认为被告的侵权行为还侵犯了一般人格权,不良的搜索结果会影响原告的就业、工作交流、日常生活,原告认为还有一个"被遗忘权"问题,现在陶氏跟原告没有关系,公众会误解原告与陶氏还有合作,误导潜在合作伙伴、误导学生。陶氏教育在行业内口碑不好,经常有学生退钱,如果有学生搜索原告的名字,看到这个结果会对原告进行误解。不排除一些客户利用百度搜索后,看到结果关键词就不再点开看了,直接误解原告还在陶氏工作。综上所述,依据《中华人民共和国侵权责任法》《关于审理利用信息网络侵害人身权益民事纠纷案件适用法律若干问题的规定》等相关法律,现起诉请求:1、判令被告立即停止对侵犯原告姓名权、名誉权实施的一切侵权行为,并赔礼道歉、消除影响。其中,在百度搜索界面中输入"任某某"进行搜索,搜索结果中不得出现"陶氏任某某"、"陶氏超能学习法"、"超能急速学习法"、"超能学习法"、"陶氏教育任某某"和"无锡陶氏教育任某某"等六个关键词。赔礼道歉指的是原被告之间通过书面方式赔礼道歉,不需要公开赔礼道歉。对于消除影响,如果可以在搜索"任某某"之时屏蔽上述关键词,我认为已经达到消除影响的目的,就不再主张要求消除影响。2、判令被告支付原告精神损害抚慰金 2 万元。3、判令自 2015 年 3 月 12 日至被告停止一切侵权行为期间(删除上述关键词以及赔礼道歉完毕之日),被告向原告每月支付经济赔偿金 5 万元。4、判令被告支付原告为维权支付的合理费用,包括公证费 700 元、500 元,住宿费 2270 元,交通费差旅费 965.5 元。

被告百度公司辩称:第一,在本案事实中,百度公司只提供了互联网搜索引擎服务,包括"关键词搜索"和"关键词相关搜索",无论哪一种搜索方式,都客观体现了网民的搜索状况和互联网信息的客观情况,具有技术中立性和正当合理性。百度搜索引擎除提供传统的"关键词搜索"功能外,还提供"关键词相关搜索"功能,"关键词相关搜索"就是搜索引擎自动统计一段时间内互联网上所有网民输入的搜索关键词的频率,在某个网民输入一个关键词进行搜索时,搜索引擎自动显示出所有网民输入的、与该关键词相关联的搜索频率最高的关键词,网民点击相关搜索中的关键词后,可以找到与其搜索内容相关的互联网上客观存在的信息。随着所有网民输入关键词的内容和频率的变化,相关搜索中的关键词也会自动进行更新。因此,相关搜索是网络用户搜索行为的客观体现,搜索引擎服务商仅是将网民的搜索行为客观展现出来供网络用户参考,在服务过程中百度公司未做任何人为的调整和干预。

第二,本案中客观上不存在原告姓名权和名誉权受侵犯的情形。其一,就本案涉诉事实而言,根据原告任某某的法庭陈述,其之前确实与陶氏教育有过现实的业务合作与媒体宣传,这些业务合作与宣传信息反映在互联网上,根据搜索引擎的机器算法法则,搜索"任某某",不仅会出现与关键词"任某某"有关的第三方网页链接,还会自动出现与"任某某"相关的搜索关键词如"陶氏教育任某某"、"陶氏教育"。即使在双方现实业务合作终止后,但在互联网上,由于在相关搜索的时间参考期限内,搜索"任某某",相关搜索词依然有可能出现"陶氏教育任某某"或"陶氏教育＊＊＊";同时,由于搜索的用户可能并不知道任某某与陶氏教育合作变化事宜,可能还会继续在互联网上检索相关的检索词,也造成出现涉诉相关检索词的原因。目前来看,线上的结果已经改变,也说明了搜索用户已经逐渐知悉了此情况,行为上的关联度逐渐在降低,再结合算法计算后,相关搜索词已经改变(根据原告起诉时提交的证据、原告补充提交的证据、当前实时数据,相关搜索词每次均不同),更加说明相关搜索是机器自动的、实时的、动态的。法律上,侵犯姓名权的行为主要表现为:擅自使用他人姓名、假冒他人姓名、干涉他人使用姓名、或采取违法方式或违背善良公俗使用他人姓名等。因此,百度搜索引擎的上述情形,不属于侵犯原告姓名权的行为。其二,在本案中,无论是"任某某"关键词搜索,还是相关搜索,搜索词以及链接信息均不存在对原告侮辱或诽谤的文字内容。搜索时,与原告名字同时出现的"陶氏教育"相关信息,也与原告的现实社会关系客观上存在一定关联,也不构成对原告的侮辱或诽谤。因此,百度搜索引擎的上述情形,不属于侵犯原告名誉权的行为。

第三,原告主张的权利没有明确的法律依据,据我公司了解,被遗忘权主要指的是一些人生污点,本案并不适用。原告并没有举证陶氏教育的负面影响有多大,社会评价有多低,对原告的客观影响在哪里。针对本案的关键词,本身不具有独立的表达,例如,陶氏任某某,想要知道具体内容一定要点开链接看,不能说看见这个关键词,就认为任某某现在陶氏工作,因此,原告对被遗忘权的主张不能成立。

第四,关于原告主张的经济赔偿金和精神损害抚慰金,理由不成立。没有证据证明原告存在精神损害和经济损失,以及与本案中百度提供的搜索引擎服务存在任何因果关系。原告的证据中投诉渠道也不是有效的。

综上，我公司请求法庭依法驳回原告的全部诉讼请求。

经审理查明：

任某某系人力资源管理、企事业管理等管理学领域的从业人员，曾以笔名加羽著有《合一兵法》一书，其于2014年7月1日起在无锡陶氏生物科技有限公司从事过相关的教育工作，2014年11月26日由该公司向其发出了《自动离职通知书》解除劳动关系。百度公司系提供网页搜索、相关搜索等网络搜索服务的提供商。

2015年4月8日，任某某向湖南省怀化市天桥公证处申请对百度网页上"任某某"及任某某个人邮箱内的相关内容进行证据保全，该处作出（2015）湘怀天证字第642号公证书。该公证书显示：点击"浏览器为360-7"，打开页面，点击"百度"，键入"任某某"，"网页"页面中在"相关搜索"处显示有"任"、"陶氏教育任某某"、"任某某酷6"、"国际超能教育任某某"、"美国潜能教育任某某"、"香港跨世纪教育任某某"；另，在搜索框内键入"陶氏教育"，在"相关搜索"处显示有"无锡陶氏教育"、"陶氏教育怎么样"、"陶氏"、"陶氏教育骗局"、"陶氏远航教育是骗局吗"、"陶氏教育集团"、"陶氏远航教育"、"陶宏开"、"右脑开发"。该公证书还显示：用李三云手机上网，点击"百度"，键入"任某某"，手机页面中"相关搜索"处显示"美国潜能教育任某某"、"dna全脑超能学习法"、"突围突围"、"全脑开发音乐"、"陶氏教育任某某"、"国际超能教育任某某"、"任"、"任某某酷6"。

2014年6月26日，百度公司向北京市方正公证处申请对百度网页相关内容进行证据保全，该处作出（2014）京方正内经证字第09695号公证书。该公证书显示：打开已连接互联网的计算机，清除计算机缓存，打开IE浏览器，自动显示该计算机设置的默认空白页面，在该页面的地址栏中输入www.baidu.com，分别点击该页面下方的"使用百度前必读"、"权利声明"、"隐私权保护声明"，对页面显示进行了截屏保存。在"使用百度前必读"部分中显示："百度提醒您：在使用百度搜索引擎（以下简称百度）前，请您务必仔细阅读并透彻理解本声明。您可以选择不使用百度，但如果您使用百度，您的使用行为将被视为对本声明全部内容的认可。"在"权利声明"部分中"权利通知"显示："任何个人或单位如果同时符合以下两个条件：1、权利人发现网络用户利用网络服务侵害其合法权益；2、百度的搜索引擎系统以自动检索方式而链接到第三方网站的内容侵犯了上述权利人的合法权益。请上述个人或单位务必以书面的通讯方式向百度提交权利通知。……请您把以上资料和联络方式书面发往以下地址：北京市海淀区上地十街10号，北京百度网讯科技有限公司法务部，邮政编码100085"。

2015年5月18日，百度公司向北京市方正公证处申请对百度网页相关内容进行证据保全，该处作出（2015）京方正内经证字第05338号公证书。该公证书显示：打开已连接互联网的计算机，清除计算机缓存，打开ie浏览器，自动显示该计算机设置的默认空白页面，在该页面的地址栏中输入www.baidu.com，在搜索栏中输入"任某某"，点击"百度一下"，对显示页面进行了截屏保存。在网页搜索中首页显示链接分别为："任某某百度百科"、"任某某的最新相关信息"、"任某某：争做教育行业的领跑者"、"任某某的微博腾讯微博"、"任某某互动百科"、"任某某的相关视频在线观看百度视频"、"任某某-热门标签-高清视频在线观看-爱奇艺"、"香港跨世纪教育任某某技术效果明显视频在线观看56.com"、"台湾灵感教育任某某-凤凰水寨-凤凰论坛"、"少年大学教育-任某某视频在线观看56.com"、"国际超能教育任某某-pps爱频道"。相关搜索中显示词条分别为："任"、"任某某酷6"、"国际超能教育任某某"、"美国潜能教育任某某"、"香港跨世纪教育任某某"。

2015年5月19日,百度公司向北京市方正公证处申请对使用手机查看百度网页相关内容进行证据保全,该处作出(2015)京方正内经证字第05525号公证书。该公证书显示:打开iphone手机,对手机进行重置处理,重置过程中选择公证处设置的无线局域网并连接,通过手机主界面点击"AppStore",进入"手机百度"界面,点击"进入首页",显示新的界面,连续点击"不允许"、点击"确定",在搜索栏中输入"任某某",点击"确认",显示新界面并浏览,连续点击"下一页",显示新界面并浏览,公证员用摄像机进行摄像取证保存,后打开计算机,清除计算机缓存,在计算机中新建word文档,打开摄像机的录像内容,对视频中相关内容进行截屏并将截屏内容均保存在文档中。在该手机页面中相关搜索于上午11:43显示词条分别为:"国际超能教育任某某"、"超能极速学习法"、"全脑开发巨人"、"香港跨世纪教育任……"、"间脑开发骗局"、"全脑开发好吗有用吗"、"dna全脑超能学习法"、"陶氏超能学习法有……"。

2015年5月19日,百度公司向北京市方正公证处申请对使用手机查看百度网页相关内容进行证据保全,该处作出(2015)京方正内经证字第05526号公证书。该公证书显示:打开华为手机,对手机进行重置处理,重置过程中选择公证处设置的无线局域网并连接,通过手机主界面点击"应用市场",进入"手机百度"界面,点击"进入首页",显示新的界面,点击"禁止"、关闭广告弹窗,在搜索栏中输入"任某某",点击"搜索",显示新界面并浏览,连续点击"下一页",显示新界面并浏览,公证员用摄像机进行摄像取证保存,后打开计算机,清除计算机缓存,在计算机中新建word文档,打开摄像机的录像内容,对视频中相关内容进行截屏并将截屏内容均保存在文档中。在该手机页面中相关搜索于上午10:59显示词条分别为:"国际超能教育任某某"、"超能极速学习法"、"全脑开发巨人"、"香港跨世纪教育任某某"、"间脑开发骗局"、"全脑开发好吗有用吗"、"dna全脑超能学习法"、"陶氏超能学习法有用吗"。

2015年5月21日,任某某向湖南省怀化市天桥公证处申请对百度网页上"任某某"的相关内容进行证据保全,该处作出(2015)湘怀天证字第1085号公证书。该公证书显示:点击"浏览器为360-7",打开页面,点击"百度",键入"任某某","网页"页面中在"相关搜索"处显示有"任"、"任某某酷6"、"国际超能教育任某某"、"美国潜能教育任某某"、"香港跨世纪教育任某某";另,在公证人员的面前,由任某某操作由该处提供的手机(号码:151××××××××)进行手机上网,点击"百度",键入"任某某",手机显示页面,按顺序拍照打印页面,其中"相关搜索"处显示:"国际超能教育任某某"、"超能极速学习法"、"全脑开发巨人"、"香港跨世纪教育任某某"、"间脑开发骗局"、"全脑开发好吗有用吗"、"dna全脑学习法"、"陶氏超能学习法有用吗"。

另查,2015年1月28日8:33,任某某通过电子邮箱×××向百度公司的电子邮箱×××及×××发送电子邮件,主题为"×××:请认真认真详读!严重侵权!尽快删除!严重侵权!尽快删除!"2015年1月28日9:17,百度公司通过电子邮箱×××向任某某通过电子邮箱×××回复邮件:"尊敬的客户,您好:为了高效的处理问题,请按以下路径进行投诉处理。投诉路径:1、登录网页,http:// tousu.baidu.com/webmaster/add进行投诉;2、移动端,首页底部,用户反馈入口进行投诉,感谢您对百度的支持和关注。"

2015年2月26日,任某某通过电子邮箱×××向百度公司的电子邮箱×××发送电子邮件,表示"严重侵权信息,请务必删除"并附上一张百度搜索手机网页截屏,相关搜索处显示"美国潜能教育任某某"、"陶氏教育任某某"、"dna全脑超能学习法术"、"陶氏任某某"、"凤凰军事"、"英语右脑教育机构"、"陶氏教育"、"香港跨世纪教育任"。

2015年3月24日，任某某通过电子邮箱×××向百度公司的电子邮箱×××及×××发送电子邮件，表示"用手机百度搜索'任某某'会出现'陶氏教育任某某''无锡陶氏教育任某某'字样，我是'任某某'严重声明，我也早已经不在陶氏教育，陶氏教育声名狼藉（此信息作为法律证据）"，并附上一张百度搜索手机网页截屏，相关搜索处显示"美国潜能教育任某某"、"无锡陶氏教育任某某"、"dna全脑超能学习法术"、"全脑开发音乐"、"陶氏教育骗局"、"广州培训师联合会"、"任"、"陶氏教育任某某"。

百度公司表示未收到任某某按照其公示投诉渠道的正式投诉，未对任某某的投诉进行删除处理。

庭审中，任某某主张百度公司搜索页面中显示的关键词给其造成了不利影响和经济损失，应当向其进行损害赔偿，就此向本院提交了一份《解除劳动合同协议》和部分交通住宿票据及湖南省怀化市天桥公证处分别出具的700元和500元的公证业务费发票。其中该《解除劳动合同协议》显示，北京道雅轩商贸有限公司（甲方）与任某某（乙方）协商一致自愿于2015年3月12日正式解除劳动合同关系，解除理由是自甲方聘用乙方并开始试用后，发现百度网络上显示"无锡陶氏教育任某某"，陶氏教育被很多人称为骗子公司，甚至有人说是邪教，因甲方对乙方从事的工作需要对信誉度要求高，双方自愿解除合同，原定甲方聘用乙方约定的60万元年薪，由于时间短，乙方同意甲方不支付任何工资和任何经济补偿。

另，任某某当庭陈述之前跟百度公司投诉的两个关键词"陶氏教育任某某"和"无锡陶氏教育任某某"，其最早于2015年1月28日发现，但是现在百度页面已经没有了，当庭要求另行删除四个关键词："陶氏任某某"、"陶氏超能学习法"、"超能急速学习法"、"超能学习法"，该四个关键词在之前并未向百度公司投诉过。百度公司抗辩称相关搜索的关键词是由根据过去其他用户的搜索习惯和当前搜索词之间的关联度计算而产生，并非该公司人为干预，而且一直处于动态变化之中，并要求现场用手机进行勘验予以证明其观点。法庭现场组织双方通过各自的手机进行勘验，任某某使用自己的手机点击百度搜索页面，并输入"任某某"，显示结果中又出现了"陶氏教育任某某"，但是却没有当庭明确要求删除的前述四个关键词，其后又使用双方代理人手机点击百度搜索页面，并输入"任某某"，结果又显示有关键词"超能急速学习法"，但没有其他三个关键词。后任某某当庭明确其要求百度公司删除的是"陶氏教育任某某"和"无锡陶氏教育任某某"、"陶氏任某某"、"陶氏超能学习法"、"超能急速学习法"、"超能学习法"等共计六个关键词。

此外，任某某主张百度公司侵犯其姓名权、名誉权及一般人格权中"被遗忘"的权利，其侵权行为表现在未经其允许，上传者结合百度搜索引擎功能共同盗用其姓名，编造已经不存在的事实，把陶氏教育机构与其捆绑并造成其经济损失，而且其过去与无锡陶氏生物科技有限公司的合作已经结束，现在已经与该公司没有关系了，由于该公司在业界口碑不好，经常有学生退钱，如果有学生及合作伙伴搜索其名字，从百度页面看到搜索结果会误以为其与该公司还有合作，该不良搜索结果会影响其就业、工作交流及日常生活，这样的搜索信息应当被"遗忘"，但是百度公司拒绝删除。百度公司对前述主张不予认可，主张其并未实施侵害任某某姓名权、名誉权及被遗忘权的行为，其提供的搜索服务中相关搜索是搜索引擎的重要组成部分，其作用是客观体现网民的搜索情况和互联网信息的客观情况。目前根据检索词"任某某"会出现相关检索词的情况是结合近9个月的数据，同时也综合了6类相关搜索算法得出的，根据任某某的法庭陈述，其之前确实与陶氏教育有过现实的业务合作与媒体宣传，这些业务合作与宣传信息反映在互联网上，根据6类相关搜索算法搜索"任某某"，相关搜索词出现"陶氏教育任某某"、"陶氏教育＊＊＊"等符合相关搜索的计算法则。即使在双方现实业务合作终止后，但在互联网上相关搜索查询的时间参考范围内搜索"任某某"，相关搜索词依然有可能出现"陶氏教育任某某"、"陶氏教育＊＊＊"，同时，由于搜索的用户可能并不知道任某某与陶氏教育合作变化事宜，可能还会继续在互联网上检索相关的检索词，也造成出现涉诉相关检索词的原因。目前来看，线上的结果已经改变，也说明了搜索用户已经逐渐知悉此情况，行为上的关联度逐渐在降低，再结合算法计算后，相关搜索词已经改变，因为根据任某某起诉时提交的证据、补充提交的证据及当前实时数据，相关搜索词每次均不同，更加说明相关搜索是实时的、动态的。搜索引擎服务商仅是将网民的搜索行为客观展现出来供网络用户参考，在服务过程中未做任何人为的调整和干预，故也不存在侵权行为。

上述事实，有双方当事人陈述、公证书、《合一兵法》封面及作者简介、网页打印件、庭审笔录等证据在案佐证。

本院认为：本案的法律争议之核心在于对"相关搜索"技术模式及相应服务模式正当性的法律评价问题，具体涉及事实及法律两个层面的基础问题：其一是百度公司"相关搜索"服务显示的涉及任某某的检索词是否受到了该公司人为干预？这属于事实查明层面的问题；其二是百度公司"相关搜索"技术模式及相应服务模式提供的搜索服务是否构成对任某某的姓名权、名誉权及任某某主张的一般人格权中的所谓"被遗忘权"的侵犯？这属于法律评价层面的问题。此外，网上侵权中"通知—处理"规则在本案中的适用及责任承担问题均是建立在前述两个层面的基础问题之上的，应当视前述结论而推导之。以下具体论述之。

一、涉诉"相关搜索"显示词条是否受到百度公司人为干预之事实判断。

本院认为，搜索引擎的"相关搜索"功能，是为用户当前搜索的检索词提供特定相关性的检索词推荐，这些相关检索词是根据过去其他用户的搜索习惯和与当前检索词之间的关联度计算而产生的,是随着网民输入检索词的内容和频率变化而实时自动更新变化的。如果百度公司在"相关搜索"服务中存在针对任某某相关信息而改变前述算法或规律的人为干预行为,就应当在"相关搜索"的推荐服务中对任某某在本案中主张的六个关键词给予相对稳定一致的公开显示,或者至少呈现出一定规律性的显示。但是,无论从任某某自述及双方提供的公证书,还是本院当庭现场勘验的情况,均可以看出在百度公司搜索页面的搜索框中输入"任某某"这一检索词,在"相关搜索"中都会显示出不同的排序及内容的词条,而且任某某主张的六个检索词也呈现出时有时无的动态及不规律的显示状态,这与搜索引擎"相关搜索"功能的一般状态是一致的,并未呈现出人为干预的异常情况,足以印证百度公司所称相关搜索词系由过去一定时期内使用频率较高且与当前搜索词相关联的词条统计而由搜索引擎自动生成,并非由于百度公司人为干预。综上,在任某某无相反证据的情况下,本院认定百度公司并未针对任某某的个人信息在相关搜索词推荐服务中进行特定的人为干预。

二、百度公司"相关搜索"技术模式及相应服务模式是否侵犯任某某姓名权、名誉权及任某某主张的一般人格权中的所谓"被遗忘权"之法律判断。

本院认为,既然百度公司并未在"相关搜索"服务中针对任某某进行特定的人为干预,即不存在针对任某某个人之特定意图的可能,那么,百度公司现有"相关搜索"技术模式及相应服务模式本身是否对任某某主张的涉诉权益构成现实的侵犯就成为本案的关键。

就相关搜索服务模式而言,其初始功能仅系动态反映过去特定期间内网络用户所使用检索词的内容与频率等客观情况,为当前用户的信息检索提供相关度及关注度等特定指标的参考指引或推荐,该模式本身并无实质性的侵权之目的。百度公司作为搜索引擎运营企业,也应当向网络用户提供客观、中立、准确的相关搜索词汇使用状态信息，提供比原有关键词搜索服务更加便捷、智能的升级服务，以方便用户检索查找相关信息。

具体到本案诉争相关搜索词条而言，百度公司搜索页面的相关搜索处显示词条——"陶氏教育任某某"、"无锡陶氏教育任某某"、"陶氏任某某"、"陶氏超能学习法"、"超能急速学习法"、"超能学习法"本身并无表面及实质性的褒贬含义，本质仍属供网络信息检索使用之参考词汇，且系对广大网络用户检索与"任某某"这一词条相关内容的客观反映，其既非被检索的网络信息本身，又非百度公司针对任某某主观控制或创造的负面词汇。况且，从庭审查明的事实看，任某某从事过"教育"工作，而且与"陶氏"相关企业之间存在过现实的业务合作与媒体宣传，有关"任某某"与"陶氏"、"教育"等关键词的信息反映在互联网上，不仅会出现在与检索词"任某某"有关的第三方网页链接上，当然也会按照相关搜索特定算法而自动出现在与检索词"任某某"相关的"相关搜索"的推荐词条上，这正是对任某某从事与陶氏相关企业教育工作的历史情况的客观反映。至于任某某主张其已经与无锡陶氏生物科技有限公司结束业务关系，在相关搜索中却依然出现前述词条，由于搜索引擎自动统计的是"特定参考时段"内的网上所有网民输入的搜索关键词的频率，故即使在双方现实业务合作终止后，但在互联网上相关搜索查询的"特定参考时段"范围内搜索"任某某"，相关搜索词依然有可能出现上述词条，而且不排除搜索用户并不知道任某某前述合作业务变化事宜的可能，还会继续在互联网上检索相关的检索词，也会造成在相关搜索中持续出现涉诉相关检索词，这本身与百度公司提供的相关搜索服务是否存在实质性侵权目的无关，而与搜索用户对"任某某"这一检索词的关注度、用户习惯及使用频率等因素有关。进一步就百度公司的涉诉技术模式及相关服务模式是否实质性侵犯任某某的名誉权、姓名权而言。首先，公民享有名誉权,公民的人格尊严受法律保护,禁止使用侮辱、诽谤等方式损害公民、法人的名誉。本案中,综合前文对相关搜索技术模式及相关服务模式的正当性的论述,加之百度公司在"相关搜索"中推荐涉诉六个词条的行为,既不存在使用言辞进行侮辱的情况,也不具有捏造事实传播进行诽谤的情况,明显不存在对任某某进行侮辱、诽谤等侵权行为,故百度公司相关搜索的前述情形显然不构成对任某某名誉权的侵犯。其次,公民享有姓名权,有权决定、使用和依照规定改变自己的姓名,禁止他人干涉、盗用、假冒。本案中,既然百度公司并无人为干预"相关搜索"有关"任某某"词条的行为,没有特定个人的特定指向,那么,对于作为机器的"搜索引擎"而言,"任某某"这三个字在相关算法的收集与处理过程中就是一串字符组合,并无姓名的指代意义;即使最终在"相关搜索"中出现"任某某"这一词条与本案原告有关,也只是对网络用户使用"任某某"这三个字符状态的客观反映,显然不存在干涉、盗用、假冒本案原告任某某姓名的行为,况且现代社会中自然人不享有对特定字符及组合的排他性独占使用的权利,故百度公司在相关搜索中使用"任某某"这一词汇并不构成对任某某本人姓名权的侵犯。

至于百度公司是否侵犯了任某某主张的一般人格权中的所谓"被遗忘权"一节。任某某认为,其已经结束了陶氏相关企业的教育工作,其不再与该企业有任何关系,此段经历不应当仍在网络上广为传播,应当被网络用户所"遗忘",而且该企业名声不佳,在百度相关搜索上存留其与该企业的相关信息会形成误导,并造成其在就业、招生等方面困难而产生经济损失,已经产生了现实的损害,百度公司应当承担侵权责任,这种"利益"应当作为一种一般人格利益从人格权的一般性权利即一般人格权中予以保护。

本院认为,我国现行法中并无法定称谓为"被遗忘权"的权利类型,"被遗忘权"只是在国外有关法律及判例中有所涉及,但其不能成为我国此类权利保护的法律渊源。我国侵权责任法规定，侵害民事权益，应当依照本法承担侵权责任。行为人因过错侵害他人民事权益，应当承担侵权责任。由此可见，民事权益的侵权责任保护应当以原告对诉讼标的享有合法的民事权利或权益为前提，否则其不存在主张民事权利保护的基础。人格权或一般人格权保护的对象是人格利益，既包括已经类型化的法定权利中所指向的人格利益，也包括未被类型化但应受法律保护的正当法益。就后者而言，必须不能涵盖到既有类型化权利之中，且具有利益的正当性及保护的必要性，三者必须同时具备。

本案中，任某某希望"被遗忘"（删除）的对象是百度公司"相关搜索"推荐关键词链接中涉及到的其曾经在"陶氏教育"工作经历的特定个人信息，这部分个人信息的确涉及任某某，而且该个人信息所涉及的人格利益是对其个人良好业界声誉的不良影响，进而还会随之产生影响其招生、就业等经济利益的损害，与任某某具有直接的利益相关性，而且，其对这部分网络上个人信息的利益指向的确也并不能归入我国现有类型化的人格权保护范畴，因此，该利益能否成为应受保护的民事法益，关键就在于该利益的正当性与受法律保护的必要性。

任某某主张删除的直接理由是"陶氏教育"在业界口碑不好，网络用户搜索其姓名"任某某"时，相关搜索推荐的词条出现其与"陶氏教育"及相关各类名称的"学习法"发生关联的各种个人信息于其不利，实际上这一理由中蕴含了其两项具体的诉求意向：其一是正向或反向确认其曾经合作过的"陶氏教育"不具有良好商誉；其二是试图向后续的学生及教育合作客户至少在网络上隐瞒其曾经的工作经历。就前者而言，企业的商誉受法律保护，法律禁止任何人诋毁或不正当利用合法企业的商誉。况且，不同个人对企业商誉的评价往往是一种主观判断，而企业客观上的商誉也会随着经营状况的好坏而发生动态变化，因此不宜抽象地评价商誉好坏及商誉产生后果的因果联系，何况任某某目前与陶氏教育相关企业之间仍具有同业或相近行业的潜在竞争关系。就后者而言，涉诉工作经历信息是任某某最近发生的情况，其目前仍在企业管理教育行业工作，该信息正是其行业经历的组成部分，与其目前的个人行业资信具有直接的相关性及时效性；任某某希望通过自己良好的业界声誉在今后吸引客户或招收学生，但是包括任某某工作经历在内的个人资历信息正是客户或学生藉以判断的重要信息依据，也是作为教师诚实信用的体现，这些信息的保留对于包括任某某所谓潜在客户或学生在内的公众知悉任某某的相关情况具有客观的必要性。任某某在与陶氏相关企业从事教育业务合作时并非未成年人或限制行为能力人、无行为能力人，其并不存在法律上对特殊人群予以特殊保护的法理基础。因此，任某某在本案中主张的应"被遗忘"（删除）信息的利益不具有正当性和受法律保护的必要性，不应成为侵权保护的正当法益，其主张该利益受到一般人格权中所谓"被遗忘权"保护的诉讼主张，本院不予支持。

综上，百度公司在"相关搜索"中推荐的有关任某某及"陶氏教育"与相关学习法的词条是对网络用户搜索相关检索词内容与频率的客观反映，属于客观、中立、及时的技术平台服务，并无侵害任某某前述主张权益的过错与违法行为；此外，网络服务商未履行"通知—删除"义务或未停止侵权，应承担对自己行为的侵权责任或对他人侵权扩大损害的侵权责任，其前提是自己或他人的侵权责任成立，鉴于本案中任某某主张百度公司侵害其名誉权、姓名权及一般人格权中所谓"被遗忘权"缺乏相应的事实与法律依据，故百度公司未履行"通知—删除"义务亦无需承担侵权责任，本院对任某某的全部诉讼请求均不予支持。

综上，依照《中华人民共和国民事诉讼法》第六十四条第一款之规定，判决如下：

驳回原告任某某的全部诉讼请求。

案件受理费八百二十五元，由原告任某某负担，已交纳。

如不服本判决，可于判决书送达之日起十五日内向本院递交上诉状，并按对方当事人的人数提出副本，交纳上诉案件受理费，上诉于北京市第一中级人民法院。如在上诉期满后七日内未交纳上诉费的，按自动撤回上诉处理。

审判员　　陈昶屹

二〇一五年七月二十一日

书记员　　李　曼

附录三：任某某与北京百度网讯科技有限公司人格权纠纷二审民事判决书

北京市第一中级人民法院
民事判决书

（2015）一中民终字第09558号

上诉人（原审原告）：任某某。
委托代理人：李某某，北京方亚律师事务所律师。
被上诉人（原审被告）：北京百度网讯科技有限公司。
法定代表人：梁某某，经理。
委托代理人：望某某，北京市天银律师事务所律师。

上诉人任某某因与被上诉人北京百度网讯科技有限公司（以下简称百度公司）名誉权纠纷一案，不服北京市海淀区人民法院（2015）海民初字第17417号民事判决，向本院提起上诉，本院依法组成合议庭对本案进行了审理，本案现已审理终结。

任某某在原审法院诉称：任某某系国家高级人力资源师，是中国著名管理设计大师，中科院中科博大特聘高级工程师，邀选《中国世纪专家》、《新世纪功臣大典》、《中国国情报告·专家学者卷》等。任某某在教育及管理领域均享有极高的声誉。从2015年2月初开始，任某某陆续在百度公司的网站上发现"陶氏教育任某某"、"无锡陶氏教育任某某"等字样的侵权内容及链接,任某某未曾在陶氏教育公司上班,也从未在网上上传过"陶氏教育任某某"、"无锡陶氏教育任某某"等信息,由于陶氏教育在外界颇受争议,"陶氏教育任某某"、"无锡陶氏教育任某某"等侵权信息给任某某名誉造成极大侵害,任某某曾多次发邮件给百度公司要求删除相关内容,也多次亲自从山东跑到百度公司处要求删除,但是至今百度公司仍没有删除或采取任何停止侵权的措施。同年3月,任某某曾应聘多家公司,但均由于"陶氏教育任某某"和"无锡陶氏教育任某某"等负面信息严重影响任某某取得公司信任而无法工作,每月造成至少五万元的经济损失。任某某为维护权益,到处联系删帖公司,花钱删帖,浪费时间、财力、精力,并且找寻律师维护权益,自费到无锡、北京等地维护权益,不能正常的工作生活。百度公司的侵权行为已给任某某精神、经济和健康上造成极大的伤害。此外,任某某认为百度公司的侵权行为还侵犯了一般人格权,不良的搜索结果会影响任某某的就业、工作交流、日常生活,任某某认为还有一个"被遗忘权"问题,现在陶氏跟任某某没有关系,公众会误解任某某与陶氏还有合作,误导潜在合作伙伴、误导学生。陶氏教育在行业内口碑不好,经常有学生退钱,如果有学生搜索任某某的名字,看到这个结果会对任某某进行误解。不排除一些客户利用百度搜索后,看到结果关键词就不再点开看了,直接误解任某某还在陶氏工作。综上所述,依据《中华人民共和国侵权责任法》、《关于审理利用信息网络侵害人身权益民事纠纷案件适用法律若干问题的规定》等相关法律,现起诉请求:1、判令百度公司立即停止对侵犯任某某姓名权、名誉权实施的一切侵权行为,并赔礼道歉、消除影响。其中,在百度搜索界面中输入"任某某"进行搜索,搜索结果中不得出现"陶氏任某某"、"陶氏超能学习法"、"超能急速学习法"、"超能学习法"、"陶氏教育任某某"和"无锡陶氏教育任某某"等六个关键词。

赔礼道歉指的是双方之间通过书面方式赔礼道歉,不需要公开赔礼道歉。对于消除影响,如果可以在搜索"任某某"之时屏蔽上述关键词,任某某认为已经达到消除影响的目的,就不再主张要求消除影响。2、判令百度公司支付任某某精神损害抚慰金2万元。3、判令自2015年3月12日至百度公司停止一切侵权行为期间(删除上述关键词以及赔礼道歉完毕之日),百度公司向任某某每月支付经济赔偿金5万元。4、判令百度公司支付任某某为维权支付的合理费用,包括公证费700元、500元,住宿费2270元,交通费差旅费965.5元。

百度公司在原审法院辩称:第一,在本案事实中,百度公司只提供了互联网搜索引擎服务,包括"关键词搜索"和"关键词相关搜索",无论哪一种搜索方式,都客观体现了网民的搜索状况和互联网信息的客观情况,具有技术中立性和正当合理性。百度搜索引擎除提供传统的"关键词搜索"功能外,还提供"关键词相关搜索"功能,"关键词相关搜索"就是搜索引擎自动统计一段时间内互联网上所有网民输入的搜索关键词的频率,在某个网民输入一个关键词进行搜索时,搜索引擎自动显示出所有网民输入的、与该关键词相关联的搜索频率最高的关键词,网民点击相关搜索中的关键词后,可以找到与其搜索内容相关的互联网上客观存在的信息。随着所有网民输入关键词的内容和频率的变化,相关搜索中的关键词也会自动进行更新。因此,相关搜索是网络用户搜索行为的客观体现,搜索引擎服务商仅是将网民的搜索行为客观展现出来供网络用户参考,在服务过程中百度公司未做任何人为的调整和干预。

第二,本案中客观上不存在任某某姓名权和名誉权受侵犯的情形。其一,就本案涉诉事实而言,根据任某某的法庭陈述,其之前确实与陶氏教育有过现实的业务合作与媒体宣传,此业务合作与宣传信息反映在互联网上,根据搜索引擎的机器算法法则,搜索"任某某",不仅会出现与关键词"任某某"有关的第三方网页链接,还会自动出现与

"任某某"相关的搜索关键词如"陶氏教育任某某"、"陶氏教育"。即使在双方现实业务合作终止后,在互联网上,由于在相关搜索的时间参考期限内,搜索"任某某",相关搜索词依然有可能出现"陶氏教育任某某"或"陶氏教育＊＊＊";同时,由于搜索的用户可能并不知道任某某与陶氏教育合作变化事宜,可能还会继续在互联网上检索相关的检索词,也造成出现涉诉相关检索词的原因。目前来看,线上的结果已经改变,也说明了搜索用户已经逐渐知悉了此情况,行为上的关联度逐渐在降低,再结合算法计算后,相关搜索词已经改变(根据任某某起诉时提交的证据、任某某补充提交的证据、当前实时数据,相关搜索词每次均不同),更加说明相关搜索是机器自动的、实时的、动态的。法律上,侵犯姓名权的行为主要表现为:擅自使用他人姓名、假冒他人姓名、干涉他人使用姓名、或采取违法方式或违背善良公俗使用他人姓名等。因此,百度搜索引擎的上述情形,不属于侵犯任某某姓名权的行为。其二,在本案中,无论是"任某某"关键词搜索,还是相关搜索,搜索词以及链接信息均不存在对任某某侮辱或诽谤的文字内容。搜索时,与任某某名字同时出现的"陶氏教育"相关信息,也与任某某的现实社会关系客观上存在一定关联,也不构成对任某某的侮辱或诽谤。因此,百度搜索引擎的上述情形,不属于侵犯任某某名誉权的行为。

第三,任某某主张的权利没有明确的法律依据,据我公司了解,被遗忘权主要指的是一些人生污点,本案并不适用。任某某并没有举证陶氏教育的负面影响有多大,社会评价有多低,对任某某的客观影响在哪里。针对本案的关键词,本身不具有独立的表达,例如,陶氏任某某,想要知道具体内容一定要点开链接看,不能说看见这个关键词,就认为任某某现在陶氏工作,因此,任某某对被遗忘权的主张不能成立。

第四,关于任某某主张的经济赔偿金和精神损害抚慰金,理由不成立。没有证据证明任某某存在精神损害和经济损失,以及与本案中百度提供的搜索引擎服务存在任何因果关系。任某某的证据中投诉渠道也不是有效的。

综上,我公司请求法庭依法驳回任某某的全部诉讼请求。

原审法院审理查明:任某某系人力资源管理、企事业管理等管理学领域的从业人员,曾以笔名加羽著有《合一兵法》一书,其于2014年7月1日起在无锡陶氏生物科技有限公司从事过相关的教育工作,2014年11月26日由该公司向其发出了《自动离职通知书》解除劳动关系。百度公司系提供网页搜索、相关搜索等网络搜索服务的提供商。

2015年4月8日,任某某向湖南省怀化市天桥公证处申请对百度网页上"任某某"及任某某个人邮箱内的相关内容进行证据保全,该处作出(2015)湘怀天证字第642号公证书。该公证书显示:点击"浏览器为360-7",打开页面,点击"百度",键入"任某某","网页"页面中在"相关搜索"处显示有"任"、"陶氏教育任某某"、"任某某酷6"、"国际超能教育任某某"、"美国潜能教育任某某"、"香港跨世纪教育任某某";另,在搜索框内键入"陶氏教育",在"相关搜索"处显示有"无锡陶氏教育"、"陶氏教育怎么样"、"陶氏"、"陶氏教育骗局"、"陶氏远航教育是骗局吗"、"陶氏教育集团"、"陶氏远航教育"、"陶宏开"、"右脑开发"。该公证书还显示:用李三云手机上网,点击"百度",键入"任某某",手机页面中"相关搜索"处显示"美国潜能教育任某某"、"dna全脑超能学习法"、"突围突围"、"全脑开发音乐"、"陶氏教育任某某"、"国际超能教育任某某"、"任"、"任某某酷6"。

2014年6月26日,百度公司向北京市方正公证处申请对百度网页相关内容进行证据保全,该处作出(2014)京方正内经证字第09695号公证书。该公证书显示:打开已连接互联网的计算机,清除计算机缓存,打开IE浏览器,自动显示该计算机设置的默认空白页面,在该页面的地址栏中输入www.baidu.com，分别点击该页面下方的"使用百度前必读"、"权利声明"、"隐私权保护声明"，对页面显示进行了截屏保存。在"使用百度前必读"部分中显示："百度提醒您：在使用百度搜索引擎（以下简称百度）前，请您务必仔细阅读并透彻理解本声明。您可以选择不使用百度，但如果您使用百度，您的使用行为将被视为对本声明全部内容的认可。"在"权利声明"部分中"权利通知"显示："任何个人或单位如果同时符合以下两个条件：1、权利人发现网络用户利用网络服务侵害其合法权益；2、百度的搜索引擎系统以自动检索方式而链接到第三方网站的内容侵犯了上述权利人的合法权益。请上述个人或单位务必以书面的通讯方式向百度提交权利通知。……请您把以上资料和联络方式书面发往以下地址：北京市海淀区上地十街10号，北京百度网讯科技有限公司法务部，邮政编码100085"。

2015年5月18日，百度公司向北京市方正公证处申请对百度网页相关内容进行证据保全，该处作出（2015）京方正内经证字第05338号公证书。该公证书显示：打开已连接互联网的计算机，清除计算机缓存，打开IE浏览器，自动显示该计算机设置的默认空白页面，在该页面的地址栏中输入www.baidu.com，在搜索栏中输入"任某某"，点击"百度一下"，对显示页面进行了截屏保存。在网页搜索中首页显示链接分别为："任某某百度百科"、"任某某的最新相关信息"、"任某某：争做教育行业的领跑者"、"任某某的微博腾讯微博"、"任某某互动百科"、"任某某的相关视频在线观看百度视频"、"任某某-热门标签-高清视频在线观看-爱奇艺"、"香港跨世纪教育任某某技术效果明显视频在线观看56.com"、"台湾灵感教育任某某-凤凰水寨-凤凰论坛"、"少年大学教育-任某某视频在线观看56.com"、"国际超能教育任某某-PPS爱频道"。相关搜索中显示词条分别为："任"、"任某某酷6"、"国际超能教育任某某"、"美国潜能教育任某某"、"香港跨世纪教育任某某"。

2015年5月19日，百度公司向北京市方正公证处申请对使用手机查看百度网页相关内容进行证据保全，该处作出（2015）京方正内经证字第05525号公证书。该公证书显示：打开iphone手机，对手机进行重置处理，重置过程中选择公证处设置的无线局域网并连接，通过手机主界面点击"AppStore"，进入"手机百度"界面，点击"进入首页"，显示新的界面，连续点击"不允许"、点击"确定"，在搜索栏中输入"任某某"，点击"确认"，显示新界面并浏览，连续点击"下一页"，显示新界面并浏览，公证员用摄像机进行摄像取证保存，后打开计算机，清除计算机缓存，在计算机中新建word文档，打开摄像机的录像内容，对视频中相关内容进行截屏并将截屏内容均保存在文档中。在该手机页面中相关搜索于上午11：43显示词条分别为："国际超能教育任某某"、"超能极速学习法"、"全脑开发巨人"、"香港跨世纪教育任……"、"间脑开发骗局"、"全脑开发好吗有用吗"、"dna全脑超能学习法"、"陶氏超能学习法有……"。

2015年5月19日，百度公司向北京市方正公证处申请对使用手机查看百度网页相关内容进行证据保全，该处作出（2015）京方正内经证字第05526号公证书。该公证书显示：打开华为手机，对手机进行重置处理，重置过程中选择公证处设置的无线局域网并连接，通过手机主界面点击"应用市场"，进入"手机百度"界面，点击"进入首页"，显示新的界面，点击"禁止"、关闭广告弹窗，在搜索栏中输入"任某某"，点击"搜索"，显示新界面并浏览，连续点击"下一页"，显示新界面并浏览，公证员用摄像机进行摄像取证保存，后打开计算机，清除计算机缓存，在计算机中新建word文档，打开摄像机的录像内容，对视频中相关内容进行截屏并将截屏内容均保存在文档中。在该手机页面中相关搜索于上午10：59显示词条分别为："国际超能教育任某某"、"超能极速学习法"、"全脑开发巨人"、"香港跨世纪教育任某某"、"间脑开发骗局"、"全脑开发好吗有用吗"、"dna全脑超能学习法"、"陶氏超能学习法有用吗"。

2015年5月21日,任某某向湖南省怀化市天桥公证处申请对百度网页上"任某某"的相关内容进行证据保全,该处作出(2015)湘怀天证字第1085号公证书。该公证书显示:点击"浏览器为360-7",打开页面,点击"百度",键入"任某某","网页"页面中在"相关搜索"处显示有"任"、"任某某酷6"、"国际超能教育任某某"、"美国潜能教育任某某"、"香港跨世纪教育任某某";另,在公证人员的面前,由任某某操作由该处提供的手机(号码:151××××××××)进行手机上网,点击"百度",键入"任某某",手机显示页面,按顺序拍照打印页面,其中"相关搜索"处显示:"国际超能教育任某某"、"超能极速学习法"、"全脑开发巨人"、"香港跨世纪教育任某某"、"间脑开发骗局"、"全脑开发好吗有用吗"、"dna全脑学习法"、"陶氏超能学习法有用吗"。

另查,2015年1月28日8:33,任某某通过电子邮箱×××向百度公司的电子邮箱×××及×××发送电子邮件,主题为"×××:请认真认真详读!严重侵权!尽快删除!严重侵权!尽快删除!"2015年1月28日9:17,百度公司通过电子邮箱×××向任某某电子邮箱×××回复邮件:"尊敬的客户,您好:为了高效地处理问题,请按以下路径进行投诉处理。投诉路径:1、登录网页,http://tousu.baidu.com/webmaster/add 进行投诉;2、移动端,首页底部,用户反馈入口进行投诉,感谢您对百度的支持和关注。"

2015年2月26日,任某某通过电子邮箱×××向百度公司的电子邮箱×××发送电子邮件,表示"严重侵权信息,请务必删除"并附上一张百度搜索手机网页截屏,相关搜索处显示"美国潜能教育任某某"、"陶氏教育任某某"、"dna全脑超能学习法术"、"陶氏任某某"、"凤凰军事"、"英语右脑教育机构"、"陶氏教育"、"香港跨世纪教育任"。

2015年3月24日，任某某通过电子邮箱×××向百度公司的电子邮箱×××及×××发送电子邮件，表示"用手机百度搜索'任某某'会出现'陶氏教育任某某''无锡陶氏教育任某某'字样，我是'任某某'严重声明，我也早已经不在陶氏教育，陶氏教育声名狼藉（此信息作为法律证据）"，并附上一张百度搜索手机网页截屏，相关搜索处显示"美国潜能教育任某某"、"无锡陶氏教育任某某"、"dna全脑超能学习法术"、"全脑开发音乐"、"陶氏教育骗局"、"广州培训师联合会"、"任"、"陶氏教育任某某"。

百度公司表示未收到任某某按照其公示投诉渠道的正式投诉，未对任某某的投诉进行删除处理。

庭审中，任某某主张百度公司搜索页面中显示的关键词给其造成了不利影响和经济损失，应当向其进行损害赔偿，就此向法院提交了一份《解除劳动合同协议》和部分交通住宿票据及湖南省怀化市天桥公证处分别出具的700元和500元的公证业务费发票。其中该《解除劳动合同协议》显示，北京道雅轩商贸有限公司（甲方）与任某某（乙方）协商一致自愿于2015年3月12日正式解除劳动合同关系，解除理由是自甲方聘用乙方并开始试用后，发现百度网络上显示"无锡陶氏教育任某某"，陶氏教育被很多人称为骗子公司，甚至有人说是邪教，因甲方对乙方从事的工作需要对信誉度要求高，双方自愿解除合同，原定甲方聘用乙方约定的60万元年薪，由于时间短，乙方同意甲方不支付任何工资和任何经济补偿。

另，任某某当庭陈述之前跟百度公司投诉的两个关键词"陶氏教育任某某"和"无锡陶氏教育任某某"，其最早于2015年1月28日发现，但是现在百度页面已经没有了，当庭要求另行删除四个关键词："陶氏任某某"、"陶氏超能学习法"、"超能急速学习法"、"超能学习法"，该四个关键词在之前并未向百度公司投诉过。百度公司抗辩称相关搜索的关键词是由根据过去其他用户的搜索习惯和当前搜索词之间的关联度计算而产生,并非该公司人为干预,而且一直处于动态变化之中,并要求现场用手机进行勘验予以证明其观点。法庭现场组织双方通过各自的手机进行勘验,任某某使用自己的手机点击百度搜索页面,并输入"任某某",显示结果中又出现了"陶氏教育任某某",但是却没有当庭明确要求删除的前述四个关键词,其后又使用双方代理人手机点击百度搜索页面,并输入"任某某",结果又显示有关键词"超能急速学习法",但没有其他三个关键词。后任某某当庭明确其要求百度公司删除的是"陶氏教育任某某"和"无锡陶氏教育任某某"、"陶氏任某某"、"陶氏超能学习法"、"超能急速学习法"、"超能学习法"等共计六个关键词。

此外,任某某主张百度公司侵犯其姓名权、名誉权及一般人格权中"被遗忘"的权利,其侵权行为表现在未经其允许,上传者结合百度搜索引擎功能共同盗用其姓名,编造已经不存在的事实,把陶氏教育机构与其捆绑并造成其经济损失,而且其过去与无锡陶氏生物科技有限公司的合作已经结束,现在已经与该公司没有关系了,由于该公司在业界口碑不好,经常有学生退钱,如果有学生及合作伙伴搜索其名字,从百度页面看到搜索结果会误以为其与该公司还有合作,该不良搜索结果会影响其就业、工作交流及日常生活,这样的搜索信息应当被"遗忘",但是百度公司拒绝删除。百度公司对前述主张不予认可,主张其并未实施侵害任某某姓名权、名誉权及被遗忘权的行为,其提供的搜索服务中相关搜索是搜索引擎的重要组成部分,其作用是客观体现网民的搜索情况和互联网信息的客观情况。目前根据检索词"任某某"会出现相关检索词的情况是结合近9个月的数据,同时也综合了6类相关搜索算法得出的,根据任某某的法庭陈述,其之前确实与陶氏教育有过现实的业务合作与媒体宣传,这些业务合作与宣传信息反映在互联网上,根据6类相关搜索算法搜索"任某某",相关搜索词出现"陶氏教育任某某"、"陶氏教育＊＊＊"等符合相关搜索的计算法则。即使在双方现实业务合作终止后,但在互联网上相关搜索查询的时间参考范围内搜索"任某某",相关搜索词依然有可能出现"陶氏教育任某某"、"陶氏教育＊＊＊",同时,由于搜索的用户可能并不知道任某某与陶氏教育合作变化事宜,可能还会继续在互联网上检索相关的检索词,也是造成出现涉诉相关检索词的原因。目前来看,线上的结果已经改变,也说明了搜索用户已经逐渐知悉此情况,行为上的关联度逐渐在降低,再结合算法计算后,相关搜索词已经改变,因为根据任某某起诉时提交的证据、补充提交的证据及当前实时数据,相关搜索词每次均不同,更加说明相关搜索是实时的、动态的。搜索引擎服务商仅是将网民的搜索行为客观展现出来供网络用户参考,在服务过程中未做任何人为的调整和干预,故也不存在侵权行为。

原审法院认定上述事实的证据有：双方当事人陈述、公证书、《合一兵法》封面及作者简介、网页打印件、庭审笔录等。

原审法院判决认为：本案的法律争议之核心在于对"相关搜索"技术模式及相应服务模式正当性的法律评价问题,具体涉及事实及法律两个层面的基础问题：其一是百度公司"相关搜索"服务显示的涉及任某某的检索词是否受到了该公司人为干预？这属于事实查明层面的问题；其二是百度公司"相关搜索"技术模式及相应服务模式提供的搜索服务是否构成对任某某的姓名权、名誉权及任某某主张的一般人格权中的所谓"被遗忘权"的侵犯？这属于法律评价层面的问题。此外,网上侵权中"通知—处理"规则在本案中的适用及责任承担问题均是建立在前述两个层面的基础问题之上的,应当视前述结论而推导之。以下具体论述之。

一、涉诉"相关搜索"显示词条是否受到百度公司人为干预之事实判断。

法院认为,搜索引擎的"相关搜索"功能,是为用户当前搜索的检索词提供特定相关性的检索词推荐,这些相关检索词是根据过去其他用户的搜索习惯和与当前检索词之间的关联度计算而产生的，是随着网民输入检索词的内容和频率变化而实时自动更新变化的。如果百度公司在"相关搜索"服务中存在针对任某某相关信息而改变前述算法或规律的人为干预行为，就应当在"相关搜索"的推荐服务中对任某某在本案中主张的六个关键词给予相对稳定一致的公开显示，或者至少呈现出一定规律性的显示。但是，无论从任某某自述及双方提供的公证书，还是法院当庭现场勘验的情况，均可以看出在百度公司搜索页面的搜索框中输入"任某某"这一检索词，在"相关搜索"中都会显示出不同的排序及内容的词条，而且任某某主张的六个检索词也呈现出时有时无的动态及不规律的显示状态，这与搜索引擎"相关搜索"功能的一般状态是一致的，并未呈现出人为干预的异常情况，足以印证百度公司所称相关搜索词系由过去一定时期内使用频率较高且与当前搜索词相关联的词条统计而由搜索引擎自动生成，并非由于百度公司人为干预。综上，在任某某无相反证据的情况下，法院认定百度公司并未针对任某某的个人信息在相关搜索词推荐服务中进行特定的人为干预。

二、百度公司"相关搜索"技术模式及相应服务模式是否侵犯任某某姓名权、名誉权及任某某主张的一般人格权中的所谓"被遗忘权"之法律判断。

法院认为，既然百度公司并未在"相关搜索"服务中针对任某某进行特定的人为干预，即不存在针对任某某个人之特定意图的可能，那么，百度公司现有"相关搜索"技术模式及相应服务模式本身是否对任某某主张的涉诉权益构成现实的侵犯就成为本案的关键。

就相关搜索服务模式而言，其初始功能仅系动态反映过去特定期间内网络用户所使用检索词的内容与频率等客观情况，为当前用户的信息检索提供相关度及关注度等特定指标的参考指引或推荐，该模式本身并无实质性的侵权之目的。百度公司作为搜索引擎运营企业，也应当向网络用户提供客观、中立、准确的相关搜索词汇使用状态信息，提供比原有关键词搜索服务更加便捷、智能的升级服务，以方便用户检索查找相关信息。

具体到本案诉争相关搜索词条而言，百度公司搜索页面的相关搜索处显示词条——"陶氏教育任某某"、"无锡陶氏教育任某某"、"陶氏任某某"、"陶氏超能学习法"、"超能急速学习法"、"超能学习法"本身并无表面及实质性的褒贬含义，本质仍属供网络信息检索使用之参考词汇，且系对广大网络用户检索与"任某某"这一词条相关内容的客观反映，其既非被检索的网络信息本身，又非百度公司针对任某某主观控制或创造的负面词汇。况且，从庭审查明的事实看，任某某从事过"教育"工作，而且与"陶氏"相关企业之间存在过现实的业务合作与媒体宣传，有关"任某某"与"陶氏"、"教育"等关键词的信息反映在互联网上，不仅会出现在与检索词"任某某"有关的第三方网页链接上，当然也会按照相关搜索特定算法而自动出现在与检索词"任某某"相关的"相关搜索"的推荐词条上，这正是对任某某从事与陶氏相关企业教育工作的历史情况的客观反映。至于任某某主张其已经与无锡陶氏生物科技有限公司结束业务关系，在相关搜索中却依然出现前述词条，由于搜索引擎自动统计的是"特定参考时段"内的网上所有网民输入的搜索关键词的频率，故即使在双方现实业务合作终止后，但在互联网上相关搜索查询的"特定参考时段"范围内搜索"任某某"，相关搜索词依然有可能出现上述词条，而且不排除搜索用户并不知道任某某前述合作业务变化事宜的可能，还会继续在互联网上检索相关的检索词，也会造成在相关搜索中持续出现涉诉相关检索词，这本身与百度公司提供的相关搜索服务是否存在实质性侵权目的无关，而与搜索用户对"任某某"这一检索词的关注度、用户习惯及使用频率等因素有关。进一步就百度公司的涉诉技术模式及相关服务模式是否实质性侵犯任某某的名誉权、姓名权而言。首先，公民享有名誉权，公民的人格尊严受法律保护，禁止使用侮辱、诽谤等方式损害公民、法人的名誉。本案中，综合前文对相关搜索技术模式及相关服务模式的正当性的论述，加之百度公司在"相关搜索"中推荐涉诉六个词条的行为，既不存在使用言辞进行侮辱的情况，也不具有捏造事实传播进行诽谤的情况，明显不存在对任某某进行侮辱、诽谤等侵权行为，故百度公司相关搜索的前述情形显然不构成对任某某名誉权的侵犯。其次，公民享有姓名权，有权决定、使用和依照规定改变自己的姓名，禁止他人干涉、盗用、假冒。本案中，既然百度公司并无人为干预"相关搜索"有关"任某某"词条的行为，没有特定个人的特定指向，那么，对于作为机器的"搜索引擎"而言，"任某某"这三个字在相关算法的收集与处理过程中就是一串字符组合，并无姓名的指代意义；即使最终在"相关搜索"中出现"任某某"这一词条与本案任某某有关，也只是对网络用户使用"任某某"这三个字符状态的客观反映，显然不存在干涉、盗用、假冒本案任某某姓名的行为，况且现代社会中自然人不享有对特定字符及组合的排他性独占使用的权利，故百度公司在相关搜索中使用"任某某"这一词汇并不构成对任某某本人姓名权的侵犯。

至于百度公司是否侵犯了任某某主张的一般人格权中的所谓"被遗忘权"一节。任某某认为，其已经结束了陶氏相关企业的教育工作，其不再与该企业有任何关系，此段经历不应当仍在网络上广为传播，应当被网络用户所"遗忘"，而且该企业名声不佳，在百度相关搜索上存留其与该企业的相关信息会形成误导，并造成其在就业、招生等方面困难而产生经济损失，已经产生了现实的损害，百度公司应当承担侵权责任，这种"利益"应当作为一种一般人格利益从人格权的一般性权利即一般人格权中予以保护。

法院认为，我国现行法中并无法定称谓为"被遗忘权"的权利类型，"被遗忘权"只是在国外有关法律及判例中有所涉及，但其不能成为我国此类权利保护的法律渊源。我国侵权责任法规定，侵害民事权益，应当依照本法承担侵权责任。行为人因过错侵害他人民事权益，应当承担侵权责任。由此可见，民事权益的侵权责任保护应当以任某某对诉讼标的享有合法的民事权利或权益为前提，否则其不存在主张民事权利保护的基础。人格权或一般人格权保护的对象是人格利益，既包括已经类型化的法定权利中所指向的人格利益，也包括未被类型化但应受法律保护的正当法益。就后者而言，必须不能涵盖到既有类型化权利之中，且具有利益的正当性及保护的必要性，三者必须同时具备。

  本案中，任某某希望"被遗忘"（删除）的对象是百度公司"相关搜索"推荐关键词链接中涉及到的其曾经在"陶氏教育"工作经历的特定个人信息，这部分个人信息的确涉及任某某，而且该个人信息所涉及的人格利益是对其个人良好业界声誉的不良影响，进而还会随之产生影响其招生、就业等经济利益的损害，与任某某具有直接的利益相关性，而且，其对这部分网络上个人信息的利益指向的确也并不能归入我国现有类型化的人格权保护范畴，因此，该利益能否成为应受保护的民事法益，关键就在于该利益的正当性与受法律保护的必要性。

  任某某主张删除的直接理由是"陶氏教育"在业界口碑不好，网络用户搜索其姓名"任某某"时，相关搜索推荐的词条出现其与"陶氏教育"及相关各类名称的"学习法"发生关联的各种个人信息于其不利，实际上这一理由中蕴含了其两项具体的诉求意向：其一是正向或反向确认其曾经合作过的"陶氏教育"不具有良好商誉；其二是试图向后续的学生及教育合作客户至少在网络上隐瞒其曾经的工作经历。就前者而言，企业的商誉受法律保护，法律禁止任何人诋毁或不正当利用合法企业的商誉。况且，不同个人对企业商誉的评价往往是一种主观判断，而企业客观上的商誉也会随着经营状况的好坏而发生动态变化，因此不宜抽象地评价商誉好坏及商誉产生后果的因果联系，何况任某某目前与陶氏教育相关企业之间仍具有同业或相近行业的潜在竞争关系。就后者而言，涉诉工作经历信息是任某某最近发生的情况，其目前仍在企业管理教育行业工作，该信息正是其行业经历的组成部分，与其目前的个人行业资信具有直接的相关性及时效性；任某某希望通过自己良好的业界声誉在今后吸引客户或招收学生，但是包括任某某工作经历在内的个人资历信息正是客户或学生藉以判断的重要信息依据，也是作为教师诚实信用的体现，这些信息的保留对于包括任某某所谓潜在客户或学生在内的公众知悉任某某的相关情况具有客观的必要性。任某某在与陶氏相关企业从事教育业务合作时并非未成年人或限制行为能力人、无行为能力人，其并不存在法律上对特殊人群予以特殊保护的法理基础。因此，任某某在本案中主张的应"被遗忘"（删除）信息的利益不具有正当性和受法律保护的必要性，不应成为侵权保护的正当法益，其主张该利益受到一般人格权中所谓"被遗忘权"保护的诉讼主张，法院不予支持。

综上，百度公司在"相关搜索"中推荐的有关任某某及"陶氏教育"与相关学习法的词条是对网络用户搜索相关检索词内容与频率的客观反映，属于客观、中立、及时的技术平台服务，并无侵害任某某前述主张权益的过错与违法行为；此外，网络服务商未履行"通知—删除"义务或未停止侵权，应承担对自己行为的侵权责任或对他人侵权扩大损害的侵权责任，其前提是自己或他人的侵权责任成立，鉴于本案中任某某主张百度公司侵害其名誉权、姓名权及一般人格权中所谓"被遗忘权"缺乏相应的事实与法律依据，故百度公司未履行"通知—删除"义务亦无需承担侵权责任，法院对任某某的全部诉讼请求均不予支持。

综上，依照《中华人民共和国民事诉讼法》第六十四条第一款之规定，判决：驳回原告任某某的全部诉讼请求。

任某某不服原审判决，向本院提起上诉。上诉请求是：1、请求撤销原审判决；2、请求改判百度公司立即停止对任某某人格权实施的一切侵权行为，并赔礼道歉；3、请求改判百度公司向任某某支付精神损害抚慰金两万元；4、请求改判自2015年3月至百度公司停止一切侵权行为期间，百度公司向任某某每月支付经济赔偿金五万元；5、请求改判百度公司支付任某某维权所支付的必要成本费四千元。上诉理由是：1、百度"相关搜索"显示词条并非"非人为可控"，原审认定事实不清；2、百度公司已经构成对任某某姓名权、名誉权、一般人格权严重侵权，原审认定不侵权属于认定事实不清、适用法律错误；3、百度公司怠于履行删除义务，应承担赔偿责任。

百度公司答辩称：原审判决认定事实清楚，适用法律正确，程序合法。请求驳回任某某的上诉请求，维持原审判决。

本院经审理查明：原审法院判决认定的证据真实有效，据此认定的事实无误，本院予以确认。

以上事实还有当事人在二审期间的陈述在案佐证。

本院认为：本案争议的焦点问题是百度公司"相关搜索"服务显示的涉及任某某的检索词是否侵犯了任某某的姓名权、名誉权及任某某主张的一般人格权中的所谓"被遗忘权"。

关于姓名权。姓名权是公民享有的依法决定、使用和依法变更自己姓名的权利。一般而言，侵害姓名权的行为主要有：第一，干涉他人行使其姓名权。主要包括干涉他人命名、干涉他人合法使用其姓名、干涉他人改名等行为。第二，应使用而不使用他人姓名。主要包括在使用他人作品时应标明作者而未标明，特定场合应称呼他人姓名而未称呼，以及特定场合以谐音或起绰号方式恶意不使用他人姓名等行为。第三，非法使用他人姓名。主要包括盗用他人姓名和假冒他人姓名的行为。第四，故意混同使用他人姓名。主要包括恶意使用与他人姓名在外观上和发音上相类似的姓名，恶意对某物命名与他人姓名相同的名称等行为。本案中，百度公司相关搜索服务显示涉及任某某的检索词显然不符合上述第一、第二、第四种情形。就第三种情形即"非法使用他人姓名"的情形而言，相关检索词的出现虽然未经任某某本人允许，但检索词本身系网络用户在搜索引擎中键入的指令，搜索结果中的"检索词"也只是动态反映过去特定时间内网络用户使用检索词的客观情况，并为当前用户的信息检索提供参考指引。即"任某某"是百度搜索引擎经过相关算法的处理过程后显示的客观存在网络空间的字符组合，并非百度公司针对"任某某"这个特定人名的盗用或假冒。故百度公司并未侵犯任某某的姓名权。原审法院认定正确。

关于名誉权。侵害名誉权责任的法定构成要件包括行为人的违法行为、受害人确有名誉被损害的事实、违法行为与损害后果之间有因果关系、行为人主观上有过错。具体到本案中，首先，涉案检索词"陶氏任某某"、"陶氏超能学习法"、"陶氏教育任某某"等，明显不存在对任某某进行侮辱的言辞，亦未捏造事实对任某某进行诽谤。任某某认为"陶氏教育"在业界口碑不好，与其关联影响声誉，本院认为任某某对"陶氏教育"的个人主观评价不能作为认定相关词汇具有侮辱性、诽谤性的依据。其次，"任某某"与"陶氏"或"陶氏教育"机动同时出现是对特定时间内网络用户所使用的检索词的客观情况的反映，任某某本人在庭审中亦认可检索词的序列动态变化、时时更新。故百度公司对"陶氏任某某"、"陶氏超能学习法"等关键词在搜索结果中出现并不存在主观过错。综上，百度公司既不存在侵权事实亦不存在主观过错，故对任某某的名誉权不构成侵犯。原审法院认定正确。

关于"被遗忘权"。被遗忘权是欧盟法院通过判决正式确立的概念，虽然我国学术界对被遗忘权的本土化问题进行过探讨，但我国现行法律中并无对"被遗忘权"的法律规定，亦无"被遗忘权"的权利类型。任某某依据一般人格权主张其被遗忘权应属一种人格利益，该人格利益若想获得保护，任某某必须证明其在本案中的正当性和应予保护的必要性，但任某某并不能证明上述正当性和必要性。故原审法院认定正确。

在百度公司不构成侵权的前提下，原审法院驳回任某某对百度公司赔偿其相关损失及精神损害抚慰金的诉讼请求亦是正确的。

另，任某某二审期间提交证据一：其与删帖人的通话记录（附光盘），欲证明人为可以删除百度相关内容；提交证据二：相关退款记录，欲证明其损失扩大的事实。对于该两份证据，在百度公司不构成侵权的情况下，对本案事实的认定没有意义，故本院不予认证。

综上所述，任某某的上诉请求与理由无法律及事实依据，本院不予支持。原审判决认定事实清楚，适用法律正确，应予维持。依据《中华人民共和国民事诉讼法》第一百七十条第一款第（一）项之规定，判决如下：

驳回上诉，维持原判。

一审案件受理费八百二十五元，由任某某负担（已交纳）。

二审案件受理费一千六百五十元，由任某某负担（已交纳）。

本判决为终审判决。

审　判　长　　丁宇翔

审　判　员　　汤　平

代理审判员　　王国庆

二〇一五年十二月九日

法官助理　　李　程

书　记　员　　张颖岚